建築音響

反射音の世界

久野和宏
野呂雄一
編著

成瀬治興
吉久光一
大石弥幸
今井兼範
龍田建次
岡田恭明
木村和則
松本敏雄
佐野泰之
共著

技報堂出版

はしがき

　音源から放射された音は屈折や回折，反射や透過を繰り返しながら伝搬していく。そのうち建築音響の対象となるのは主に反射及び透過である。室の形や容積，壁，床，天井，窓，扉などの吸音性能や遮音性能により室の音響的性質が定まる。材料の吸音特性は室内の反射音の制御に，また遮音性能は透過音（室外からの侵入音）の制御と係っている。従って実務的な建物（室）の音響設計では建築材料の吸・遮音特性とその利活用に関心が集まるが，本書では建築音響学の物理的基盤を形成する残響場について様々な視点からモデル化と定式化を行い，その具体的な応用を紹介することに力を注いだ。その理由としては，実務的な音響設計に関して既に名著が多く出版されていることもあるが，何よりもまず建築音響のベースは反射音を主体とした残響場にあること，しかもその基礎理論は様々な場面に応用できることにある。

　室内の音場を始め，我々が日常生活において遭遇する音場は直達音以外に通常，多くの反射音成分から成り立っている。しかも反射音の方が重要であることもしばしばである。この様な音場を適切にモデル化し，定式化することにより，その特性を調べ利用することは興味の持たれるところである。W.C.Sabineは複雑な閉空間内の音場（反射場，残響場）を一様，等方な拡散場（無秩序な音響エネルギー流）でモデル化しホールの音響設計や残響室法吸音率測定など建築音響学の基礎を築いたことはよく知られているところである。

　本書の前半の7章までは残響や拡散の概念とそのモデル化及び定式化に関する基礎的な理論を中心とする部分である。

　第1章では拡散音場とは何か，その定義を基に概念を把握し，明確にすることに努めた。

　第2章では古典的なSabineの拡散音場と残響理論について説明し，第3章では音線法による，第4章では鏡像法による残響理論と両者の関係について解説し

ている。

　第5章では波動論（モード理論）に基づく室内音場の解析方法を示し，音線理論（幾何音響学的取扱い）との係りについても言及する。

　第6章では拡散音場の確率・統計的なモデル化と定式化の方法について述べる。そして第7章では拡散や残響の背後に潜む音場の複雑さ（エントロピー）について説明する。

　後半の8章以下は残響理論の様々な問題への応用事例と今後の展望に関する部分である。

　第8章では残響場と物体の相互作用，第9章では室内の音圧分布，第10章では室開口からの音響放射，第11章では窓の開閉と建物の防音性能，第12,13章では廊下及び坑内の騒音伝搬（過渡及び定常特性）第14章ではルーバーの遮音性能，第15,16章では沿道及び背後地への騒音伝搬に対する建物群の影響，第17,18章では高架橋の振動と音響放射（高架構造物音及び低周波音の発生メカニズム）を残響理論を用い定式化し，算定する方法と手順を紹介している。

　第19章では乱反射を取り上げ，鏡面反射との比較及び境界面に対する鏡像の問題について述べている。

　第20章では障害物が散在する空間における音の伝搬を衝突による音響エネルギーの拡散，減衰過程として捕え，開空間をも含め残響理論の拡張と定式化が可能であることを示している。

　最後の第21章では道路交通騒音，環境騒音など室内音響とは全く無関係に見える問題も直線上，平面上及び空間内にポアソン分布する音源群からの放射場として統一的に議論できることを示し，統計音響学的視点の有用性を指摘している。

　本書は著者らの30余年に亘る大学での教育，研究活動に基づき編纂されたものであり，建築音響を志す学生達の勉学の助けとなれば幸いである。また残響理論とその応用に関心を寄せる研究者，技術者をはじめ都市及び道路の環境問題に携わる方々（行政部局の担当者，コンサルタント等）の参考になれば幸甚である。

謝辞

　本書は長年に亘る著者等の共同作業により生まれたものであるが、同時に多くの学生達の支援の賜物でもある。取り分け、大学院生として共に研究に従事した倉田勤、重光基就、宮内一道、鎌田義英、吉村宣昭、平井厚志、佐藤貢君の寄与は大であり、記して感謝の意を表する。また多忙をも顧みず原稿や図面の整理にご協力頂いた山本好弘技官（三重大学）に感謝致します。最後になりましたが、出版に際し種々貴重なアドバイスを頂きました天野重雄氏（技報堂出版）に厚くお礼申し上げます。

2005 年 春　著者一同

目 次

第1章 拡散音場とは?   **1**
- 1.1 自由音場と残響場 1
- 1.2 拡散音場のイメージ（素描）........................ 2
- 1.3 拡散音場と音場の複雑さ 4

第2章 Sabineの拡散音場と残響理論   **6**
- 2.1 拡散音場における音の強さと強度 6
- 2.2 残響場の成長，減衰過程 12
- 2.3 残響場と放射場の関係（相反性）................... 16

第3章 音線法による残響場の理論   **19**
- 3.1 閉空間における音線の衝突（反射）過程 19
  - 3.1.1 3次元閉空間に対する平均自由行程 20
  - 3.1.2 2次元閉空間に対する平均自由行程 21
  - 3.1.3 1次元閉空間（平行壁面間）に対する平均自由行程 ... 22
- 3.2 衝突（反射）過程に伴う音線強度の減衰 23
- 3.3 定常場の受音強度 24
- 3.4 残響場の成長と消滅 25

第4章 鏡像法と残響場の理論   **27**
- 4.1 音源分布の平滑化（イメージ拡散法）............... 30
- 4.2 定常場の特性 33
  - 4.2.1 3次元閉空間（室空間）内の定常場 34
  - 4.2.2 坑軸に沿っての距離減衰 34
  - 4.2.3 平行壁面に沿っての距離減衰 36

- 4.3 残響場の特性 37
  - 4.3.1 室内の残響特性 38
  - 4.3.2 坑内の残響特性 39
  - 4.3.3 平行壁面間の残響特性 40
  - 4.3.4 残響場の成長過程 42
- 4.4 近距離場（実音源近傍）に対する補正 42
  - 4.4.1 室内の音場に対する補正 43
  - 4.4.2 坑内の音場に対する補正 45
  - 4.4.3 平行壁面間の音場に対する補正 48
- 4.5 まとめ 50

第5章 波動論に基づく室内音場と残響場の理論　51
- 5.1 波動方程式とその解 51
- 5.2 2乗音圧の空間平均 54
- 5.3 2乗音圧の空間・集合平均 55
- 5.4 残響場の空間・集合平均 56
  - 5.4.1 ホワイトノイズ駆動に対する残響場 56
  - 5.4.2 バンドノイズ駆動に対する残響場 57
- 5.5 残響波形の集合平均とインパルス応答波形の2乗積分 ... 59
- 5.6 Mode theory と Ray theory 61
- 5.7 残響レベル波形の曲がり 64

第6章 拡散場の確率・統計的モデル　69
- 6.1 ランダムな平面波よりなる音場 69
  - 6.1.1 音圧分布 70
  - 6.1.2 音圧の空間相関 71
  - 6.1.3 音響エネルギー流の分布 74
- 6.2 ランダムな球面波からなる音場 77
- 6.3 残響場に対する確率・統計的視点 79

第7章 残響場の複雑さ　81
- 7.1 複雑さの尺度とエントロピー 81

7.2 残響場のエントロピー 82
7.3 多重反射音に基づくエントロピー 82
7.4 連続反射過程に基づくエントロピー 85
7.5 固有振動モードに基づくエントロピー 87
7.6 音場の拡散度とエントロピー 89

第 8 章 残響場内の物体の周りの音場
　　　　　－ 物体によるランダム入射波の散乱 － **91**
8.1 拡散音場内に置かれた円板の周りの音場 92
　　8.1.1 扁平回転楕円体による単一平面波の散乱 92
　　8.1.2 扁平回転楕円体によるランダム入射波の散乱 .. 94
　　8.1.3 円板のまわりの音場 95
　　8.1.4 計算結果 97
　　8.1.5 実測との比較 99
8.2 高周波領域における近似法 101
　　8.2.1 円板の周りの音場 101
　　8.2.2 帯状板の周りの音場 103
　　8.2.3 無限平板に対する音場 105
　　8.2.4 実測との比較 105
8.3 まとめ及び検討 107

第 9 章 室内の音圧分布 **109**
9.1 イメージ拡散法による音源の平滑化 109
9.2 実測との対応 112
　　9.2.1 測定場所 113
　　9.2.2 受音レベルの距離減衰特性の測定 114
　　9.2.3 測定結果ならびに計算値との比較 115
9.3 まとめ及び課題 119

第 10 章 室開口（窓）からの音の放射 **121**
10.1 反射音の拡散放射 121
10.2 直達音の回折放射 123

10.3 放射場の合成 124
　10.4 実測との比較 124
　10.5 あとがき 126

第 11 章 建物の防音性能　127
　11.1 室開口（窓）からの音の入射 128
　11.2 窓開放時の建物の防音性能 129
　11.3 窓を閉じた時の防音性能 130
　11.4 窓開閉時の防音性能の関係 133
　11.5 道路に面する窓の防音性能 134
　11.6 実測との対応 136
　　　11.6.1 計算式による防音性能のシミュレーション 136
　　　11.6.2 実測値とシミュレーション結果との比較 137
　11.7 まとめ及び課題 138

第 12 章 廊下にそっての騒音伝搬　140
　12.1 音場の解析 140
　　　12.1.1 イメージ法 141
　　　12.1.2 イメージ拡散法 142
　　　12.1.3 計算結果の比較 144
　12.2 実測との対応 145
　12.3 まとめ及び課題 147

第 13 章 トンネル内における衝撃音の伝搬　148
　13.1 イメージ拡散法による音源分布の平滑化 148
　13.2 エネルギーインパルスの伝搬特性 149
　13.3 坑内における一般の音響伝搬 152
　13.4 坑内の残響特性 153
　13.5 総暴露量 153
　13.6 室及び平行壁面の応答 154

第14章 吸音ルーバーによる騒音対策　　156
- 14.1 吸音ルーバーとは？．．．．．．．．．．．．．．．．．． 156
- 14.2 吸音ルーバーの実状．．．．．．．．．．．．．．．．．． 157
- 14.3 吸音ルーバーの音響特性．．．．．．．．．．．．．．．．． 158
- 14.4 挿入損失．．．．．．．．．．．．．．．．．．．．．．． 158
- 14.5 吸音ルーバーの遮音性能．．．．．．．．．．．．．．．．． 161
- 14.6 透過損失 TL の算定方法．．．．．．．．．．．．．．．． 162
- 14.7 検討．．．．．．．．．．．．．．．．．．．．．．．． 163
  - 14.7.1 音源が屋外，受音点が室内にある場合．．．．．．． 163
  - 14.7.2 掘割道路に対する吸音ルーバーの挿入損失．．．．．． 164

第15章 街路に沿っての騒音伝搬　　167
- 15.1 道路及び沿道建物に関するモデル．．．．．．．．．．．．． 167
- 15.2 拡散場に基づく取扱い．．．．．．．．．．．．．．．．．． 169
- 15.3 反射場に対する修正及びその影響．．．．．．．．．．．．． 173
- 15.4 高架道路併設の影響．．．．．．．．．．．．．．．．．．． 176
- 15.5 イメージ法に基づく検討．．．．．．．．．．．．．．．．． 178
- 15.6 まとめ及び課題．．．．．．．．．．．．．．．．．．．．． 179

第16章 道路背後地への騒音の伝搬
　　　　－ 建物による減音効果 －　　183
- 16.1 建物群のモデル．．．．．．．．．．．．．．．．．．．．． 183
- 16.2 伝搬過程の定式化．．．．．．．．．．．．．．．．．．．． 184
- 16.3 建物高さの影響．．．．．．．．．．．．．．．．．．．．． 186
- 16.4 模型実験との比較．．．．．．．．．．．．．．．．．．．． 188
  - 16.4.1 模型実験の手法．．．．．．．．．．．．．．．．． 188
  - 16.4.2 予測値と実験結果の比較．．．．．．．．．．．．． 189
- 16.5 まとめ．．．．．．．．．．．．．．．．．．．．．．．．． 193

第17章 高架構造物音の発生メカニズム　　194
- 17.1 高架構造物音の発生の概要．．．．．．．．．．．．．．．． 195
- 17.2 構造物の運動方程式．．．．．．．．．．．．．．．．．．． 195

17.3 床版の縦振動の解析 197
17.4 床版の音響放射 198
17.5 高架構造物音による単発騒音暴露量 199
17.6 ユニットパターン 199
17.7 高架構造物音による等価騒音レベル L_{Aeq} 201
17.8 まとめ及び課題 202

第 18 章 高架橋における車両走行と低周波音の発生　206
18.1 床版のたわみ振動の方程式 206
18.2 加振力 $f(t)$ 207
18.3 接触面の凹凸によるたわみ振動 209
18.4 ジョイント段差によるたわみ振動 210
18.5 車両の加重によるたわみ振動 211
18.6 たわみ振動に関する相互比較 212
18.7 たわみ振動による音響放射 214
18.8 低周波音の時間・周波数特性 215
18.9 まとめ及び課題 217

第 19 章 鏡面反射と乱反射　220
19.1 完全乱反射体 220
19.2 平面波の散乱 222
19.3 球面波の散乱 225
19.4 円筒波の散乱 228
19.5 有限長線音源からの入射波の散乱 231

第 20 章 障害物空間における残響（音の拡散と減衰）　234
20.1 音響エネルギーの時間・空間分布 235
20.2 平均自由行程と衝突周波数 236
　　20.2.1 平均自由行程 $\bar{l}_i$ 237
　　20.2.2 衝突周波数 ν_i 239
20.3 拡散係数 $\sigma_{i0}^2(t)$ 239
20.4 定常場における音響エネルギー密度 240

20.5 非干渉性線音源の場合 243
20.6 直達音の影響 244
20.7 室内の残響場への適用 246
20.8 Sabine の残響式:log mean 248
20.9 Eyring の残響式:mean log 249

第 21 章 統計音響学のススメ
− 道路交通騒音から室内音響まで − 　　　　　　　　　　　**251**
21.1 道路交通騒音のモデル 251
21.2 環境騒音のモデル 253
21.3 室内音場のモデル 254
21.4 音場の解析法 256
21.5 道路交通騒音の解析 257
21.6 環境騒音の解析 262
21.7 室内音場の解析 266
21.8 まとめ 270

索引 273
著者紹介 280

第1章　拡散音場とは？

　建築音響では室内をはじめ，主として閉空間内の音場を扱う。閉空間内の音場は直達音のみならず多数の反射音から成り，極めて複雑である。この様な音場を理想化したものが拡散音場であり，建築音響学の物理的なベースとなっている。本章では拡散音場とは何か？その概念を述べ，様々なモデル化と定式化の可能性を探る。

1.1　自由音場と残響場

　音響的な障害物の無い空間を自由空間という。この様な空間内の音場を自由音場といい，音源からの直達波（直達音）のみから成る。屋外において地表面等による反射の影響が無視される場合がこれに当たる。

　一方，反射音が支配的な音場を残響場という。天井，床，壁等で反射された多くの反射音からなる室内（閉空間）の音場がこれに当たる。

　上述の2つの音場のうち，建築音響では主として後者の残響場に関心が注がれる。この閉空間内の複雑な残響場を理想化したものが拡散音場（diffuse sound field）であり，ASA（アメリカ音響学会）の用語集には以下のように定義されている。

　A diffuse sound field is one in which the time average of the mean square sound pressure is everywhere the same and the flow of energy in all directions is equally probable.

　「拡散音場では全ての点において自乗音圧の時間平均値（音圧の実効値）が等しく，かつ音のエネルギーはあらゆる方向に等しい確率で流れ得る。」

　また日本音響学会の音響用語辞典には次の様に記載されている[1]）。

　「ある区域内で，エネルギー密度が一様で，かつすべての方向に対するエネルギーの流れが等しい確率であるとみなされる分布をしている音場，残響室内音場

は拡散音場を近似的に実現させる。」

　何れも確率・統計的に定義されており，分かったようで解らない。実はこの幅のある定義こそ，拡散音場に係る様々なモデル化と定式化をうながし，残響理論の豊かな展開と応用の源泉となっている。

1.2　拡散音場のイメージ（素描）

　拡散音場を直接定式化するのが困難である場合，アプローチの方法としては取扱いやすいモデルを考案し，その諸特性について調べることであろう。モデルの構築には拡散音場とは何か，そのイメージを明確にし，骨格を抽出することが重要である。

　定義によれば拡散場は空間内の位置と方向によらない音響エネルギー流の場である。即ち一様・等方な音響エネルギー流の場が拡散場である。縦横無尽（無秩序）にエネルギーの流れるこの様な音場を表現するには様々な方法が考えられる。

　一つには確率的な波を考えることである。例えば単一の平面波を考え，その進行方向が全くランダム（全く不確定）で単位球面上のあらゆる方向を等確率で取り得るとすれば，拡散場のイメージと合致するであろう。これはまた振幅の等しい多数（無数）の平面波があり，相互に独立で進行方向は単位球面上に一様に分布していると考えてもよい。即ち進行方向と位相がでたらめな無数の平面波の集合よりなる[2]。

　この無秩序な平面波の集合を単一の球面波と比較すると興味ある事実が浮かび上ってくる。球面波は良く知られているごとく同一振幅のあらゆる方向に進む平面波よりなる。この点に関しては上記の拡散場のイメージと合致するが，各平面波の位相が等しく，相互に干渉的である点で異なる。即ち通常の球面波は完全に統制（規律）のとれた平面波の集合よりなる。この統制が解除され，各平面波が全く自由に振舞うとき拡散場へと移行する。

　球面波と拡散場の間のこの関係はインパルスとホワイトノイズの間の関係に酷似している。周知のようにインパルスもホワイトノイズも全ての周波数成分を一様に含んでいる。相互の位相関係が整然としてるのがインパルスであり，全く無秩序であるのがホワイトノイズである。従ってホワイトノイズとはインパルスを構成する周波数成分間のきずな（拘束）が完全に取り除かれた状態であり，各成

分は全く自由に振舞うこととなる。

ところで拡散場とは直達波と無数の反射波が飛び交う live な室内，特に残響室内の音場の究極の姿（理想化されたモデル）と考えられている。幾何音響学（Ray theory）的には音源から放射された音線が室表面で反射，吸収を繰り返しながら室空間を一様・等方に埋めつくす状態をいう。さらにこの音線が平面波の進行方向（波数ベクトル）を表すものとすれば前述の確率・統計的な平面波の集合に対応づけられる。

一方，室内音場は波動論的には無数の固有振動モードの和（集合）で表される。各モードはそれぞれ固有の共鳴周波数を持つ定在波であり，波数ベクトル空間の格子点に対応づけられる[3,4]。境界条件を満たす成分波（モード）は特別な進行方向を有し，その軌跡は室内で閉ループを描き，1周ごとの位相変化が 2π の整数倍であることが要求される。この様な条件を満たす波数ベクトル空間の点（モード）は無数に存在するが，拡散場の生成には次のことが重要である。

・波数ベクトル空間の格子点（モード）はできるだけ一様に分布すること。
・多数のモードを一様に励振すること。

ここでもまた多数の成分波（モード）の独立で対等な寄与が必要とされる。

建築音響学の祖として知られる W.C.Sabine は閉空間内の複雑な音場を一様・等方な音響エネルギー流の場と見なし，エネルギーバランスの関係を適用し，拡散音場の理論を展開した[5]。これはある領域（具体的には室内）を縦横無尽に動き回る音のエネルギー粒子を考えることと等価である。従って分子運動論（気体分子の熱運動や Brownian motion）と結びつけることができ，各種の自由度に系のエネルギーが等配分されたとき動的な平衡状態が達成される（equi-partition law，エネルギーの等分配則）。この平衡状態が拡散場に対応しており，この場合の音圧や粒子速度の分布に興味が持たれる。

さらに拡散場の概念は音源配置を無秩序（ランダム）にすることによっても得られる[6]。音源が何処にあるか全く不明な時（音源がどの点にある確率も全く等しい時），この空間内の音響エネルギー流は確率・統計的に見て一様・等方と考えられる。例えば室空間内の実音源とイメージ空間内の鏡像音源群の配置を適切に平滑化すればこの様な音場が得られるであろう。

音源群が空間に一様，かつ無秩序に散在するということは音源群が空間的にポアソン分布していることであり，この様な空間内の音響エネルギー流の場は天体

力学における重力場と酷似している．宇宙空間には無数の星が散在しており，概略ポアソン分布に従っている．宇宙の任意の点における重力（1kg の物体をおいたとき周りの星々から受ける引力の和）は拡散場における音響エネルギー流に対応している．この宇宙空間における重力場の分布（観測点ごとに異なる重力の値の分布）はホルツマーク分布として知られている[7]．

拡散音場は上述のように各種のアプローチとモデル化の方法があり，物理学の様々な分野と密接に関連している．

1.3　拡散音場と音場の複雑さ

拡散音場は一様・等方な音響エネルギー流の場として定義されている．これは空間の場所と方向に関するエネルギーの等分配則である．空間の各点におけるエネルギー密度が等しく，かつ流入及び流出するエネルギーがバランスしている（平衡状態にある）ことを表している．この音場の拡散性は音場とそれを構成する要素（全体と部分，システムと自由度）に関する概念として一般化することができる．音場（システム）は種々の方法により成分（構成要素）に分解することができる．また各要素間の関連や全体への寄与の有り様により，音場の姿，容は様々に変化する．いま音場を

(1) 要素間の関連の程度（統制がとれているか否か）
(2) 各要素の寄与度（混り具合）

を基に眺めることにしよう．

各要素の独立性が高いほど，かつ寄与度が均一であるほど，音場は複雑（拡散的）であると考えられる．即ち拡散とは注目している量が系の自由度（独立な成分）に均等に配分された状態（equi-partition law が成立している状態）であると広く解釈される．自由度が多く，かつそれぞれ対等に振る舞うほど系は複雑な様相を呈する．系の状態の無秩序さ，複雑さを表す尺度としてはエントロピーが知られている．系の自由度と各々の寄与率を基にエントロピーを導入すれば系のランダムネス（音場の複雑さや拡散度）を示す指標として活用することができる[8]．

それでは拡散音場に関する様々な素描や音場の複雑さに関する概念を順次肉付けすることから始めよう．

文献

1) 音響学会編, 音響用語辞典（コロナ社, 1988）p.99
2) 久野和宏, 池谷和夫, "ランダムな平面波および球面波を用いた不規則音場モデルに関する統計的考察", 日本音響学会誌 **30**,2 (1974) pp.65–75
3) H. Kuttruff, *Room Acoustics, Third Edition* (Elsevier Applied Science, 1991) chap. III
4) 久野和宏, 野呂雄一, 井研治, "室内音響における波動論と音線理論の関係", 日本音響学会誌 **49**,2 (1993) pp.77–83
5) 五十嵐寿一編, 音響と振動（共立出版, 1968）4章
6) 久野和宏, 野呂雄一, 井研治, "イメージ拡散法による閉空間内の音場解析 ―音源分布の平滑化法と近距離場に対する補正―", 日本音響学会誌 **44**,12 (1988) pp.893–899
7) S. Chandrasekar, "Stochastic Problems in Physics and Astronomy", Rev. of Mod. Phys. **15**,1 (1943) pp.1–89
8) 今井兼範, 久野和宏, 池谷和夫, "残響場の複雑さに対する一評定法", 日本音響学会誌 **38**,8 (1982) pp.461–467

第2章　Sabineの拡散音場と残響理論[1]

前章では建築音響学の基礎をなす拡散音場のイメージとその基本的な概念について述べ，種々のモデル化の可能性を示した。拡散が内包する無秩序さや複雑さという概念には

- 多数の独立な成分（システムの各自由度）へエネルギーが等しく分配される → エネルギー等分配則
- 系の状態空間が一様に埋めつくされる（あらゆる可能性を一様に取る） → エルゴード性
- 系に関する情報が完全に欠落している（要素間の関係及び全体への寄与が全く不明） → エントロピー最大

などにより定式化され，これらを基に拡散音場は進行方向のランダムな平面波，多数の独立で寄与率の等しいモード，一様・等方な音響エネルギー流，ポアソン分布する音源群などにより具体的に表現されることを示した。

本章ではそれらのうち，まずSabineの拡散音場として知られる音響エネルギー流の一様・等方な場について考え，その諸性質を示すとともに，残響場の成長・減衰過程について述べる。また，拡散場と開口からの放射場との関係（相反性）についても言及する。

2.1　拡散音場における音の強さと強度

拡散音場が音響エネルギー流の一様・等方な場であるとしたとき，音の強さや強度は如何なる性質を有するであろうか。ここで，ある点の音の強さ I_n とは，その点を含む単位面積を単位時間に通過する音のエネルギーのことであり，考える

面（向き）に依存する．一方，音の強度 I はある点に単位時間に流入する音のエネルギーの総和を表すものとしよう．

音場内の任意の点 O を中心とする単位球面 S_1 を考え，球面上のあらゆる方向から点 O に向って一様に音響エネルギー流が流入しているとしよう（図2.1）．単位時間，単位立体角あたりの流入量を

$$\frac{I}{4\pi} \tag{2.1}$$

とすれば，点 O への全流入量は単位時間あたり

$$\oint_{S_1} \frac{I}{4\pi} d\Omega = I \tag{2.2}$$

となる．この結果は点 O を囲む任意の閉曲面 S に対しても当然成り立つ（図2.2）．即ち S_1 上での積分は

$$d\Omega = \frac{dS}{r^2} \cos\theta \tag{2.3}$$

と置くことにより S 上での積分

$$I = \oint_S \frac{I}{4\pi} d\Omega = \oint_S \frac{I \cos\theta}{4\pi r^2} dS \tag{2.4}$$

で表される．

さてこの I は受音点 O に単位時間にあらゆる方向から流入するエネルギーの和であり，上述の受音強度に相当し，エネルギー密度 ε に音速 c を乗じたスカラー量

$$I = c\varepsilon \tag{2.5}$$

である．また ε は通常，音圧 p の2乗に比例

$$\varepsilon \propto p^2 \tag{2.6}$$

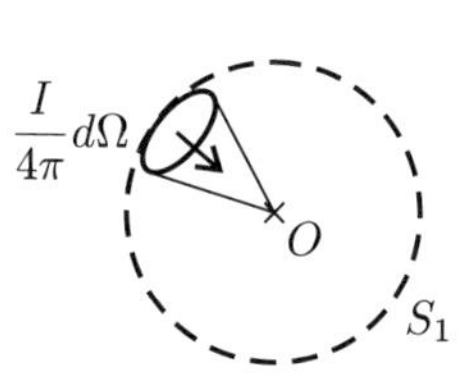

図 2.1　単位球面からの音響エネルギーの流入

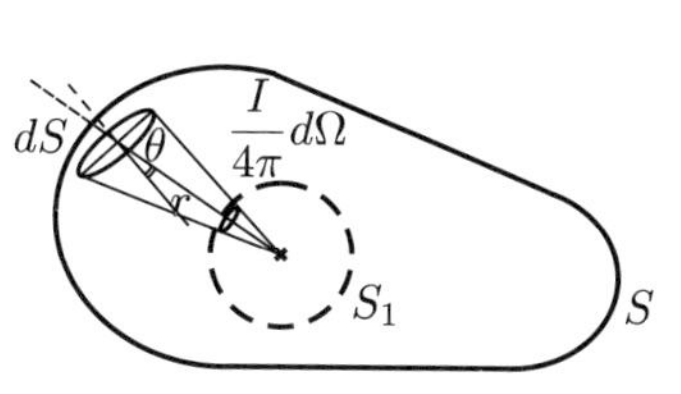

図 2.2　任意閉曲面からの音響エネルギーの流入

すると考えられることから，受音強度 I は

$$I \propto p^2 \tag{2.7}$$

と表され，無指向性マイクロホンによる音圧計測に対応している。

一方，受音点 O における音の強さ I_n は O を含む平面を垂直に通過する（流入する）単位面積，単位時間あたりの音のエネルギーである。いま点 O を含む任意の平面を考える。この仮想平面の法線を n（図 2.3 のように左右向きの法線を $n-$, $n+$）とする。

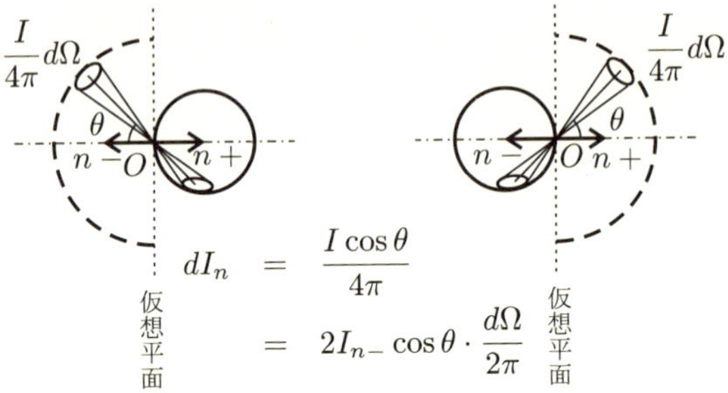

$$\begin{aligned} dI_n &= \frac{I\cos\theta}{4\pi} \\ &= 2I_{n-}\cos\theta \cdot \frac{d\Omega}{2\pi} \end{aligned}$$

図 2.3 仮想平面に対する音の強さ I_{n-} と I_{n+}

左半球面より点 O に流入する垂直方向成分 I_{n-} は

$$\begin{aligned} I_{n-} &= \int dI_{n-} = \iint \frac{I d\Omega}{4\pi} \cos\theta \\ &= \int_0^{2\pi} \int_0^{\pi/2} \frac{I\cos\theta}{4\pi} \sin\theta d\theta d\varphi = \frac{I}{4} \end{aligned} \tag{2.8}$$

となり，受音強度 I の 1/4 であることが分かる。同様に右半球面より点 O に流入する垂直方向成分 I_{n+} は

$$I_{n+} = \frac{I}{4} \tag{2.9}$$

で与えられる。

従って仮想平面上の点 O に両側より垂直に流入するエネルギーはともに $I/4$ でバランスしており，全体としては仮想平面上の点 O を垂直に通過するエネルギーは零となり，拡散音場内における音の強さは零であることが示される。これはま

た次のように解釈することもできる。点 O に流入したエネルギーは定常場では必ず流出する。即ち点 O は受音点であると同時に音源（2 次音源）として機能している。左半空間より点 O に流入するエネルギーのうち垂直方向成分が右半空間に放射される（流出する）ことに留意すれば法線 $n-$ と θ をなす方向から流入するエネルギーは

$$dI = \frac{I}{4\pi}d\Omega \tag{2.10}$$

であるが，そのうち $\cos\theta$ を乗じた分だけが仮想平面を通過し右半空間の θ 方向（法線 $n+$ と θ をなす方向）へ放射される。

$$dI_{n-} = \frac{I}{4\pi}\cos\theta d\Omega \tag{2.11}$$

これは点音源 O から右半空間の θ 方向へ単位立体角あたり毎秒

$$\frac{I}{4\pi}\cos\theta$$

の音響エネルギーが放射されることを示している。さらに式 (2.11) は式 (2.8) より

$$dI_{n-} = \frac{I_{n-}}{\pi}\cos\theta d\Omega = 2I_{n-}\cos\theta\frac{d\Omega}{2\pi} \tag{2.12}$$

と表されることから，仮想平面上の点 O（正確には点 O を中心とする単位面積）は出力

$$I_{n-} = \frac{I}{4} \quad [\text{W/m}^2]$$

指向性

$$2\cos\theta \quad (0 \leq \theta \leq \pi/2,\ 0 \leq \varphi \leq 2\pi)$$

の音源と見なされる。以上を要約すれば拡散音場内では仮想平面上の各点 O には左半空間のあらゆる方向から音響エネルギーが一様に流入するが，仮想平面を通過する際 $\cos\theta$ の指向性因子が乗ぜられる。右半空間への放射は $\cos\theta$ の指向性を有し，いわゆる Lambert の拡散放射に従うこととなる。この入射と放射の関係は仮想曲面上の点についても全く同様である（図 2.4）。従って式 (2.4) の関係は

$$I = \oint_S \frac{I\cos\theta}{4\pi r^2}dS = \oint \frac{2I_{n-}\cos\theta}{2\pi r^2}dS$$
$$= 2I_{n-}\oint \frac{\cos\theta}{2\pi r^2}dS = 2I_{n-}\frac{1}{2\pi}\oint d\Omega = 4I_{n-} \tag{2.13}$$

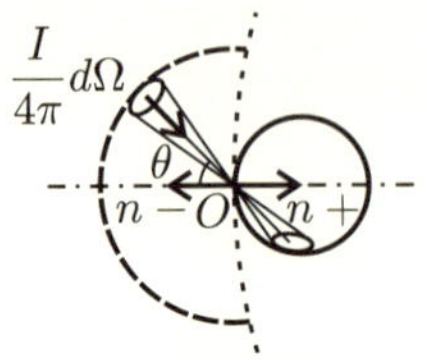

図 2.4 音響エネルギーの流入と流出（放射）

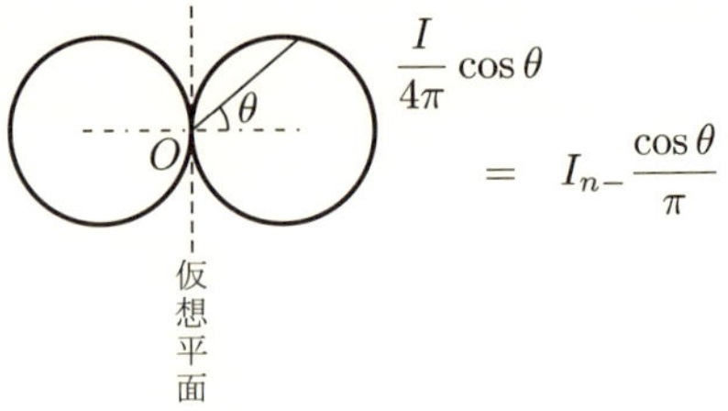

図 2.5 拡散音場における見掛けの指向性

と表されることから，閉曲面 S 内（拡散音場内）の受音強度 I は場所に依らず同一であり，閉曲面に流入する音の強さ I_{n-}（閉曲面の単位面積から内部に放射される音の強さ）の 4 倍であることが分かる。

いま具体的な場合として，閉曲面 S が室表面であり，内部の音場が拡散しているものとすれば，室表面における音の強さは室内の受音強度の 1/4 であることを意味する。

これは式 (2.8)，式 (2.9) にも示したように拡散音場内に任意の平面（曲面）を想定したとき，面上の各点における音の強さは面の両側でともに受音強度の 1/4

$$I_{n-} = I_{n+} = \frac{I}{4} \tag{2.14}$$

に等しく，バランスしていることからの当然の結果である。

拡散音場内では等方なエネルギーの流れが仮想的な面を通過（横断）することにより指向性を持つこととなる。入射エネルギー流は無指向性であるが仮想面を通過し流出する（放射される）際，法線に関する方向余弦 $\cos\theta$ が乗ぜられる（図 2.5）。実際には仮想面は無く，点 O からある方向に流出するエネルギー流は全ての仮想面に関し平均をとることにより

$$2\oint \frac{I\cos\theta}{4\pi} \frac{d\Omega}{2\pi} = \frac{2I}{4\pi} \int_0^{2\pi} \int_0^{\pi/2} \frac{\cos\theta \sin\theta}{2\pi} d\theta d\varphi = \frac{I}{4\pi} \tag{2.15}$$

となり，単位立体角あたり $I/4\pi$ だけ流出する。即ち点 O からの流出は，仮想面を考えなければ流入と同様，等方的であり，あらゆる方向に一様に放射される（図 2.6）。要するに個々の仮想面は点 O に流入するエネルギー流に指向性を付与するが，仮想面全体を考えれば指向性は消滅するのである。

2 次元平面内の拡散場についても上記と同様な議論が可能である。その場合，閉

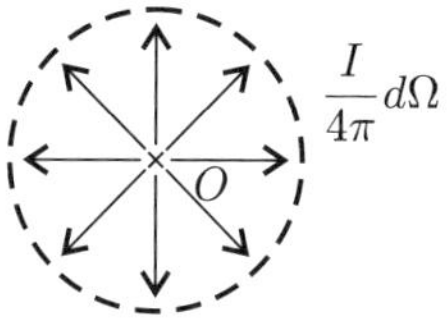

図 2.6 拡散音場におけるエネルギーの流れ

曲面を閉曲線，平面を直線，立体角を通常の見込み角に置き換えればよい。2 次元拡散場の主要な性質を以下に要約する。

○ 受音強度を I とすれば任意の点 O に 1 ラジアン当りに流入，流出する音響エネルギー流は $I/2\pi$ である（図 2.7）。
○ 仮想曲線状の点 O に流入したエネルギーは曲線を横切る際 $\cos\theta$ 倍される（θ は入射角，図 2.8）。
○ 仮想曲線状の両側における音の強さ I_{n-}, I_{n+} は等しく，受音強度 I の $1/\pi$ である（図 2.9）。
○ $\oint \dfrac{I_{n+}\cos\theta}{2\rho}dl = \oint_c \dfrac{I\cos\theta}{2\pi\rho}dl = \dfrac{I}{2\pi}\oint_c \dfrac{dl\cos\theta}{\rho} = \dfrac{I}{2\pi}\oint_{c_1} d\Phi = I$ （式中の記号については図 2.10 参照）

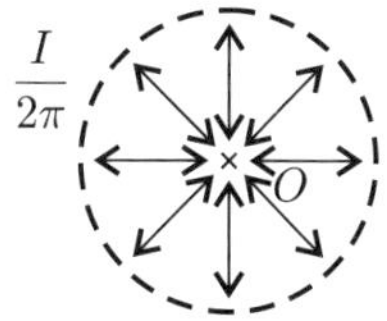

図 2.7 2 次元拡散音場における音響エネルギー流

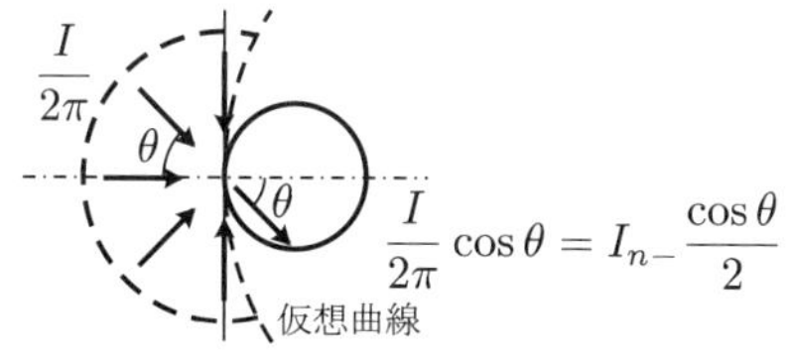

図 2.8 2 次元拡散音場における見掛けの指向性

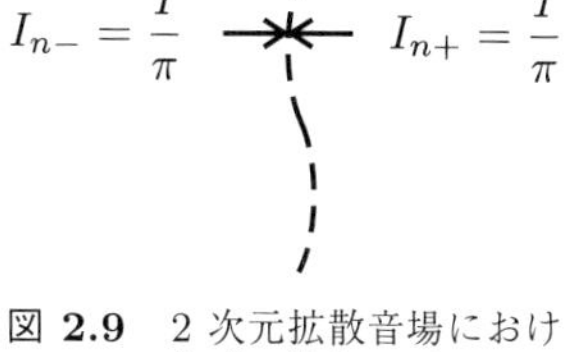

$\dfrac{I}{2\pi}\cos\theta = I_{n-}\dfrac{\cos\theta}{2}$

仮想曲線

$I_{n-} = \dfrac{I}{\pi}$　　$I_{n+} = \dfrac{I}{\pi}$

図 2.9 2 次元拡散音場における音の強さのバランス

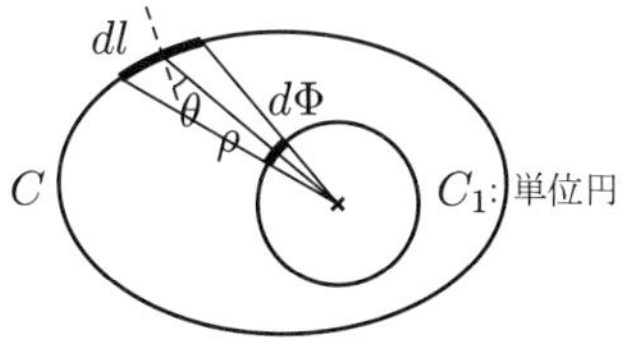

C_1: 単位円

図 2.10 2 次元拡散音場における受音強度の算出

2.2 残響場の成長，減衰過程

室空間内の音場が拡散的であり，前節の諸特性を有するものとすれば，音源の駆動，停止（on-off）に伴う拡散場（残響場）の成長及び減衰の様子は容易に定式化される．室の容積を V，表面積を S，室表面の平均吸音率を a とする．また室内の音のエネルギー密度を ε，音の強度を I，室表面における音の強さを I_n とする．

まず出力 P の音源を時刻 $t = 0$ で駆動を開始した後の音場の成長過程について考える．時刻 t と $t + \Delta t$ の間に音源より供給されるエネルギーは

$$P \Delta t$$

室表面で吸収され室内から取り除かれるエネルギーは

$$a I_n(t) S \Delta t$$

であり，両者の差

$$P \Delta t - a I_n(t) S \Delta t$$

が $[t, t + \Delta t]$ の間における室内の音響エネルギー

$$\mathcal{E}(t) = V \varepsilon(t) \qquad (2.16)$$

の増分

$$\Delta \mathcal{E}(t) = \mathcal{E}(t + \Delta t) - \mathcal{E}(t) \cong \frac{d\mathcal{E}(t)}{dt} \Delta t$$

に等しくなる．これよりエネルギーバランスを表す式として

$$\frac{d\mathcal{E}(t)}{dt} \Delta t = P \Delta t - a I_n(t) S \Delta t$$

即ち

$$\frac{d\mathcal{E}(t)}{dt} + a S I_n(t) = P \qquad (2.17)$$

が得られる．また3次元拡散場においては式 (2.5)，(2.14)，(2.15) より

$$I_n(t) = \frac{1}{4}I(t)$$
$$\mathcal{E}(t) = V\varepsilon(t) = \frac{V}{c}I(t) \qquad (2.18)$$

が成り立つことを考慮すれば式 (2.17) は受音強度 $I(t)$ に関する常微分方程式

$$\frac{dI(t)}{dt} + \frac{acS}{4V}I(t) = \frac{cP}{V} \qquad (2.19)$$

となる．初期条件

$$I(0) = 0 \qquad (2.20)$$

に留意すれば，この方程式の解は

$$I(t) = \frac{4P}{aS}\left\{1 - e^{-(acSt/4V)}\right\} = I(\infty)\left\{1 - e^{-a(ct/d)}\right\} \quad (t \geq 0) \quad (2.21)$$

で与えられる．ここに

$$I(\infty) = \frac{4P}{aS}$$
$$d = \frac{4V}{S} \qquad (2.22)$$

は定常な拡散場における受音強度及び室の平均自由行程（室表面で衝突を繰り返す音線が衝突と衝突の間に進む平均の距離）である．

また室内における音響エネルギー $\mathcal{E}(t)$ の時間経過は式 (2.18) 及び式 (2.21) より

$$\mathcal{E}(t) = \mathcal{E}(\infty)\left\{1 - e^{-at/\tau}\right\} = \frac{P}{a\nu}(1 - e^{-a\nu t}) \quad (t \geq 0) \qquad (2.23)$$

と表される．ここに

$$\mathcal{E}(\infty) = \frac{V}{c}I(\infty) = \frac{P\tau}{a} = \frac{P}{a\nu}$$
$$\tau = \frac{d}{c} = \frac{4V}{cS}$$
$$\nu = \frac{1}{\tau} \qquad (2.24)$$

は定常状態における室エネルギー，平均衝突周期（音線が室表面と衝突する間の平均時間長）及び衝突周波数（1秒間に室表面と衝突する平均の回数）である．上式より

$$a\mathcal{E}(\infty) = P\tau \tag{2.25}$$

となり，定常状態では室表面で吸収されるエネルギーは衝突と衝突の間に音源から供給されるエネルギーに等しい．

以上，音源の駆動開始後，室内における拡散場の成長過程は式 (2.21) または (2.23) から

$$\frac{I(t)}{I(\infty)} = \frac{\mathcal{E}(t)}{\mathcal{E}(\infty)} = 1 - e^{-at/\tau} \quad (t \geq 0) \tag{2.26}$$

で与えられることが分かる．

次に音源の駆動及び停止期間を入れ変え，時刻 $t = 0$ で駆動を停止した後の室内音場の減衰過程を考える．この場合には $t \geq 0$ では $P = 0$ であることから式 (2.19) の微分方程式は

$$\frac{dI(t)}{dt} + \frac{acS}{4V}I(t) = 0 \tag{2.27}$$

となる．また初期条件として音場は時刻 $t = 0$ において上述の定常状態（式 (2.22) の $I(\infty)$）にあるとすれば

$$I(0) = \frac{4P}{aS} \tag{2.28}$$

と置かれる．これより減衰過程の解は $I(t)$ に関しては

$$I(t) = I(0)e^{-at/\tau} \quad (t \geq 0) \tag{2.29}$$

また $\mathcal{E}(t)$ に関しては

$$\mathcal{E}(t) = \mathcal{E}(0)e^{-at/\tau} \quad (t \geq 0) \tag{2.30}$$

と表される．ただし $\mathcal{E}(0)$ は定常状態における室エネルギーであり式 (2.24) の $\mathcal{E}(\infty)$ と同じく

$$\mathcal{E}(0) = \frac{P\tau}{a} \tag{2.31}$$

で与えられる。従って音源停止後の室内における残響場の減衰過程は式 (2.29), (2.30) より

$$\frac{I(t)}{I(0)} = \frac{\mathcal{E}(t)}{\mathcal{E}(0)} = e^{-at/\tau} \quad (t \geq 0) \tag{2.32}$$

となり，拡散音場の仮定の基では，周知のごとく単純な指数減衰を示す。

閉曲線で囲まれた 2 次元の拡散場の成長，減衰過程についても全く同様に導くことができる。閉曲線内の面積を S, 周長を l, 周長に沿っての平均吸音率を a とする。時刻 $t = 0$ で出力 P の音源を駆動した後の成長過程におけるエネルギー収支は

$$P\Delta t - aI_n(t)\Delta t = \Delta\mathcal{E}(t) = \frac{d\mathcal{E}(t)}{dt}\Delta t \tag{2.33}$$

と表される。ここに 2 次元拡散場では

$$\mathcal{E}(t) = S\varepsilon(t) = \frac{S}{c}I(t)$$

$$I_n(t) = \frac{1}{\pi}I(t) \tag{2.34}$$

なることに留意すれば式 (2.33) は

$$\frac{dI(t)}{dt} + \frac{acl}{\pi S}I(t) = \frac{cP}{S} \quad (t \geq 0) \tag{2.35}$$

と書かれる。従って 2 次元拡散場の成長過程は

$$\frac{I(t)}{I(\infty)} = \frac{\mathcal{E}(t)}{\mathcal{E}(\infty)} = 1 - e^{-at/\tau} \quad (t \geq 0) \tag{2.36}$$

で与えられる。ただし $I(\infty)$, $\mathcal{E}(\infty)$ 及び τ は定常状態にある 2 次元拡散場内の受音強度，音響エネルギー及び音線の周囲境界との平均衝突周期であり，それぞれ次式で表される。

$$I(\infty) = \frac{\pi P}{al}$$

$$\mathcal{E}(\infty) = \frac{S}{c}I(\infty) = \frac{P\tau}{a}$$

$$\tau = \frac{\pi S}{cl} \tag{2.37}$$

また，時刻 $t=0$ において音源の駆動を停止した場合の減衰過程についても同様にして

$$\frac{I(t)}{I(0)} = \frac{\mathcal{E}(t)}{\mathcal{E}(0)} = e^{-at/\tau} \quad (t \geq 0) \tag{2.38}$$

が示される．ここに $I(0)$, $\mathcal{E}(0)$ は時刻 $t=0$ における拡散場の初期値であり，また τ は式 (2.37) で与えられる．

2.3　残響場と放射場の関係（相反性）

音源を室内，受音点を室外とした場合の受音強度と音源を室外，受音点を室内とした場合の受音強度との関係について考える．室内の音場は拡散場であるとする．図 2.11 のように室内の点 1 に出力 $P[\mathrm{W}]$ の無指向性音源があるとした場合，室外の観測点 2 における受音強度 $I(2|1)$ は

$$\begin{aligned} I(2|1) &= \iint_A \frac{2I_{nA}\cos\theta_2}{2\pi r^2}dA \\ &= \frac{I_{nA}}{\pi}\iint_A \frac{dA\cos\theta_2}{r^2} = \frac{\Omega_A(2)}{\pi}I_{nA} \end{aligned} \tag{2.39}$$

で与えられる．ただし開口 A における放射指向特性は Lambert の拡散放射の法則に従うものとし，また

$$\begin{aligned} I_{nA} &= \frac{1}{4}I_1 = \frac{1}{4}\frac{4P}{\overline{a}S} = \frac{P}{\overline{a}S} \\ \Omega_A(2) &= \iint_A \frac{dA\cos\theta_2}{r^2} \end{aligned} \tag{2.40}$$

は開口の単位面積に入射する音の強さ（室内の音の強度 I_1 の 1/4）及び観測点 2 から開口 A を見込む立体角である．なお S は室表面積（開口面積 A を含む）で

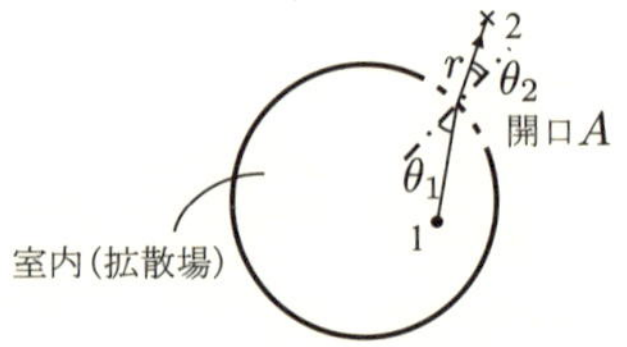

図 **2.11**　室開口と音源，受音点配置

あり，$\bar{a}$ は室表面の平均吸音率

$$\bar{a} = \frac{1 \cdot A + a(S-A)}{S} = a + (1-a)\frac{A}{S} \tag{2.41}$$

である（開口の吸音率を 1，その他の室表面の吸音率を a とした）。

次に室外の点 2 に上記の音源があるとした場合，室内の点 1 における受音強度 $I(1|2)$ は

$$I(1|2) = \frac{4P_A}{\bar{a}S} \tag{2.42}$$

で与えられる。ここに

$$P_A = \iint_A \frac{P\cos\theta_2}{4\pi r^2} dA = \frac{\Omega_A(2)}{4\pi} P \tag{2.43}$$

は開口 A から室内に流入する音響パワーである。従って式 (2.42) は

$$I(1|2) = \frac{\Omega_A(2)}{\pi}\frac{P}{\bar{a}S} = \frac{\Omega_A(2)}{\pi} I_{nA} = I(2|1) \tag{2.44}$$

となり，音源と受音点を入れ変えても受音強度は変わらず，相反性が成り立つことが分かる。

さて，開口部の回折因子を

$$f(\theta_1, \theta_2)$$

とおき上述の議論を一般化すれば，室内の点 1 に無指向性音源があるとした場合，室外の点 2 における受音点強度は

$$\begin{aligned}I(2|1) &= \iint_A \int_0^{2\pi}\int_0^{\pi/2} \frac{f(\theta_1,\theta_2)I_1 dA}{4\pi r^2}\sin\theta_1 d\theta_1 d\varphi_1 \\ &= \frac{I_1}{2}\iint_A f(\theta_2)\frac{dA}{r^2}\end{aligned} \tag{2.45}$$

と表される。ここに

$$\begin{aligned}f(\theta_2) &= \int_0^{\pi/2} f(\theta_1,\theta_2)\sin\theta_1 d\theta_1 \\ I_1 &= \frac{4P}{\bar{a}S}\end{aligned} \tag{2.46}$$

である．

一方，音源と受音点位置を交換すれば開口から室内に流入する音響パワーは

$$P_A = \iint_A dA \int_0^{2\pi} \int_0^{\pi/2} \frac{P}{4\pi r^2} f(\theta_1, \theta_2) \sin\theta_1 d\theta_1 d\varphi_1 \quad (2.47)$$

で与えられる．いま回折因子が

$$f(\theta_2, \theta_1) = f(\theta_1, \theta_2) \quad (2.48)$$

即ち，入射角と回折角に関し対称であるとすれば式 (2.47) は

$$\begin{aligned} P_A &= \iint_A dA \int_0^{2\pi} \int_0^{\pi/2} \frac{P}{4\pi r^2} f(\theta_1, \theta_2) \sin\theta_1 d\theta_1 d\varphi_1 \\ &= \frac{P}{2} \iint_A f(\theta_2) \frac{dA}{r^2} \end{aligned} \quad (2.49)$$

と表される．従って室内の受音強度は拡散場では

$$\begin{aligned} I(1|2) &= \frac{4P_A}{\bar{a}S} = \frac{1}{2}\frac{4P}{\bar{a}S} \iint_A f(\theta_2) \frac{dA}{r^2} \\ &= \frac{I_1}{2} \iint_A f(\theta_2) \frac{dA}{r^2} = I(2|1) \end{aligned} \quad (2.50)$$

となり，相反性を満たすことが知られる．

特に Lambert の拡散放射に対しては

$$f(\theta_1, \theta_2) = \frac{1}{\pi} \cos\theta_1 \cos\theta_2 \quad (0 \leq \theta_1, \theta_2 \leq \pi/2) \quad (2.51)$$

また Fresnel-Kirchhoff の回折に対しては

$$f(\theta_1, \theta_2) = \frac{6}{7\pi} \left(\frac{\cos\theta_1 + \cos\theta_2}{2} \right)^2 = \frac{3}{14\pi} (\cos\theta_1 + \cos\theta_2)^2 \quad (2.52)$$

であり，何れも式 (2.48) の条件を満たしている．

開口部を有する 2 次元の閉空間に対しても全く同様にして相反性が成り立つことを示すことができる．

文献

1) 久野和宏, "拡散音場のこと [I] —拡散場の素描—", 日本音響学会 建築音響研究会資料 **AA99-1** (1999)

第3章 音線法による残響場の理論

　建築音響では音場を視覚的，直観的に表現するためにしばしば音線を利用する。建物等の寸法が音波の波長に比し十分大きいとき有効であり，音線法あるいは幾何音響学として知られている。音線とは音をエネルギー粒子と見なした場合の軌跡である。点音源からはあらゆる方向に等密度で音線が放射され，室内では各音線は天井，床，壁等で反射（衝突）を繰り返しながら次第に減衰していく。この室内を埋めつくす音線の集合が残響場の姿であり，従って残響場を把握するには，個々の音線の衝突減衰過程（反射）をモデル化し，全体の寄与を合成する必要がある。

　本章では閉空間内における音線の衝突（反射）過程について概説し，平均自由行程（反射と反射の間に音線が進む平均行路長）や衝突周波数（1秒間あたりの平均反射回数）と閉空間の形状との関係を導く。また音線は衝突（反射）のたびに一定割合のエネルギーを失うものとして，減衰過程をモデル化し，閉空間内に存在する音線の集合全体としての振舞いに注目し，残響場の定式化を行う。その結果，前章で述べた Sabine の拡散音場と類似の表式が得られることを示す。

3.1 閉空間における音線の衝突（反射）過程

　便宜上，音をエネルギー粒子と見なし，閉空間におけるその振舞い（軌跡）について考える。ただし粒子は閉空間の境界において鏡面反射する以外は音速 c で直進するものとする。ここでは反射と反射（衝突と衝突）の間に進む平均の距離（平均自由行程という）や1秒間あたりの反射回数（衝突周波数）と閉空間の寸法（容積や内表面積）との関係について述べる。

3.1.1　3次元閉空間に対する平均自由行程

話を分かり易くするため，3次元閉空間として寸法 l_x, l_y, l_z の直方体を考え，室内に点音源Oがあるものとする。点音源O（任意の位置）からは音線があらゆる方向に均等に放射され境界面で反射をくり返し，室内に充満することとなる。点Oから放射された音線は t 秒間に距離 ct だけ直進するが，その間の衝突回数（反射回数）は実空間及び鏡像空間の境界（図3.1のメッシュ）との交差回数で表される。音線の衝突回数はその放射方向に依存する。なお，実空間への反射パスは鏡像空間への直達パスと等価であることを利用する。座標軸と角 θ_x, θ_y, θ_z をなす方向に放射された音線が直進し，距離 ct に達する間に境界と交差する回数を $N(t|\theta)$ とすれば

$$N(t|\theta) = N_x(t|\theta_x) + N_y(t|\theta_y) + N_z(t|\theta_z) \tag{3.1}$$

と表される。ただし，音線が i 軸方向に対して l_i 間隔で境界と出会うことから $N_i(t|\theta_i)$ は

$$N_i(t|\theta_i) = \frac{|ct\cos\theta_i|}{l_i} \qquad (i = x, y, z) \tag{3.2}$$

と書かれる。$N_i(t|\theta_i)$ は本来離散的な整数値を取るが，上式のごとく連続値で置き換えるものとする。これは離散的な（衝突）反射過程を平滑化し連続的なプロセスで近似することに相当する。

さらに点音源Oから音線があらゆる方向に等密度で放射されていることを考慮

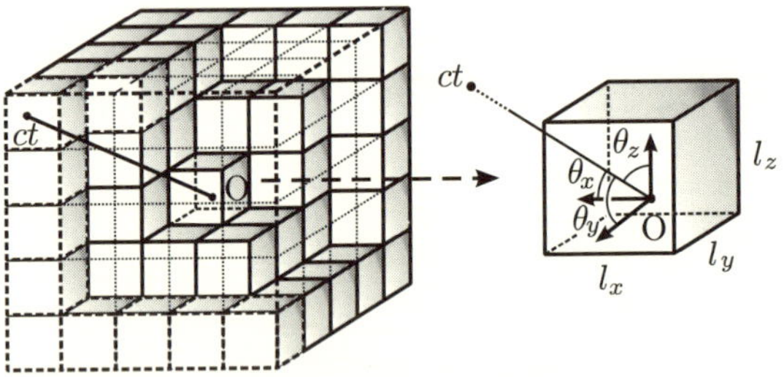

図 3.1　実空間と鏡像空間

し, i 軸方向の境界との平均衝突回数を求めれば

$$\overline{N_i(t|\theta_i)} = \frac{1}{4\pi}\int_0^{2\pi}d\varphi\int_0^{\pi}N_i(t|\theta_i)\sin\theta_i d\theta_i$$
$$= \frac{ct}{l_i}\int_0^{\pi/2}\cos\theta_i\sin\theta_i d\theta_i = \frac{ct}{2l_i} \qquad (i = x, y, z) \quad (3.3)$$

が得られる。従って全方向に対する平均衝突回数は

$$N_3(t) = \overline{N(t|\theta)} = \overline{N_x(t|\theta_x)} + \overline{N_y(t|\theta_y)} + \overline{N_z(t|\theta_z)}$$
$$= \frac{ct}{2}\left(\frac{1}{l_x}+\frac{1}{l_y}+\frac{1}{l_z}\right) = \frac{ctS}{4V} = \frac{ct}{d_3} = \nu_3 t \quad (3.4)$$

で与えられる。ここに

$$d_3 = \frac{4V}{S}$$
$$\nu_3 = \frac{c}{d_3}$$
$$V = l_x l_y l_z$$
$$S = 2(l_x l_y + l_y l_z + l_z l_x) \quad (3.5)$$

であり, d_3 は音線が室表面との衝突と衝突(反射と反射)の間に直進する平均の行路長を表し, 平均自由行程と呼ばれ, 室の体積 V と表面積 S のみに依存し, 音線と室空間との関係を特徴づけるパラメータであり, 直方体室のみならず一般の凸閉空間に対しても成り立つことが知られている [1,2]。

また $\nu_3 (= c/d_3)$ は音線と境界との1秒間あたりの衝突(反射)回数であり, 室の衝突周波数と言われている。

3.1.2 2次元閉空間に対する平均自由行程

次に2次元閉空間として方形断面(寸法 l_x, l_y)を有するトンネルを考える。z 軸に平行な線音源から断面内のあらゆる方向に音線が等密度で放射されているものとする。時刻 t 秒後には音線は音源を中心とする半径 ct の円周上に達し, その間の衝突(反射)回数を x 軸及び y 軸に垂直な境界とのそれを $N_x(t|\theta_x), N_y(t|\theta_y)$ とすれば

$$N(t|\theta) = N_x(t|\theta_x) + N_y(t|\theta_y) \quad (3.6)$$

と表される。ただし $N_i(t|\theta_i)$ は式 (3.2) で与えられるものとする。この離散的な衝突過程を連続と見なし、放射方向に関する平均を求めれば

$$\overline{N_i(t|\theta_i)} = \frac{2}{\pi}\int_0^{\pi/2}\frac{ct\cos\theta_i}{l_i}d\theta_i = \frac{2ct}{\pi l_i} \quad (i=x,y) \tag{3.7}$$

であることから

$$\begin{aligned}N_2(t) = \overline{N(t|\theta)} &= \overline{N_x(t|\theta_x)} + \overline{N_y(t|\theta_y)} \\ &= \frac{2ct}{\pi}\left(\frac{1}{l_x}+\frac{1}{l_y}\right) = \frac{ctl}{\pi S} = \frac{ct}{d_2} = \nu_2 t\end{aligned} \tag{3.8}$$

が得られる。ここに

$$\begin{aligned}d_2 &= \frac{\pi S}{l} \\ \nu_2 &= \frac{c}{d_2} \\ S &= l_x l_y \\ l &= 2(l_x+l_y)\end{aligned} \tag{3.9}$$

であり、d_2 は方形断面に対する音線の平均自由行程、ν_2 は衝突周波数であり、断面積 S 及び周長 l に依存する。なお、d_2, ν_2 と S, l の上記の関係は任意の凸閉曲線に対し成り立つことが知られている[1]。

3.1.3　1 次元閉空間（平行壁面間）に対する平均自由行程

平行壁面間の任意の位置に壁面に平行な面音源を考える。壁面に垂直な方向（x 軸方向）に放射された音線は t 秒間に平均

$$N_1(t) = \frac{ct}{l_x} = \frac{ct}{d_1} = \nu_1 t \tag{3.10}$$

の衝突を仮想壁面と繰り返す。ここに

$$\begin{aligned}d_1 &= l_x \\ \nu_1 &= \frac{c}{d_1}\end{aligned} \tag{3.11}$$

は平行壁面に対する音線の平均自由行程及び衝突周波数である[1]。

3.2 衝突（反射）過程に伴う音線強度の減衰

音源から放射された音線は伝搬距離に伴う波面の拡大及び境界との衝突（反射）により減衰する。衝突による減衰は境界面の平均吸音率を a, t 秒間における衝突回数を $N(t)$ とすれば

$$(1-a)^{N(t)} = e^{N(t)\ln(1-a)} \tag{3.12}$$

と表される。いま衝突による音線の平均的な減衰過程に注目し，前節の結果を踏まえ各閉空間に対し

$$a = a_i$$
$$N(t) = N_i(t) = \nu_i t \quad (i=1,2,3)$$

とおけば

$$(1-a_i)^{N_i(t)} = e^{\nu_i t \ln(1-a_i)} = e^{-\alpha_i ct} \quad (t \geq 0) \tag{3.13}$$

$$\alpha_i = -(\nu_i/c)\ln(1-a_i) = -\frac{\ln(1-a_i)}{d_i} \tag{3.14}$$

となり，時間 t（距離 ct）に関し単純な指数減衰に従うことが分る。従って波面の拡大による減衰と併せて考えれば

- 3次元閉空間内の出力 W_0 の点音源から放射された音線の強度は

$$I_3(t) = \frac{W_0}{4\pi(ct)^2} e^{-\alpha_3 ct} \quad (t \geq 0) \tag{3.15}$$

- 2次元空間内の単位長さあたりの出力 W_0 の線音源から放射された音線の強度は

$$I_2(t) = \frac{W_0}{2\pi ct} e^{-\alpha_2 ct} \quad (t \geq 0) \tag{3.16}$$

- 1次元閉空間（平行壁面間）の単位面積あたりの出力 W_0 の面音源から放射された音線の強度は

$$I_1(t) = W_0 e^{-\alpha_1 ct} \quad (t \geq 0) \tag{3.17}$$

で与えられる。

3.3 定常場の受音強度

実音源から鏡像空間への直達パス（音線）は実際には反射音に対応している。従って鏡像空間を含む全ての直達パスを合成することにより，直達音と反射音が重合した実閉空間内の音場を表すことが出来る。

例えば式 (3.15) を 3 次元空間全体にわたり積分し，室容積 V で割れば，定常状態における室内の平均的な受音強度

$$I_3 = \frac{1}{V} \int_0^\infty \frac{W_0}{4\pi r^2} e^{-\alpha_3 r} 4\pi r^2 dr = \frac{W_0}{\alpha_3 V} = -\frac{4W_0}{S\ln(1-a_3)} \qquad (3.18)$$

が得られる。同様に式 (3.16) を 2 次元空間全体にわたり積分し，2 次元閉空間のサイズ（断面積）S で割れば定常状態における線音源による平均的な受音強度

$$I_2 = \frac{1}{S} \int_0^\infty \frac{W_0}{2\pi \rho} e^{-\alpha_2 \rho} 2\pi \rho d\rho = \frac{W_0}{\alpha_2 S} = -\frac{\pi W_0}{l\ln(1-a_2)} \qquad (3.19)$$

が得られる。また式 (3.17) からは平行壁面間の定常的な面音源による平均的な受音強度として

$$I_1 = \frac{1}{l_f} \int_{W_0}^\infty e^{-\alpha_1 x} dx = \frac{W_0}{\alpha_1 l_f} = -\frac{W_0}{\ln(1-a_1)} \qquad (3.20)$$

が得られる。これらは建築音響の分野では 3 次元，2 次元及び 1 次元閉空間内の拡散場に対する Eyring の式として知られるものである[2]。特に閉空間の境界における吸音率が小さく

$$\ln(1-a_i) \simeq -a_i \qquad (3.21)$$

が成り立つ場合には式 (3.18)～(3.20) はそれぞれ

$$I_3 \simeq \frac{4W_0}{Sa_3} \qquad (3.18)'$$

$$I_2 \simeq \frac{\pi W_0}{la_2} \qquad (3.19)'$$

$$I_1 \simeq \frac{W_0}{a_1} \qquad (3.20)'$$

となり，拡散場に対するいわゆる Sabine の式（2 章）と一致する。

3.4 残響場の成長と消滅

音源の駆動開始後,音場には直達音,第 1 次反射音,第 2 次反射音,… と順次高次の反射音が追加され,残響場が成長して行く。これは音源から放射されたパス(音線)が毎秒 c[m] の割合で延びることに相当する。従って時刻 $t = 0$ で駆動を開始した場合,t 秒後の音場は音源を中心とする距離 ct 内のパスの集合で構成されており,例えば 3 次元閉空間内(室内)の受音強度は

$$I_3(t) = \frac{1}{V}\int_0^{ct} \frac{W_0}{4\pi r^2} e^{-\alpha_3 r} 4\pi r^2 dr = \frac{W_0}{\alpha_3 V}(1 - e^{-\alpha_3 ct}) \qquad (t \geq 0) \, (3.22)$$

と表される。同様に 2 次元及び 1 次元閉空間内の受音強度はそれぞれ

$$I_2(t) = \frac{1}{S}\int_0^{ct} \frac{W_0}{2\pi\rho} e^{-\alpha_2 \rho} 2\pi\rho d\rho = \frac{W_0}{\alpha_2 S}(1 - e^{-\alpha_2 ct}) \qquad (t \geq 0) \quad (3.23)$$

及び

$$I_1(t) = \frac{1}{l_x}\int_0^{ct} W_0 e^{-\alpha_1 x} dx = \frac{W_0}{\alpha_1 l_x}(1 - e^{-\alpha_1 ct}) \qquad (t \geq 0) \quad (3.24)$$

で与えられる。

ここで $t \to \infty$ とおき,残響場の成長の極限を求めれば,前節の定常場が得られる。

一方,定常場において,音源の駆動を停止すれば直達音,第 1 次反射音,第 2 次反射音,… の順に反射次数の低いものから消滅して行く。この消滅のプロセスは上述の成長プロセスと互に相補的であり,両者相補って定常場を形成している。定常状態にあるものとし,いま $t = 0$ で音源の駆動を停止すれば t 秒後には音源から距離 ct 内の音線部分が消滅し,その外部の音線の寄与が残る。その結果,3 次元,2 次元及び 1 次元閉空間内の受音強度はそれぞれ次式で与えられる。

$$I_3(t) = \frac{W_0}{\alpha_3 V} e^{-\alpha_3 ct} = -\frac{4W_0}{S\ln(1-a_3)} e^{\nu_3 t \ln(1-a_3)} \qquad (t \geq 0) \quad (3.25)$$

$$I_2(t) = \frac{W_0}{\alpha_2 S} e^{-\alpha_2 ct} = -\frac{\pi W_0}{l\ln(1-a_2)} e^{\nu_2 t \ln(1-a_2)} \qquad (t \geq 0) \quad (3.26)$$

$$I_1(t) = \frac{W_0}{\alpha_1 l_x} e^{-\alpha_1 ct} = -\frac{W_0}{\ln(1-a_1)} e^{\nu_1 t \ln(1-a_1)} \qquad (t \geq 0) \quad (3.27)$$

これらは拡散場に対する Eyring の残響式として知られており，Sabine の残響式と同じく時間とともに指数関数的に減衰する[2]。その結果，定常場に対する相対レベルで表せば

$$IL_i(t) = 10\log_{10}\frac{I_i(t)}{I_i(0)}$$
$$= -4.34\alpha_i ct = 4.34\nu_i t\ln(1-a_i) \quad (i=1,2,3) \quad (t\geq 0) \quad (3.28)$$

となり，いわゆる直線減衰に従うことが導かれる。

文献

1) 久野和宏, 野呂雄一, 井研治, "イメージ拡散法による閉空間内の音場解析 ―音源分布の平滑化法と近距離場に対する補正―", 日本音響学会誌 **44**,12 (1988) pp.893-899

2) H. Kuttruff, *Room Acoustics, Second Edition* (Applied Science Publishers, 1979)

ns.

第4章　鏡像法と残響場の理論

　室内やトンネル坑内，平行壁面間など閉ざされた空間内の音場は直達音及び1次反射音，2次反射音をはじめとする多くの反射音よりなる。反射音を表す方法としては鏡像法（イメージ法）が良く知られている[1-4]。反射面に関し音源と対称の位置（鏡像点）に置かれたイメージ音源からの直達音により反射音を表現するものであり，光の反射による鏡像と同様，直観的に理解し易く，計算上も便利なことからしばしば用いられる。例えば図 4.1 の平行壁面（間隔 l_x）の中心 O に出力 W_0 の点音源がある場合，観測点 (x,y,z) における受音強度 $I(x,y,z)$ は鏡像法によれば

$$I(x,y,z) = \sum_{n_x=-\infty}^{\infty} \frac{(1-a_1)^{|n_x|} W_0}{4\pi r_{n_x}^2}$$

$$= \sum_{n_x=-\infty}^{\infty} \frac{W_0}{4\pi} \frac{(1-a_1)^{|n_x|}}{(x-n_x l_x)^2 + y^2 + z^2} \quad (4.1)$$

で与えられる。ただし a_1 は壁面の平均吸音率を，$|n_x|$ は壁面による反射回数（$n_x = 0$ は直達音）を表すものとする。

　同様に図 4.2 の方形断面を有する坑内の中心 O に出力 W_0 の点音源がある場合，

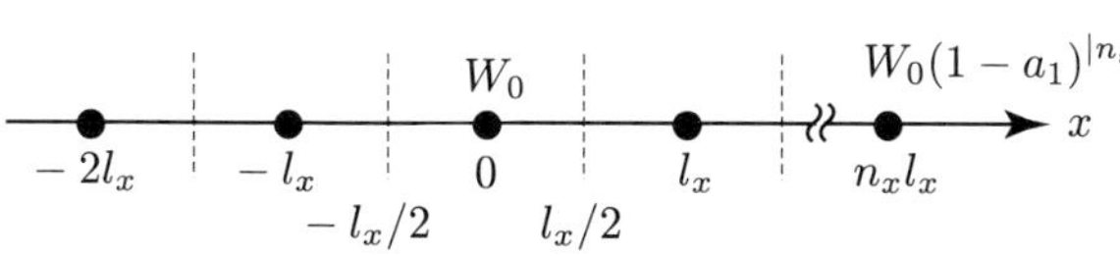

図 4.1　実空間と鏡像空間における音源配置（平行壁面間）

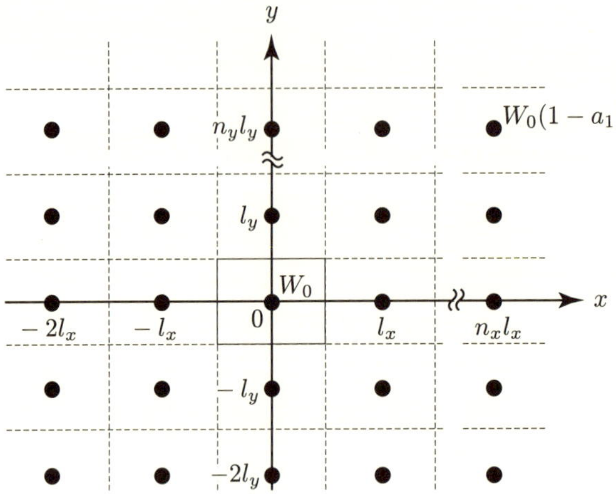

図 4.2 実空間と鏡像空間における音源配置（方形断面のトンネル）

観測点 (x, y, z) における受音強度 $I(x, y, z)$ は鏡像法によれば

$$I(x, y, z) = \sum_{n_x=-\infty}^{\infty} \sum_{n_y=-\infty}^{\infty} \frac{(1-a_2)^{|n_x|+|n_y|} W_0}{4\pi r_{n_x n_y}^2}$$

$$= \sum_{n_x=-\infty}^{\infty} \sum_{n_y=-\infty}^{\infty} \frac{W_0}{4\pi} \frac{(1-a_2)^{|n_x|+|n_y|}}{(x-n_x l_x)^2 + (y-n_y l_y)^2 + z^2} \quad (4.2)$$

で与えられる。ただし a_2 は内表面の平均吸音率を，$|n_x|$ は x 軸と $|n_y|$ は y 軸と平行な壁面との反射回数（$n_x = n_y = 0$ は直達音）を表すものとする。

同様に鏡像法を適用すれば図 4.3 の直方体室の中心 O に出力 W_0 の点音源がある場合の受音強度は

$$I(x, y, z) = \sum_{n_x=-\infty}^{\infty} \sum_{n_y=-\infty}^{\infty} \sum_{n_z=-\infty}^{\infty} \frac{(1-a_3)^{|n_x|+|n_y|+|n_z|} W_0}{4\pi r_{n_x n_y n_z}^2}$$

$$= \sum_{n_x=-\infty}^{\infty} \sum_{n_y=-\infty}^{\infty} \sum_{n_z=-\infty}^{\infty} \frac{W_0}{4\pi} \frac{(1-a_3)^{|n_x|+|n_y|+|n_z|}}{(x-n_x l_x)^2 + (y-n_y l_y)^2 + (z-n_z l_z)^2}$$

$$(4.3)$$

で与えられる。ただし a_3 は室内表面の平均吸音率を，$|n_x|$, $|n_y|$, $|n_z|$ はそれぞれ x 軸, y 軸, z 軸に平行な壁面との反射回数（$n_x = n_y = n_z = 0$ は直達音）を

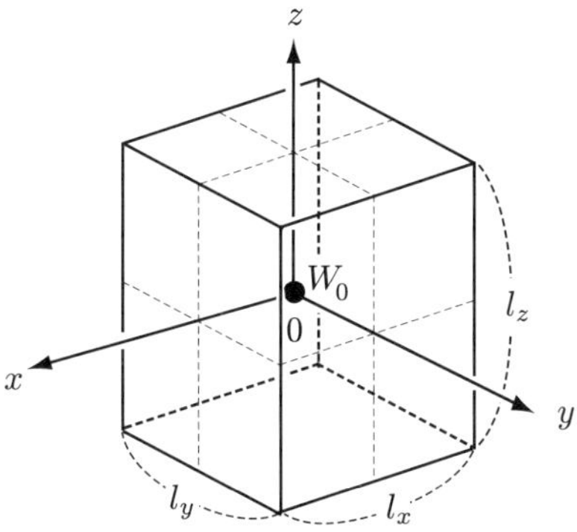

図 4.3 直方体室内の点音源

表す．

　以上，表式を簡単にするため，点音源を閉空間の中心に置き，内表面（反射面）の吸音率は全て平均値に等しいとしているが，一般化することは容易であり，かつ以下の議論を妨げるものではない．

　この様に鏡像法を用いれば実音源を中心とする離散的な音源群（イメージ音源群）により反射音を直観的に表わすことができ，観測点における受音強度は各音源からの寄与を加算すればよい．そして式 (4.1)～(4.3) における総和は計算機により実行される．通常，この計算は容易であり，実測値との対応も良好であるが[2)]

- 吸音率 $a_i (i = 1, 2, 3)$ が 0 に近づくにつれ，級数の収束が遅くなる（live な閉空間では考慮すべき音源数が加速的に増加し，膨大な数のイメージ音源の寄与を加算することが必要となる）．
- 級数表示であるため，結果の見通しが悪い（コンパクトな陽表示が望まれる）．
- 平面以外の内表面を有する一般の閉空間には適用が困難である（鏡像点を求めるのが難しい）．

これらの問題はある意味で閉空間の形状と音源，受音点配置との関係を詳細に把握しようとする結果の現れである．従って閉空間の巨視的な音響特性に関心がある場合には適切な平滑化を行えばよい．本章では離散的な実音源及びイメージ音源群の出力を平滑化し，連続分布に置き代えることにより，Sabine の拡散音場と同様な結果を誘導するとともに，イメージ音源群の生成，消滅の過程として残響場を直観的に把握する方法を示す．これよりトンネルの坑軸及び平行壁面に沿っ

ての残響特性を求め，室内の残響特性と比較する。

4.1 音源分布の平滑化（イメージ拡散法）[5,6]

平行壁面間の受音強度は図 4.1 に示す直線上に等間隔で置かれた点音源群（実音源を中心に壁面間隔 l_x で配置されたイメージ音源群）に基づき，式 (4.1) から求められる。実音源 ($n_x = 0$) の出力は W_0，n_x 番目のイメージ音源の出力は $W_0(1-a_1)^{|n_x|}$ であり，図 4.4 に示すごとく，実音源から離れるにつれ出力は減少し，より高次の反射音に対応する。従って音源間隔（壁面間隔）l_x で出力を平滑化し，式 (4.1) の総和を積分で近似すれば

$$\begin{aligned} I(x,y,z) &\simeq \int_{-\infty}^{\infty} \frac{W_0}{4\pi l_x} \frac{(1-a_1)^{|\xi|/l_x} d\xi}{(x-\xi)^2 + y^2 + z^2} \\ &= \int_{-\infty}^{\infty} \frac{W_0}{4\pi l_x} \frac{e^{(|\xi|/l_x)\ln(1-a_1)}}{(x-\xi)^2 + y^2 + z^2} d\xi \\ &= \int_{-\infty}^{\infty} \frac{W_0}{4\pi l_x} \frac{e^{-\alpha_1 |\xi|}}{(x-\xi)^2 + y^2 + z^2} d\xi \\ &= \int_{-\infty}^{\infty} \frac{1}{4\pi} \frac{w_1(\xi) d\xi}{(x-\xi)^2 + y^2 + z^2} \end{aligned} \quad (4.4)$$

と表される。ここに

$$\begin{aligned} w_1(\xi) &= \frac{W_0}{l_x} e^{-\alpha_1 |\xi|} \quad (-\infty < \xi < \infty) \\ \alpha_1 &= -\frac{\ln(1-a_1)}{d_1} \\ d_1 &= l_x \end{aligned} \quad (4.5)$$

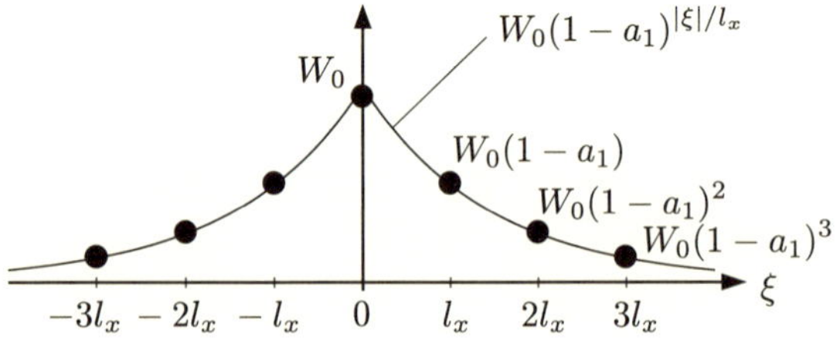

図 4.4 音源の出力分布（平行壁面）

4.1. 音源分布の平滑化（イメージ拡散法）   **31**

は平滑化された音源の出力分布，減衰率及び平行壁面間の平均自由行程である。平滑化されたイメージ音源の出力 $w_1(\xi)$ は原点（実音源）を離れるにつれ指数関数的に減衰することを示している。

同様に鏡像法によれば横断面積 $S = l_x l_y$ の坑内における受音強度は図 4.2 の離散的な 2 次元の音源分布から求められる。イメージ音源群は原点（実音源）を中心とするリング内にほぼ等密度（断面積 S 当り 1 個の割合）で分布し，遠方の音源ほど一般に出力が小さくなる（より高次の反射音に対応するため）。この音源分布を断面積 S で平滑化することにすれば，式 (4.2) は

$$\begin{aligned}
I(x,y,z) &\simeq \int_{-\infty}^{\infty}\int_{-\infty}^{\infty} \frac{W_0}{4\pi S}\frac{(1-a_2)^{|\xi/l_x|+|\eta/l_y|}}{(x-\xi)^2+(y-\eta)^2+z^2}d\xi d\eta \\
&\simeq \int_0^{\infty} 2\pi\rho d\rho \frac{W_0}{4\pi S}\frac{(1-a_2)^{\rho/d_2}}{(x-\xi)^2+(y-\eta)^2+z^2} \quad (\rho = \sqrt{\xi^2+\eta^2}) \\
&= \int_0^{\infty} 2\pi\rho d\rho \frac{W_0}{4\pi S}\frac{e^{(\rho/d_2)\ln(1-a_2)}}{(x-\xi)^2+(y-\eta)^2+z^2} \\
&= \int_0^{\infty} \frac{2\pi\rho d\rho}{4\pi S}\frac{W_0 e^{-\alpha_2 \rho}}{(x-\xi)^2+(y-\eta)^2+z^2} \\
&= \int_0^{\infty} \frac{2\pi\rho d\rho}{4\pi}\frac{w_2(\rho)}{(x-\xi)^2+(y-\eta)^2+z^2}
\end{aligned} \quad (4.6)$$

と表される。ここに

$$w_2(\rho) = \frac{W_0}{S}e^{-\alpha_2 \rho} \quad (\rho \geq 0)$$

$$\alpha_2 = -\frac{\ln(1-a_2)}{d_2}$$

$$d_2 = \frac{\pi S}{l_\phi} \quad (l_\phi：断面周長) \quad (4.7)$$

は平滑化された音源の出力分布，減衰率及び横断面 S に関する平均自由行程である。平滑化された面音源分布の出力は原点（実音源）からの距離 ρ とともに指数関数的に減衰することを示している。なお平均自由行程 d_2 は横断面 S 内の音線が反射と反射の間に進む平均の距離（3.1 節参照）である。

また室内の受音強度は図 4.3 の実空間及び鏡像空間の離散的な 3 次元の音源分布から求められる。イメージ音源群は原点 O（実音源）を中心とする球殻内にほぼ等密度（室容積 $V = l_x l_y l_z$ 当り 1 個の割合）で分布し，原点 O から遠くにある

音源ほど一般により高次の反射音に対応し，出力 $W_0(1-a_3)^{|n_x|+|n_y|+|n_z|}$ は反射回数 $|n_x|+|n_y|+|n_z|$ のべき乗に従って減衰する．従って室容積 V のスケールで音源群を平滑化することにすれば式 (4.3) は

$$\begin{aligned}
I(x,y,z) &\simeq \int_{-\infty}^{\infty}\int_{-\infty}^{\infty}\int_{-\infty}^{\infty}\frac{W_0}{4\pi V}\frac{(1-a_3)^{|\xi/l_x|+|\eta/l_y|+|\zeta/l_z|}}{(x-\xi)^2+(y-\eta)^2+(z-\zeta)^2}d\xi d\eta d\zeta \\
&\simeq \int_0^\infty 4\pi r^2 dr \frac{W_0}{4\pi V}\frac{(1-a_3)^{r/d_3}}{(x-\xi)^2+(y-\eta)^2+(z-\zeta)^2} \\
&= \int_0^\infty 4\pi r^2 dr \frac{W_0}{4\pi V}\frac{e^{(r/d_3)\ln(1-a_3)}}{(x-\xi)^2+(y-\eta)^2+(z-\zeta)^2} \\
&= \int_0^\infty \frac{4\pi r^2 dr}{4\pi V}\frac{W_0 e^{-\alpha_3 r}}{(x-\xi)^2+(y-\eta)^2+(z-\zeta)^2} \\
&= \int_0^\infty \frac{4\pi r^2 dr}{4\pi}\frac{w_3(r)}{(x-\xi)^2+(y-\eta)^2+(z-\zeta)^2}
\end{aligned} \quad (4.8)$$

なる積分で置き代えられる．ここに

$$w_3(r) = \frac{W_0}{V}e^{-\alpha_3 r} \quad (r \geq 0)$$
$$\alpha_3 = -\frac{\ln(1-a_3)}{d_3}$$
$$d_3 = \frac{4V}{S} \quad (S:\text{室内表面積}) \quad (4.9)$$

は平滑化された音源の出力分布，減衰率及び室空間 V に関する平均自由行程である．平滑化された3次元の音源分布の出力はこの場合も原点（実音源）からの距離 $r(=\sqrt{\xi^2+\eta^2+z^2})$ とともに指数関数的に減衰することを示している．なお平均自由行程 d_3 は室内の音線が反射と反射の間に進む平均の距離である（3.1節参照）．

以上，鏡像法によって得られる実音源の周りの離散的な音源配置を平滑化し，連続分布で置き代える（近似する）方法について概説した．これはある意味でイメージ音源群を実閉空間のスケールで薄め拡散させることである．実空間の周りに無限に広がる（繰り返される）鏡像空間を考え，各鏡像空間（実空間を含む）においてイメージ音源を一様に拡散させ平滑化を計ったものであり，イメージ拡散法と呼ぶことにする．

なおこの方法では音源配置を閉空間のスケールで平滑化していることから，観測点についても同程度のスケールで眺めることが適当である．従って以下の議論

においては観測点 (x,y,z) を音源分布に垂直に選び，1次元閉空間（平行壁面）に対しては式 (4.4) で $x=0$ とおき yz 面内の（$\rho_x = \sqrt{y^2+z^2}$ に沿っての）受音強度

$$\begin{aligned}I_1(\rho_x) = I(0,y,z) &= \int_{-\infty}^{\infty} \frac{1}{4\pi} \frac{w_1(\xi)}{\xi^2+y^2+z^2} d\xi \\ &= \int_{-\infty}^{\infty} \frac{1}{4\pi} \frac{w_1(\xi)}{\xi^2+\rho_x^2} d\xi \end{aligned} \quad (4.10)$$

を，また2次元閉空間（トンネル坑内）に対しては式 (4.6) で $x=y=0$ とおき z 軸（坑軸）に沿っての受音強度

$$\begin{aligned}I_2(z) = I(0,0,z) &= \int_0^{\infty} \frac{2\pi\rho d\rho}{4\pi} \frac{w_2(\rho)}{\xi^2+\eta^2+z^2} \\ &= \int_0^{\infty} \frac{2\pi\rho d\rho}{4\pi} \frac{w_2(\rho)}{\rho^2+z^2} \end{aligned} \quad (4.11)$$

を，さらに3次元閉空間（室内）に対しては式 (4.8) で $x=y=z=0$ とおくことにより室中央（原点 O）の受音強度

$$\begin{aligned}I_3(z) = I(0,0,0) &= \int_0^{\infty} \frac{4\pi r^2 dr}{4\pi} \frac{w_3(r)}{\xi^2+\eta^2+\zeta^2} \\ &= \int_0^{\infty} \frac{4\pi r^2 dr}{4\pi} \frac{w_3(r)}{r^2} \\ &= \int_0^{\infty} w_3(r) dr \end{aligned} \quad (4.12)$$

を考察の対象とする。

4.2　定常場の特性[5,6]

　前節の結果を基に閉空間内の受音強度を算定し，定常場の特性について調べる。言うまでもなく閉空間内の定常場は実音源及び全てのイメージ音源による寄与の総和からなる。一方，過渡的な残響場はイメージ音源の生成，消滅の過程であり，それについては次節で述べる。

　なお，以下では前節とは説明の順序を逆にし，室空間の定常場から始めよう。

4.2.1 3次元閉空間（室空間）内の定常場

イメージ拡散法によれば3次元閉空間（室内）の定常的な受音強度は式 (4.12) に式 (4.9) の音源分布 $w_3(r)$ を代入し，積分を実行することにより

$$I_3(0) = \frac{1}{V}\int_0^\infty W_0 e^{-\alpha_3 r} dr = \frac{W_0}{\alpha_3 V} = -\frac{4W_0}{S\ln(1-a_3)} \quad (4.13)$$

で与えられる。上式は建築音響学ではいわゆる Eyring の式として知られるものである。特に室表面の平均吸音率 a_3 が小さく

$$\ln(1-a_3) \simeq -a_3$$

なる場合には

$$I_3(0) \simeq \frac{4W_0}{a_3 S} \quad (4.14)$$

となり，拡散場に対する Sabine の式 (2.22) と一致する。従って Sabine の拡散音場は実音源及びイメージ音源を一様に拡散させ，室スケールで音場を巨視的に捕え，表現したものと考えることができよう。換言すれば拡散音場は音源を拡散することにより実現される。

4.2.2 坑軸に沿っての距離減衰

トンネル坑内の音場では通常，坑軸に沿っての受音強度の変化に関心が持たれる。イメージ拡散法によれば坑軸（z 軸）方向の受音強度は定常場では式 (4.11) で与えられ，音源分布 $w_2(\rho)$ に式 (4.7) を代入することにより

$$\begin{aligned}I_2(z) &= \frac{W_0}{2S}\int_0^\infty \frac{\rho e^{-\alpha_2 \rho}}{\rho^2 + z^2}d\rho \\ &= -\frac{W_0}{2S}\{\cos(\alpha_2 z)\,\mathrm{Ci}(\alpha_2 z) + \sin(\alpha_2 z)\,\mathrm{si}(\alpha_2 z)\} \quad (4.15)\end{aligned}$$

と表される。ここに $\mathrm{Ci}(\alpha_2 z), \mathrm{si}(\alpha_2 z)$ は積分余弦及び正弦関数で，それぞれ次式で定義される。

$$\begin{aligned}\mathrm{Ci}(x) &= -\int_x^\infty \frac{\cos\xi}{\xi}d\xi \\ \mathrm{si}(x) &= -\int_x^\infty \frac{\sin\xi}{\xi}d\xi \quad (4.16)\end{aligned}$$

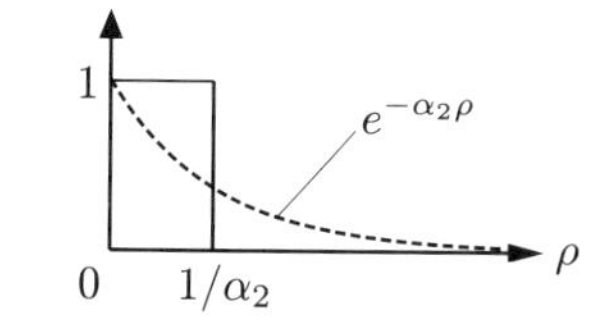

4.2. 定常場の特性　35

図 4.5 等面積の台関数による指数関数の近似

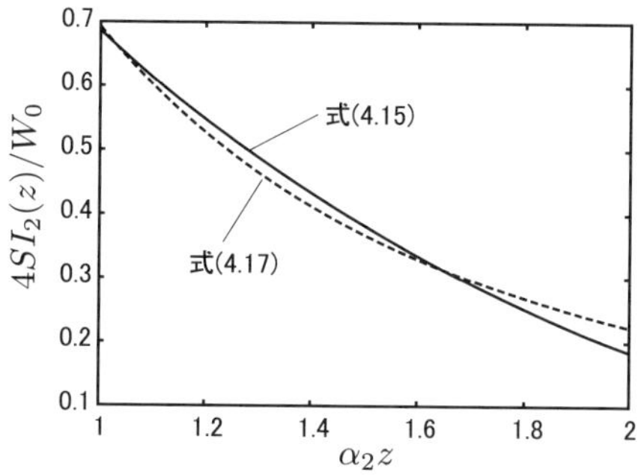

図 4.6 坑軸に沿っての受音強度 $I_2(z)$ の減衰

また，式 (4.15) の積分において，指数関数 $e^{-\alpha_2 \rho}$ を等面積の高さ 1 の方形で置き換えることにすれば（図 4.5）

$$I_2(z) \simeq \frac{W_0}{2S} \int_0^{1/\alpha_2} \frac{\rho}{\rho^2 + z^2} d\rho = \frac{W_0}{4S} \ln\left\{1 + \frac{1}{(\alpha_2 z)^2}\right\} \quad (4.17)$$

となり，$I_2(z)$ に対する簡便な近似式が得られる．これより近距離場（$\alpha_2 z \ll 1$）では

$$I_2(z) \longrightarrow -\frac{W_0}{2S} \ln(\alpha_2 z) \quad (\alpha_2 z \to 0) \quad (4.18)$$

となり，坑軸に沿って対数関数的に変化する（面音源的に減衰する）のに対し，遠距離場（$\alpha_2 z \gg 1$）では

$$I_2(z) \longrightarrow -\frac{W_0}{4S} \frac{1}{(\alpha_2 z)^2} \quad (\alpha_2 z \to \infty) \quad (4.19)$$

となり，逆自乗則に従い点音源的な減衰を示す．

図 4.6 は坑軸に沿っての受音強度 $I_2(z)$ の減衰の様子を算出したものである．実線は式 (4.15) の結果を，点線は式 (4.17) の結果を表す．両者は良く一致していることが分る．

この様にトンネル内に点音源がある場合，閉じていない坑軸方向へエネルギーが流出し，受音強度の変化（距離減衰）が生じる．若し，独立な点音源の集合からなる線音源が坑軸上に置かれているものとし横断面内の受音強度 $I_2(0)$ を式 (4.15) を参照し z 軸上の各音源（出力 $\mu W_0 dz$）の寄与の総和を求めれば

$$I_2(0) = \int_{-\infty}^{\infty} \frac{\mu W_0 dz}{2S} \int_0^{\infty} \frac{\rho^2 e^{-\alpha_2 \rho}}{(\rho^2 + z^2)^{3/2}} d\rho = \frac{\pi \mu W_0}{-l_\phi \ln(1 - a_2)} \quad (4.20)$$

が導かれる．ここに μ は単位長さあたりの音源密度（μW_0 は単位長さあたりの音響出力）である．

上式は 2 次元閉空間（トンネル横断面内）における Eyring の式であり

$$\ln(1 - a_2) \simeq -a_2 \quad (a_2 \ll 1)$$

なる場合には

$$I_2(0) \simeq \frac{\pi \mu W_0}{a_2 l_\phi} \tag{4.21}$$

と表され，2 次元拡散場における Sabine の式 (2.37) と一致する．従って 2 次元拡散場とは，線音源を坑内に一様に拡散させた場合の巨視的な音場とみなすことができる．

4.2.3 平行壁面に沿っての距離減衰

平行壁面間の点音源については通常，壁面に沿っての音場の変化に関心が持たれる．イメージ拡散法によれば壁面（yz 面）に沿って点音源から距離 $\rho_x = \sqrt{y^2 + z^2}$ における受音強度は定常場では式 (4.10) で与えられ，音源分布 $w_1(\xi)$ に式 (4.5) を代入することにより

$$\begin{aligned} I_1(\rho_x) &= \frac{W_0}{4\pi l_x} \int_{-\infty}^{\infty} \frac{e^{-\alpha_1 |\xi|}}{\xi^2 + \rho_x^2} d\xi \\ &= \frac{W_0}{2\pi l_x} \int_0^{\infty} \frac{e^{-\alpha_1 \xi}}{\xi^2 + \rho_x^2} d\xi \\ &= \frac{\alpha_1 W_0}{2\pi l_x} \frac{1}{\alpha_1 \rho_x} \{\sin(\alpha_1 \rho_x) \operatorname{Ci}(\alpha_1 \rho_x) - \cos(\alpha_1 \rho_x) \operatorname{si}(\alpha_1 \rho_x)\} \end{aligned} \tag{4.22}$$

と表される．また上式の積分において指数関数を等面積の高さ 1 の方形で置き代えることにすれば（図 4.5 参照）

$$I_1(\rho_x) \simeq \frac{W_0}{2\pi l_x} \int_0^{1/\alpha_1} \frac{1}{\xi^2 + \rho_x^2} d\xi = \frac{\alpha_1 W_0}{2\pi l_x} \frac{1}{\alpha_1 \rho_x} \tan^{-1}\left(\frac{1}{\alpha_1 \rho_x}\right) \tag{4.23}$$

となり，$I_1(\rho_x)$ に対する簡便な近似式が得られる．

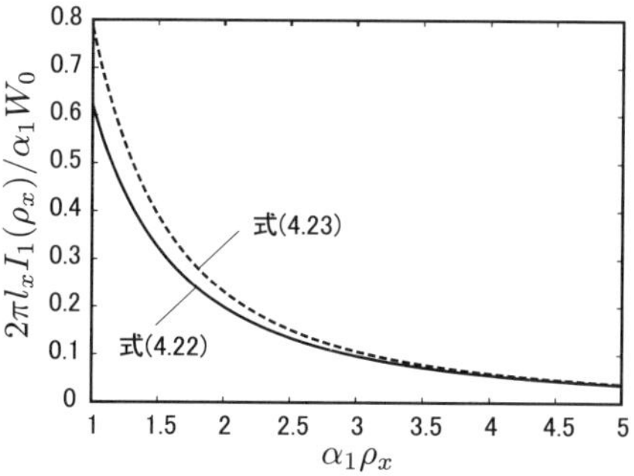

図 4.7 平行壁面に沿っての受音強度 $I_1(\rho_x)$ の減衰

これより近距離場 $(\alpha_1\rho_x \ll 1)$ では

$$I_1(\rho_x) \longrightarrow \frac{W_0}{4l_x\rho_x} \quad (\alpha_1\rho_x \to 0) \tag{4.24}$$

となり線音源的な距離減衰を示すのに対し，遠距離場 $(\alpha_1\rho_x \gg 1)$ では

$$I_1(\rho_x) \longrightarrow \frac{W_0}{2\pi\alpha_1 l_x}\frac{1}{\rho_x^2} \quad (\alpha_1\rho_x \to \infty) \tag{4.25}$$

となり，点音源的な減衰特性を示す。

図 4.7 は式 (4.22) 及び (4.23) により平行壁面に沿う距離減衰特性 $I_1(\rho_x)$ を算出した結果であり，両者は良く一致している。

この様に点音源に対しては空間（平行壁面）が開いている方向にはエネルギーの流出が生じ，受音強度が減衰する。若し，1次元的な拡散場に関心があるのであれば，独立な点音源の集合からなる面音源を考え，平行壁面間に一様に拡散させることにすれば x 軸（壁面に垂直）方向の受音強度として

$$I_1(0) = \frac{\sigma W_0}{-\ln(1-a_1)} \tag{4.26}$$

が得られる。ここに σW_0 は単位面積あたりの音響出力である。

4.3 残響場の特性[5,6]

音源を停止するとどの様なことが起るであろうか？ 時間の経過とともに，音場から直達音，第1次反射音，第2次反射音，… が順次消え，t 秒後には観測点を

中心とする半径 ct（c は音速）の球の外にある鏡像音源の寄与のみが残る．本節では音源停止後のいわゆる残響場を取上げ，受音強度を基にその時間変化について調べる．ここでも室内，トンネル坑内及び平行壁面間の 3 つの代表的な残響場について概説する．

4.3.1 室内の残響特性

いま出力 W_0 の点音源により，室内の音場が定常状態にあるものとする．時刻 $t=0$ で音源を停止した場合，原点 O における t 秒後の受音強度は，イメージ拡散法を適用すれば，半径 ct の球外にある音源分布の寄与の和として，式 (4.12) より

$$I_3(0;t) = \frac{1}{V}\int_{ct}^{\infty} W_0 e^{-\alpha_3 r} dr = \frac{W_0}{\alpha_3 V} e^{-\alpha_3 ct} \quad (t \geq 0) \quad (4.27)$$

で与えられ，音源停止後時間とともに指数関数的に減衰することを示している．これより定常状態に対する相対レベルを求めれば

$$\begin{aligned}IL_3(0;t) = 10\log_{10}\frac{I_3(0;t)}{I_3(0;0)} &= -4.34\alpha_3 ct \\ &= 4.34\{\ln(1-a_3)\}\frac{ct}{d_3} \\ &= 4.34\{\ln(1-a_3)\}\frac{cSt}{4V} \quad (t \geq 0) \quad (4.28)\end{aligned}$$

となり，残響場の受音レベルは直線的に減衰する（図 4.8）．特に

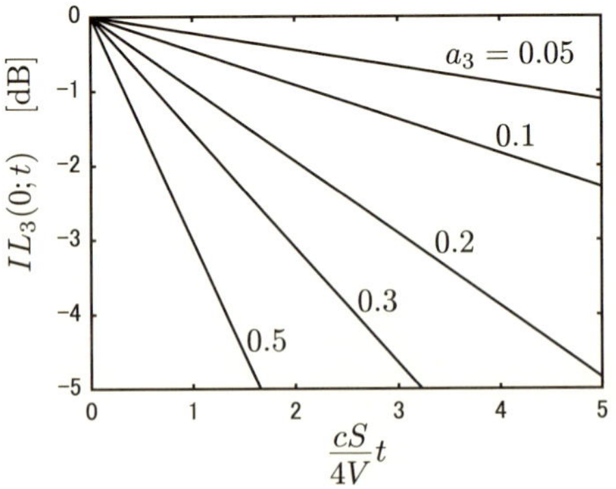

図 4.8 室内の残響特性

$$\ln(1-a_3) \simeq -a_3 \quad (a_3 \ll 1)$$

なる場合には上式はいわゆる Sabine の残響直線

$$IL_3(0;t) = -4.34 a_3 \frac{cS}{4V} t \quad (t \geq 0) \tag{4.29}$$

を表す．

4.3.2 坑内の残響特性

坑内に点音源がある場合，駆動停止後の残響場の減衰過程について考える．坑軸（z 軸）方向の受音強度の時間変化 $I_2(z;t)$ を算定する．時刻 $t=0$ で音源を停止した場合，坑軸上の観測点 z における t 秒後の受音強度は，イメージ拡散法を適用すれば図 4.2 における半径

$$\rho_t = \begin{cases} 0 & (ct \leq z) \\ \sqrt{(ct)^2 - z^2} & (ct \geq z) \end{cases} \tag{4.30}$$

の円の外部に分布した音源からの寄与を積分することにより式 (4.15) と同様に

$$I_2(z;t) = \frac{W_0}{2S} \int_{\rho_t}^{\infty} \frac{\rho e^{-\alpha_2 \rho}}{\rho^2 + z^2} d\rho \quad (t \geq 0) \tag{4.31}$$

と表される．被積分関数の $e^{-\alpha_2 \rho}$ を等面積の高さ $e^{-\alpha_2 \rho_t}$ の方形で置き代えれば，上式は

$$\begin{aligned} I_2(z;t) &\simeq \frac{W_0}{2S} \int_{\rho_t}^{\rho_t + 1/\alpha_2} \frac{e^{-\alpha_2 \rho_t} \rho}{\rho^2 + z^2} d\rho \\ &= \frac{W_0 e^{-\alpha_2 \rho_t}}{4S} \ln \frac{(\rho_t + 1/\alpha_2)^2 + z^2}{\rho_t^2 + z^2} \quad (t \geq 0) \end{aligned} \tag{4.32}$$

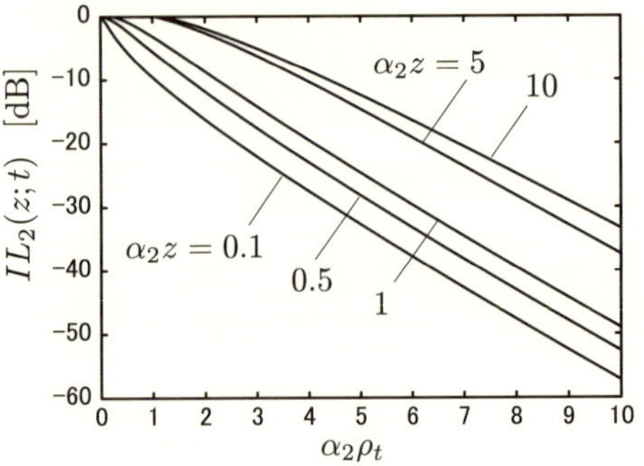

図 4.9 坑内の残響特性

で近似される．これより坑軸に沿っての受音レベルの残響特性は

$$IL_2(z;t) = 10\log_{10}\frac{I_2(z;t)}{I_2(z;0)}$$
$$= -4.34\alpha_2\rho_t + 10\log_{10}\ln\frac{(\rho_t + 1/\alpha_2)^2 + z^2}{\rho_t^2 + z^2}$$
$$-10\log_{10}\ln\left\{1 + \left(\frac{1}{\alpha_2 z}\right)^2\right\} \quad (t \geq 0) \tag{4.33}$$

と表される．図 4.9 は坑軸上の幾つかの受音点における残響特性を描いたものである．レベルの時間減衰は近距離では凹形の，遠距離では凸形に湾曲を示し，かつ近距離ほど時間減衰が急速であることが知られる．

4.3.3 平行壁面間の残響特性

平行壁面間に点音源があり，音場は定常状態にあるとする．いま時刻 $t = 0$ で音源を停止した場合，音源からの距離 $\rho_x = \sqrt{y^2 + z^2}$ における受音強度の時間変化は，イメージ拡散法を適用すれば，受音点を中心とする半径 ct の球の外部に分布する鏡像音源の寄与を合成することにより（図 4.4）

$$I_1(\rho_x;t) = \frac{W_0}{2\pi l_x}\int_{\xi_t}^{\infty}\frac{e^{-\alpha_1\xi}}{\xi^2 + \rho_x^2}d\xi \quad (t \geq 0) \tag{4.34}$$

と表される。ここに

$$\xi_t = \begin{cases} 0 & (ct \leq \rho_x) \\ \sqrt{(ct)^2 - \rho_x^2} & (ct \geq \rho_x) \end{cases} \tag{4.35}$$

である。

式 (4.34) の積分は $e^{-\alpha_1 \xi}$ を等面積の高さ $e^{-\alpha_1 \xi_t}$ の方形で置き代えることにより

$$\begin{aligned} I_1(\rho_x; t) &\simeq \frac{W_0}{2\pi l_x} \int_{\xi_t}^{\xi_t + 1/\alpha_1} \frac{e^{-\alpha_1 \xi_t}}{\xi^2 + \rho_x^2} d\xi \\ &= \frac{W_0 e^{-\alpha_1 \xi_t}}{2\pi l_x \rho_x} \left\{ \tan^{-1}\left(\frac{\xi_t}{\rho_x} + \frac{1}{\alpha_1 \rho_x}\right) - \tan^{-1}\left(\frac{\xi_t}{\rho_x}\right) \right\} \\ &\qquad (t \geq 0) \end{aligned} \tag{4.36}$$

で近似される。

これより受音レベルの時間減衰特性は

$$\begin{aligned} IL_1(\rho_x; t) &= 10 \log_{10} \frac{I_1(\rho_x; t)}{I_1(\rho_x; 0)} \\ &= -4.34\alpha_1 \xi_t + 10 \log_{10} \left\{ \tan^{-1}\left(\frac{\xi_t}{\rho_x} + \frac{1}{\alpha_1 \rho_x}\right) - \tan^{-1}\left(\frac{\xi_t}{\rho_x}\right) \right\} \\ &\quad -10 \log_{10} \left\{ \tan^{-1}\left(\frac{1}{\alpha_1 \rho_x}\right) \right\} \qquad (t \geq 0) \end{aligned} \tag{4.37}$$

で与えられる。図 4.10 に計算結果を示す。近距離場では残響特性は凹に湾曲し，時間減衰が急峻であることが分る。

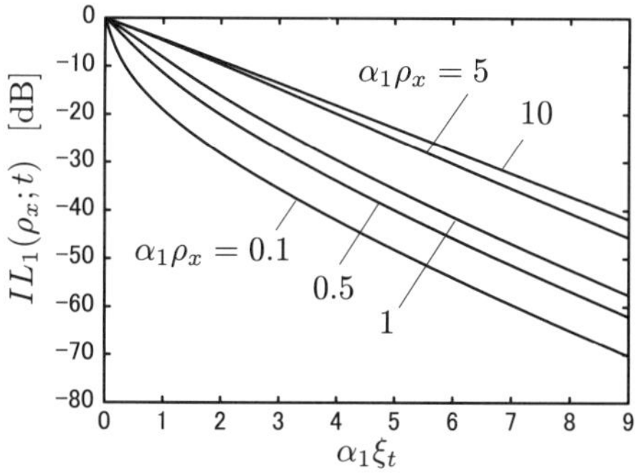

図 4.10 平行壁面間の残響特性

4.3.4 残響場の成長過程

以上，音源停止後の残響場の消滅過程について述べた。一方，音源の駆動開始後の成長過程は，消滅過程とは逆に実音源の周りの鏡像音源を順次取り入れることにより形成され，両者は定常場に対し，互いに相補的である。従って時刻 $t=0$ で音源の駆動を開始した後の受音強度の時間変化は

- 室空間内では式 (4.27) より

$$I_3(0;t) = \frac{W_0}{\alpha_3 V}\{1 - e^{-\alpha_3 ct}\} \qquad (t \geq 0) \qquad (4.38)$$

- トンネル坑軸上では式 (4.32) より

$$I_2(z;t) \simeq \frac{W_0}{4S}\ln\left\{1 + \left(\frac{1}{\alpha_2 z}\right)^2\right\}$$
$$-\frac{W_0}{4S}e^{-\alpha_2 \rho_t}\ln\frac{(\rho_t + 1/\alpha_2)^2 + z^2}{\rho_t^2 + z^2} \qquad (t \geq 0) \qquad (4.39)$$

- 平行壁面に沿っては式 (4.36) より

$$I_1(\rho_x;t) \simeq \frac{W_0}{2\pi l_x \rho_x}\tan^{-1}\left(\frac{1}{\alpha_1 \rho_x}\right)$$
$$-\frac{W_0}{2\pi l_x \rho_x}e^{-\alpha_1 \xi_t}\left\{\tan^{-1}\left(\frac{\xi_t}{\rho_x} + \frac{1}{\alpha_1 \rho_x}\right) - \tan^{-1}\left(\frac{\xi_t}{\rho_x}\right)\right\}$$
$$(t \geq 0) \qquad (4.40)$$

で与えられる。この様に成長過程についてもイメージ拡散法を適用することにより容易に定式化が可能である。

4.4 近距離場（実音源近傍）に対する補正[5]

屋内の音場を計算する場合，実音源の近くでは反射音（残響音）よりも直達音の寄与が大きいことを考慮して補正が行われている[7]。4.1 のイメージ拡散法では実音源を含めて平滑化を行っているため，観測点が実音源に近づくにつれ，やはり近似の精度が低下し，同様な補正が必要となる。

4.4. 近距離場（実音源近傍）に対する補正

　近距離場において問題となる離散的音源配置の平滑化による誤差を軽減する方法としては，実音源及びその近くの低次反射音に対応する幾つかのイメージ音源を平滑化の対象から除外して取扱うことである．すなわち，直達音と低次反射音は離散的に，他は連続的に処理することになる．最も簡単な場合は実音源（直達音）のみ離散的に取り扱い，イメージ音源（反射音）はすべて平滑化する方法である．これはまた離散的な点音源分布に対する最近接音源法の拡張とも見なされる[8]．

　本節では 4.2 で取扱った室空間等に点音源が置かれている場合の定常場について，この補正法を適用することを考える．

4.4.1 室内の音場に対する補正

　まず，実音源のみを平滑化の対象から外すことにする．この場合，室内における直達音の強度は実音源からの距離を r とすれば

$$I_{3d}(r) = \frac{W_0}{4\pi r^2} \tag{4.41}$$

と表される．一方，反射音（残響音）の強度は平滑化されたイメージ音源分布からの寄与を室空間の外部にわたって積分することにより求められる．今，室空間を実音源を中心とする半径 r_0 の球で置き換えることにすれば，反射音の強度 $I_{3R}(r)$ は

$$\begin{aligned}
I_{3R}(r_0) &\simeq \int_{r_0}^{\infty} \frac{(W_0/V)e^{-\alpha_3 r}}{4\pi r^2} 4\pi r^2 dr \\
&= \frac{W_0}{\alpha_3 V} e^{-\alpha_3 r_0} = \frac{W_0}{4\pi r_0^2} \cdot \frac{3}{\alpha_3 r_0} e^{-\alpha_3 r_0}
\end{aligned} \tag{4.42}$$

と表される．これより受音点 r における音の強度は両者の和として

$$I_3(r) = I_{3d}(r) + I_{3R}(r_0) = \frac{W_0}{4\pi r_0^2}\left\{\left(\frac{r_0}{r}\right)^2 + \frac{3}{\alpha_3 r_0}e^{-\alpha_3 r_0}\right\} \tag{4.43}$$

で与えられる．この結果を受音点距離 r/r_0 の関数として図 4.11 に描いた．音源の近くでは直達音の影響により，倍距離 6dB の減衰を示しているが，離れるにつれて残響場（反射音）が支配的となり，一定値に漸近している．当然のことなが

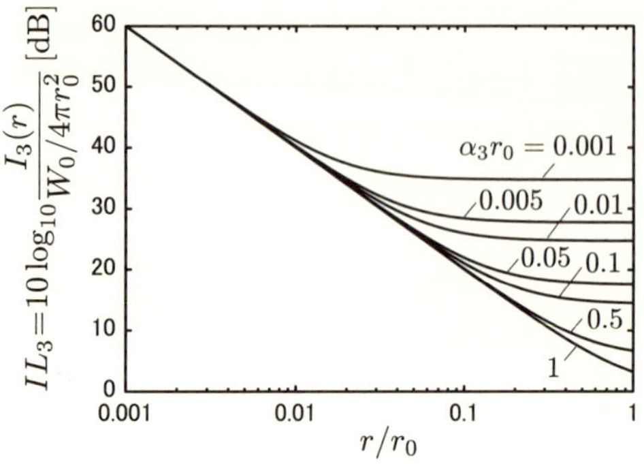

図 4.11 受音レベルの距離減衰（室内）

ら $\alpha_3 r_0$ が小さい（室表面による吸収 a_3 すなわち減衰係数 α_3 が小さい）ほど残響場が音源近くまで優勢であることが知られる。式 (4.42) より，残響場の強度は $\alpha_3 r_0 \ll 1$ なる live な反射性の部屋では

$$I_{3R}(r) \simeq \frac{W_0}{\alpha_3 V} = -\frac{4W_0}{S\ln(1-a_3)} \simeq \frac{4W_0}{a_3 S} \tag{4.44}$$

となり，実音源をも含め平滑化して得られる 4.2.1 のイメージ拡散法の結果と一致する。また，$\alpha_3 r_0 \gg 1$ なる吸音性の dead な部屋では

$$I_{3R}(r) \simeq 0$$

となり，反射音の影響は無視される。

なお，室空間の等価半径 r_0 として，室内における音線の平均自由行程 $d_3 = (4V/S)$ を採用し，式 (4.42) に代入すれば残響場の強度 $I_{3R}(d_3)$ は

$$I_{3R}(d_3) = -\frac{4W_0(1-a_3)}{S\ln(1-a_3)} \tag{4.45}$$

となり，拡散場において直達音の寄与を除外した結果を表すこととなる。

さらにこの議論を一般化し，$(n-1)$ 次反射音までを離散化し，n 次以上を平滑化するものとしよう。この場合，室内の受音強度は

$$I_3(r) = \sum_{0 \le j \le n-1} \frac{(1-a_3)^j}{4\pi r_j^2} W_0 + I_{3R}^{(n)}(d_3) \tag{4.46}$$

と表される。右辺第1項は離散化された各音源（実音源及び低次イメージ音源）の寄与を，第2項は平滑化されたn次以上のイメージ音源群による寄与を表し，

$$I_{3R}^{(n)}(d_3) = \int_{nd_3}^{\infty} \frac{1}{4\pi r^2} \frac{W_0}{V} e^{-\alpha_3 r} 4\pi r^2 dr$$
$$= -\frac{4W_0(1-a_3)^n}{S \ln(1-a_3)} \qquad (n=1,2,3,\cdots) \qquad (4.47)$$

で与えられる。なお，式 (4.46) の総和記号において，j 次反射音は一般に複数存在することに留意すべきである。

4.4.2 坑内の音場に対する補正

トンネルや廊下等，2次元的な閉空間内に置かれた音響出力 W_0 の点音源近傍（z軸方向）の音場について同様な補正を試みる。

まず，実音源とイメージ音源群を分離し，後者のみを平滑化する。この場合受音強度は，実音源からの寄与

$$I_{2d}(z) = \frac{W_0}{4\pi z^2} \qquad (4.48)$$

とイメージ音源群からの寄与

$$\begin{aligned} I_{2R}(z) &= \int_{d_2}^{\infty} \frac{1}{4\pi(\rho^2+z^2)} \frac{W_0}{S} e^{-\alpha_2 \rho} 2\pi \rho d\rho \\ &= \frac{W_0}{2S} \int_0^{\infty} \frac{e^{-\alpha_2 \rho} \rho}{\rho^2+z^2} d\rho - \frac{W_0}{2S} \int_0^{d_2} \frac{e^{-\alpha_2 \rho}}{\rho^2+z^2} \rho d\rho \\ &= I_{2R}(z;\infty) - I_{2R}(z;d_2) \end{aligned} \qquad (4.49)$$

の和として

$$I_2(z) = I_{2d}(z) + I_{2R}(z;\infty) - I_{2R}(z;d_2) \qquad (4.50)$$

と表される。ここに

$$I_{2R}(z;h) = \frac{W_0}{2S} \int_0^{h} \frac{e^{-\alpha_2 \rho}}{\rho^2+z^2} \rho d\rho \qquad (4.51)$$

であり，特に $I_{2R}(z;\infty)$ は実音源をも含め平滑化した 4.2.2 の結果そのものである。式 (4.50) はこれより実音源部分に相当する寄与 $I_{2R}(z;d_2)$ を取り除き，直に

点音源としての寄与 $I_{2d}(z)$ を加えた形となっている。ただし d_2 は式 (4.7) で与えられるトンネル断面に対する平均自由行程である。

いま

$$I_{2R}(z;h) \simeq \frac{W_0}{2S} \int_0^{h_\alpha} \frac{1}{\rho^2 + z^2} \rho d\rho$$

$$= \frac{W_0}{4S} \ln\left(\frac{h_\alpha^2 + z^2}{z^2}\right)$$

$$h_\alpha = \frac{1}{\alpha_2}(1 - e^{-\alpha_2 h}) \tag{4.52}$$

なる近似を用いれば式 (4.49) は

$$I_{2R}(z) \simeq \frac{W_0}{4S} \ln \frac{1 + \left(\frac{1}{\alpha_2 z}\right)^2}{1 + \left(\frac{1}{\alpha_2 z}\right)^2 (1 - e^{-\alpha_2 d_2})^2} = \frac{W_0}{4S} \ln \frac{1 + \left(\frac{1}{\alpha_2 z}\right)^2}{1 + \left(\frac{a_2}{\alpha_2 z}\right)^2} \tag{4.53}$$

となる。従って直達音との和をとることにより

$$I_2(z) \simeq \frac{W_0}{4\pi z^2} + \frac{W_0}{4S} \ln \frac{1 + \left(\frac{1}{\alpha_2 z}\right)^2}{1 + \left(\frac{a_2}{\alpha_2 z}\right)^2} \tag{4.54}$$

が得られる。これより坑軸に沿ってのレベルは

$$IL_2(z) = 10 \log_{10} \frac{I_2(z)}{I_{2d}(d_2)}$$

$$\simeq 10 \log_{10} \left\{ \left(\frac{d_2}{z}\right)^2 + \left(\frac{\pi}{2}\right)^2 \ln \frac{1 + \left(\frac{d_2}{z}\right)^2 \frac{1}{(\ln(1-a_2))^2}}{1 + \left(\frac{d_2}{z}\right)^2 \left(\frac{a_2}{\ln(1-a_2)}\right)^2} \right\} \tag{4.55}$$

と表される。

図 4.12 は上式より求めた受音レベルの変化である。近距離及び遠距離では倍距離 6dB の減衰となっているが、壁面の吸音率 a_2 が小さい場合には途中の領域において緩やかな面音源場ないしは線音源的な減衰傾向を示していることが知られる。

次に $(n-1)$ 次反射音までを分離し、点音源により表示すれば

$$\sum_{0 \leq j \leq n-1} \frac{(1-a_2)^j W_0}{4\pi(x_j^2 + y_j^2 + z^2)} \tag{4.56}$$

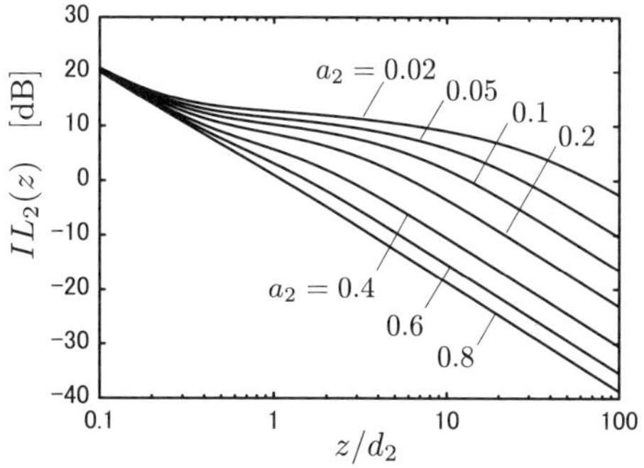

4.4. 近距離場（実音源近傍）に対する補正

図 **4.12** 受音レベルの距離減衰（トンネル内）

そして，n 次以上の反射音は連続分布で近似することにすれば

$$I_{2R}^{(n)}(z;d_2) = I_{2R}(z;\infty) - I_{2R}(z;nd_2)$$

$$\simeq \frac{W_0}{4S} \ln \frac{1 + \left(\frac{1}{\alpha_2 z}\right)^2}{1 + \left(\frac{1}{\alpha_2 z}\right)^2 (1 - e^{-n\alpha_2 d_2})^2}$$

$$= \frac{W_0}{4S} \ln \frac{1 + \left(\frac{1}{\alpha_2 z}\right)^2}{1 + \left(\frac{1}{\alpha_2 z}\right)^2 (1 - (1-a_2)^n)} \tag{4.57}$$

となり，z 軸上の受音強度は両者の和として

$$I_2(z) = \sum_{0 \leq j \leq n-1} \frac{(1-a_2)^j W_0}{4\pi(x_j^2 + y_j^2 + z^2)}$$

$$+ \frac{W_0}{4S} \ln \frac{1 + \left(\frac{1}{\alpha_2 z}\right)^2}{1 + \left(\frac{1}{\alpha_2 z}\right)^2 (1 - (1-a_2)^n)} \tag{4.58}$$

と表される。ここに (x_j, y_j) は j 次イメージ音源の位置座標である。

どこまで音源を離散的に扱うかは個々の場合によるが，実用上は実音源のみを離散的に扱いイメージ音源は全て平滑化すれば良いであろう。

4.4.3 平行壁面間の音場に対する補正

平行壁面間の音場に対しても，まず実音源（直達音）のみ離散的に扱い，イメージ音源（反射音）は全て平滑化するものとしよう。この場合，実点音源から壁面に平行に距離 ρ_x の位置における受音強度は直達音による寄与

$$I_{1d}(\rho_x) = \frac{W_0}{4\pi \rho_x^2} \tag{4.59}$$

と反射音による寄与

$$\begin{aligned}
I_{1R}(\rho_x) &= 2\int_{d_1}^{\infty} \frac{W_0 e^{-\alpha_1 \xi}}{4\pi l_x (\xi^2 + \rho_x^2)} d\xi \\
&= \frac{W_0}{2\pi l_x} \int_0^{\infty} \frac{e^{-\alpha_1 \xi}}{\xi^2 + \rho_x^2} d\xi - \frac{W_0}{2\pi l_x} \int_0^{d_1} \frac{e^{-\alpha_1 \xi}}{\xi^2 + \rho_x^2} d\xi \\
&= I_{1R}(\rho_x; \infty) - I_{1R}(\rho_x; d_1)
\end{aligned} \tag{4.60}$$

の和として

$$I_1(\rho_x) = I_{1d}(\rho_x) + I_{1R}(\rho_x; \infty) - I_{1R}(\rho_x; d_1) \tag{4.61}$$

と表される。ここで

$$\begin{aligned}
I_{1R}(\rho_x; h) &= \frac{W_0}{2\pi l_x} \int_0^h \frac{e^{-\alpha_1 \xi}}{\xi^2 + \rho_x^2} d\xi \\
&\simeq \frac{W_0}{2\pi l_x} \int_0^{h_\alpha} \frac{1}{\xi^2 + \rho_x^2} d\xi = \frac{W_0}{2\pi l_x \rho_x} \tan^{-1}\left(\frac{h_\alpha}{\rho_x}\right) \\
h_\alpha &= \frac{1}{\alpha_1}(1 - e^{-\alpha_1 h})
\end{aligned} \tag{4.62}$$

なる近似を用いれば

$$\begin{aligned}
I_{1R}(\rho_x) &\simeq \frac{W_0}{2\pi l_x \rho_x}\left\{\tan^{-1}\left(\frac{1}{\alpha_1 \rho_x}\right) - \tan^{-1}\left(\frac{1 - e^{-\alpha_1 d_1}}{\alpha_1 \rho_x}\right)\right\} \\
&= \frac{W_0}{2\pi l_x \rho_x}\left\{\tan^{-1}\left(\frac{1}{\alpha_1 \rho_x}\right) - \tan^{-1}\left(\frac{a_1}{\alpha_1 \rho_x}\right)\right\}
\end{aligned} \tag{4.63}$$

が得られる。従って直達音との和をとることにより

$$I_1(\rho_x) \simeq \frac{W_0}{4\pi \rho_x^2} + \frac{W_0}{2\pi l_x \rho_x}\left\{\tan^{-1}\left(\frac{1}{\alpha_1 \rho_x}\right) - \tan^{-1}\left(\frac{a_1}{\alpha_1 \rho_x}\right)\right\} \tag{4.64}$$

と表される。これより平行壁面間の受音レベルは，$d_1 = l_x$ であることに留意すれば

$$IL_1(\rho_x) = 10\log_{10}\frac{I_1(\rho_x)}{I_{1d}(d_1)}$$
$$= 10\log_{10}\left[\left(\frac{l_x}{\rho_x}\right)^2 + 2\frac{l_x}{\rho_x}\left\{\tan^{-1}\left(\frac{l_x}{\rho_x}\frac{a_1}{\ln(1-a_1)}\right)\right.\right.$$
$$\left.\left. - \tan^{-1}\left(\frac{l_x}{\rho_x}\frac{1}{\ln(1-a_1)}\right)\right\}\right] \quad (4.65)$$

で与えられる。

計算結果を図 4.13 に示す。近距離及び遠距離では倍距離 6dB の点音源的な減衰となっているが，a_1 が小さい場合には途中の領域においては倍距離 3dB の線音源的減衰を示している。

同様に n 次以上の反射音を平滑化する場合には平行壁面間の受音強度は

$$I_1(\rho_x) = \sum_{0\leq j\leq n-1}\frac{(1-a_1)^j W_0}{4\pi(\xi_j^2 + \rho_x^2)}$$
$$+ \frac{W_0}{2\pi l_x \rho_x}\left\{\tan^{-1}\left(\frac{1}{\alpha_1 \rho_x}\right) - \tan^{-1}\left(\frac{1-(1-a_1)^n}{\alpha_1 \rho_x}\right)\right\} \quad (4.66)$$

で表される。ここに ξ_j は第 j 次イメージ音源の位置座標である。

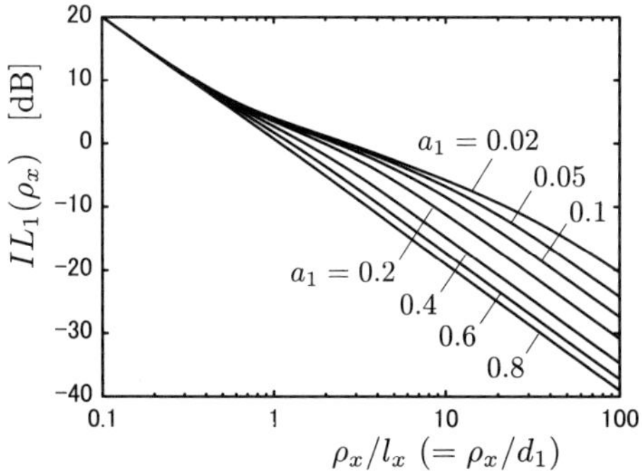

図 **4.13** 受音レベルの距離減衰（平行壁面間）

4.5 まとめ

本章では3次元，2次元及び1次元的に閉ざされた空間（室内，坑内及び平行壁面間）の音場を取上げ，鏡像法を用いて定常場並びに過渡的な残響場について考察した．主要な結果を要約すれば以下の通りである．

まず定常場に関しては，室内の受音レベルは点音源から離れるにつれ一定値に近づくが，坑内や平行壁面間では音源から離れるにつれ減衰するのみで一定値にはならない．これは坑軸や平行壁面に沿って音響エネルギーの流出があるためである．ともあれ，反射音の影響により受音レベルは上昇し，内表面の吸音力が小さい程，レベル上昇は大きくなる．その結果，音源に近い領域及び遠い領域では点音源的な倍距離6dBの減衰を示すが，途中の領域では面音源的または線音源的なより緩やかな距離減衰特性となる．

次に音源停止後の残響レベル波形に関しては，室内では直線的な時間減衰を描く．一方，坑内及び平行壁面間では，音源の近くでは凹形に，遠くでは凸形に湾曲する．即ち音源停止後のエネルギーの減少の様子が音源の近くと，遠くで異なり，前者では急激であるのに対し，後者では緩やかである．

文献

1) H. Kuttruff, *Room Acoustics, Second Edition* (Applied Science Publishers, 1979)
2) 山本照二, "廊下に沿っての音圧分布について", 日本音響学会誌 **17**,4 (1961) pp.286–292
3) L.Cremer, H.Müller, *Principles and Applications of Room Acoustics, Vol.1* (Applied Science Publishers, 1982)
4) A.Galaitsis and W.Patterson, "Prediction of noise distribution in various enclosrute from free-field measurements", J. Acoust. Soc. Am. **60** (1976) pp.848–856
5) 久野和宏, 野呂雄一, 井研治, "イメージ拡散法による閉空間内の音場解析 ―音源分布の平滑化法と近距離場に対する補正―", 日本音響学会誌 **44**,12 (1988) pp.893–899
6) 久野和宏, 今井兼範, "イメージ拡散法に基づく残響場の理論的考察", 日本音響学会誌 **41**,10 (1985) pp.684–689
7) 子安勝編, 騒音・振動 (上) (コロナ社, 1978) pp.153–156
8) 久野和宏, 野呂雄一編著, 道路交通騒音予測 ―モデル化の方法と実際― (技報堂出版, 2004) pp.111–147

第5章 波動論に基づく室内音場と残響場の理論

2章では音響エネルギーの拡散性とバランスを基に，3章では直観的，視覚的な音線法（幾何音響学）に従い，境界表面との衝突・反射過程に基づき，また4章ではいわゆる鏡像法と音源の平滑化（イメージ拡散）に基づき，閉空間内の音場をモデル化し，残響場の定式化を行った。本章ではさらに一般的な方法として，波動論に基づく室空間内の音場のモデル化と定式化について述べる。まず任意の音源，受音点配置に対し室空間の音場を固有振動モードの1次結合により展開表示し，音響エネルギー密度に対応する量として2乗音圧の空間平均及び空間・集合平均等を定義し[1,2]，音源停止後の残響場の特性について考察する。特にホワイトノイズで駆動された音源停止後の2乗音圧の集合平均と，インパルス2乗積分法により求められる残響波形との関係[3]を波動論の立場から明らかにする。また，波動理論と音線理論との関連や各々の特質について概説する。さらに室内の残響レベル波形が湾曲する原因についても言及する[1]。

5.1 波動方程式とその解

室内の音場を取り扱う最も一般的な方法は波動方程式を適切な条件の下で解くことである。任意の形状をした室内の一点 $\mathbf{r}_s$ に強さ $q(t)[\mathrm{m}^3/\mathrm{s}]$ なる点音源が置かれているとする。この場合，速度ポテンシャル $\phi(\mathbf{r},t)$ に対する波動方程式は

$$\nabla^2 \phi(\mathbf{r},t) - \frac{1}{c^2}\frac{\partial^2}{\partial t^2}\phi(\mathbf{r},t) = -q(t)\delta(\mathbf{r}-\mathbf{r}_s) \tag{5.1}$$

と表される[1]。ここに c は音速，$\delta(\mathbf{r}-\mathbf{r}_s)$ はディラックのデルタ関数である。また，音圧 $p(\mathbf{r},t)$ に対する波動方程式は

$$\nabla^2 p(\mathbf{r},t) - \frac{1}{c^2}\frac{\partial^2}{\partial t^2}p(\mathbf{r},t) = -Q(t)\delta(\mathbf{r}-\mathbf{r}_s) \tag{5.2}$$

と書かれる。ただしこの場合の励振項 $Q(t)$ は音源の強さ（体積速度）$q(t)$ と

$$Q(t) = \rho_0 \frac{dq(t)}{dt} \tag{5.3}$$

なる関係にある。なお，ρ_0 は空気の密度である。今，室表面における境界条件を満足する固有関数列（室空間の固有振動モード）

$$\{p_n(\mathbf{r})\} \quad (n=1,2,3,\cdots) \tag{5.4}$$

が存在し，完全正規直交系

$$\int_V p_m(\mathbf{r})p_n^*(\mathbf{r})d\mathbf{r} = \delta_{mn} = \begin{cases} 1 & (m=n) \\ 0 & (m\neq n) \end{cases} \tag{5.5}$$

をなすものとすれば

$$p(\mathbf{r},t) = \sum_n b_n(t|r_s)p_n(\mathbf{r}) \tag{5.6}$$

$$\delta(\mathbf{r}-\mathbf{r}_s) = \sum_n p_n^*(\mathbf{r}_s)p_n(\mathbf{r}) \tag{5.7}$$

なる展開表示が可能である。ただし $p_n^*(\mathbf{r})$ は $p_n(\mathbf{r})$ の共役複素量を，V は室の体積を表す。また，固有関数 $p_n(\mathbf{r})$ に対応する固有値を $-k_n^2$ と置けば

$$\nabla^2 p_n(\mathbf{r}) = -k_n^2 p_n(\mathbf{r}) \quad (n=1,2,3,\cdots) \tag{5.8}$$

が成り立つ。すなわち，室内の音圧分布は式 (5.6) によれば固有振動モード（定在波要素）の 1 次結合で表される。なお，各モードの大きさ $b_n(t|\mathbf{r}_s)$ は音源の位置及び駆動方法に依存する。式 (5.6)〜(5.8) を式 (5.2) に代入し，式 (5.5),(5.8) 等を利用し整理すれば，一般に n 次モードの大きさを表す時間関数 $b_n(t|\mathbf{r}_s)$ は

$$\frac{d^2}{dt^2}b_n(t|\mathbf{r}_s) + (\omega_n + j\alpha_n)^2 b_n(t|\mathbf{r}_s) = c^2 p_n^*(\mathbf{r}_s)Q(t) \tag{5.9}$$

5.1. 波動方程式とその解　53

なる微分方程式を満たすことが導かれる。ここに ck_n の実部及び虚部をそれぞれ ω_n, α_n とし

$$ck_n = \omega_n + j\alpha_n \quad (\omega_n > 0, \alpha_n > 0) \tag{5.10}$$

と置いた。後に明らかになるように，ω_n は n 次モードの固有振動数（共鳴角周波数）を，α_n は減衰係数（$1/\alpha_n$ は共鳴の鋭さ）を表す。

さて，式 (5.9) は右辺に励振項（外力）を持つ定数係数の 2 階の常微分方程式であり，よく知られた方法に従えばこの解は

$$b_n(t|\mathbf{r}_s) = \int_{-\infty}^{t} h_n(t-\tau) c^2 p_n^*(\mathbf{r}_s) Q(\tau) d\tau \tag{5.11}$$

と表される。ただし $h_n(t)$ は室空間における n 次モードのインパルス応答であり，

$$\begin{aligned}
h_n(t) &= \frac{1}{2\pi} \int_{-\infty}^{\infty} \frac{e^{j\omega t}}{(\omega_n + j\alpha_n)^2 - \omega^2} d\omega \\
&= \begin{cases} \dfrac{e^{j\omega_n t - \alpha_n t}}{2(j\omega_n - \alpha_n)} & (t \geq 0) \\ 0 & (t < 0) \end{cases}
\end{aligned} \tag{5.12}$$

で与えられる。この結果を式 (5.11) に代入すると共に式 (5.3) の関係を利用することにより n 次モードの時間変化は

$$\begin{aligned}
b_n(t|\mathbf{r}_s) &= \frac{c^2 p_n^*(\mathbf{r})}{2j(\omega_n + j\alpha_n)} e^{j(\omega_n + j\alpha_n)t} \int_{-\infty}^{t} Q(\tau) e^{-j(\omega_n + j\alpha_n)\tau} d\tau \\
&= \frac{\rho_0 c^2 p_n^*(\mathbf{r}_s)}{2j(\omega_n + j\alpha_n)} q(t) + \frac{\rho_0 c^2 p_n^*(\mathbf{r}_s)}{2} e^{j(\omega_n + j\alpha_n)t} \\
&\quad \times \int_{-\infty}^{t} q(\tau) e^{-j(\omega_n + j\alpha_n)\tau} d\tau
\end{aligned} \tag{5.13}$$

で表される。上式は音源位置 $\mathbf{r}_s$ と駆動方法 $q(t)$ により，励振される各モードの大きさの時間変化が完全に決定されることを示している。

上述のように，室内の音場は音源によって励振される多数の（理論上は無数の）固有振動モードの和として表現される。しかし式 (5.6) 及び式 (5.13) で与えられる解は，一般的ではあるが，極めて形式的かつ複雑であり，そのままでは室内音場に関する有効な知見を得るには不適当である。通常我々にとって必要な情報は

室内における微細な音圧分布そのものではなく，それらを整理，集約した量である。すなわち，複雑な室内音場に関するマクロな特性（概要）をまず把握することが大切であり，上で得られた音圧分布を，空間的又は時間的にある程度平滑化し，分り易い表示を得る必要がある。そのため以下では室内の音響エネルギーに対応する2乗音圧の空間平均や空間・集合平均などについて考える。

5.2　2乗音圧の空間平均

室内の音響エネルギー密度に対応する量として音圧の2乗を取り上げ，その空間平均について，調べることとしよう。まず，式 (5.6) より室内の各時点における2乗音圧の絶対値は

$$|p(\mathbf{r},t)|^2 = p(\mathbf{r},t)p^*(\mathbf{r},t) = \sum_{m,n} b_m(t|\mathbf{r}_s)b_n^*(t|\mathbf{r}_s)p_m(\mathbf{r})p_n^*(\mathbf{r}) \quad (5.14)$$

と表される。音源位置 $\mathbf{r}_s$ と受音点位置 $\mathbf{r}$ を室内に無秩序に配置した場合の上式の期待値は固有振動モードの直交性（式 (5.5)）を考慮すれば

$$\begin{aligned}\langle |p(\mathbf{r},t)|^2 \rangle_{\mathbf{r},\mathbf{r}_s} &= \frac{1}{V^2} \int_V d\mathbf{r}_s \int_V d\mathbf{r} |p(\mathbf{r},t)|^2 \\ &= \frac{1}{V^2} \sum_m \int_V |b_m(t|\mathbf{r}_s)|^2 d\mathbf{r}_s \end{aligned} \quad (5.15)$$

で与えられる。上式はまた，音源及び受音点を室空間内の全領域にわたり移動させた場合の平均値とも考えられることから，通常は2乗音圧の空間平均と呼ばれている[1,2]。更に式 (5.13) を代入すれば，この空間平均は

$$\begin{aligned}\langle |p(\mathbf{r},t)|^2 \rangle_{\mathbf{r},\mathbf{r}_s} = \frac{c^4}{4V^2} \sum_m \frac{e^{-2\alpha_m t}}{(\omega_m^2 + \alpha_m^2)} \int_{-\infty}^t d\tau \int_{-\infty}^t d\tau' Q(\tau) Q(\tau') \\ \times e^{-j\omega_m(\tau-\tau') + \alpha_m(\tau+\tau')}\end{aligned} \quad (5.16)$$

と表される。上式は音源の駆動方法 $Q(\tau)$ と室形状 (固有振動モード) のみに依存し，音源や受音点の配置には依らないことから音源の駆動方法に対する部屋のマクロな時間応答と見なされる。

特に時間 $t=0$ で音源の駆動を停止した後の残響場に対する 2 乗音圧の空間平均は

$$q(t) = 0 \quad (t \geq 0)$$

従って式 (5.16) において $Q(\tau) = 0$ ($\tau \geq 0$) と置くことにより

$$\begin{aligned}\langle |p(\mathbf{r},t)|^2 \rangle_{\mathbf{r},\mathbf{r}_s} &= \frac{c^4}{4V^2} \sum_m \frac{e^{-2\alpha_m t}}{(\omega_m^2 + \alpha_m^2)} \int_{-\infty}^0 d\tau \int_{-\infty}^0 d\tau' Q(\tau) Q(\tau') \\ &\quad \times e^{-j\omega_m(\tau-\tau') + \alpha_m(\tau+\tau')} \\ &= \frac{\rho_0^2 c^4}{4V^2} \sum_m e^{-2\alpha_m t} \int_{-\infty}^0 d\tau \int_{-\infty}^0 d\tau' \\ &\quad \times q(\tau) q(\tau') e^{-j\omega_m(\tau-\tau') + \alpha_m(\tau+\tau')} \quad (t \geq 0) \quad (5.17)\end{aligned}$$

で与えられる。なお，上式における $Q(\tau)$ から $q(\tau)$ への変換には式 (5.3) の関係を代入し部分積分法を適用した。

5.3　2乗音圧の空間・集合平均

　前節では音源に対する部屋のマクロな時間応答が式 (5.16) で与えられることを示した。言うまでもなく，これは音源の駆動方法にも依存するため各種の部屋の音響特性について議論（比較検討）する場合には音源の駆動方法をあらかじめ定めておく必要がある。

　部屋の音響特性，特に残響特性を実測により求める場合にはバンドノイズなどを用いて音源をランダムに駆動することが多い。そして同一の条件下で多数回測定を繰り返し，測定した残響波形の平均を求めることが行われている。この測定データに対する確率統計的な平均操作のことを集合平均と呼んでいる [1,2]。これは，音源のランダムな駆動に由来する受音波形のばらつきを平滑化することを意味する。

　さて，音源がランダム雑音で駆動されているものとし2乗音圧の空間平均を与

える式 (5.16) にこの集合平均操作を施せば

$$
\begin{aligned}
\langle |p(\mathbf{r},t)|^2 \rangle_{\mathbf{r},\mathbf{r}_s,q} &= \frac{c^4}{4V^2} \sum_m \frac{e^{-2\alpha_m t}}{(\omega_m^2 + \alpha_m^2)} \int_{-\infty}^{t} d\tau \int_{-\infty}^{t} d\tau' \langle Q(\tau)Q(\tau') \rangle \\
&\quad \times e^{-j\omega_m(\tau-\tau') + \alpha_m(\tau+\tau')} \\
&= \frac{\rho_0^2 c^4}{4V^2} \sum_m e^{-2\alpha_m t} \int_{-\infty}^{0} d\tau \int_{-\infty}^{0} d\tau' \\
&\quad \times \langle q(\tau)q(\tau') \rangle e^{-j\omega_m(\tau-\tau') + \alpha_m(\tau+\tau')} \quad (t \geq 0) \quad (5.18)
\end{aligned}
$$

が得られる。以下，上式で与えられる残響場に関する空間・集合平均 [1,2) を幾つかの代表的な場合（音源駆動）について求めてみよう。

5.4 残響場の空間・集合平均

残響場に対する更に具体的な表示を得るには，その駆動方法，すなわち音源の体積速度 $q(t)$ 又は体積加速度 $Q(t)/\rho_0$ を定める必要がある。実際には式 (5.18) より明らかなごとくそれらの自己相関関数 $\langle q(\tau)q(\tau')\rangle$, $\langle Q(\tau)Q(\tau')\rangle$ を与えればよい。以下では体積速度の自己相関 $\langle q(\tau)q(\tau')\rangle$ を基に議論を進めるが $\langle Q(\tau)Q(\tau')\rangle$ に対し同一の自己相関を与えた場合には当然結果が異なるから注意を要する。

5.4.1 ホワイトノイズ駆動に対する残響場

部屋の音響特性を議論する際にしばしば取り上げられるものの一つにホワイトノイズで駆動中の音源を時刻 $t=0$ で停止した後の残響場がある。音源の体積速度 $q(t)$ がホワイトノイズで与えられるものとすれば，その自己相関関数は

$$\langle q(\tau)q(\tau')\rangle = q_0^2 \delta(\tau'-\tau) \tag{5.19}$$

なるインパルス（デルタ関数）で表される [4)]。従って式 (5.18) は

$$\langle |p(\mathbf{r},t)|^2 \rangle_{\mathbf{r},\mathbf{r}_s,q} = \frac{\rho_0^2 c^4}{4V^2} q_0^2 \sum_m \frac{e^{-2\alpha_m t}}{2\alpha_m} \quad (t \geq 0) \tag{5.20}$$

となり残響場の空間・集合平均は部屋の各固有振動モードに対する単純な指数減衰の和で与えられることが分かる。

特に，上式において $t=0$ と置けば定常場に対する空間・集合平均

$$\langle |p(\mathbf{r}, \mathbf{0})|^2 \rangle_{\mathbf{r}, \mathbf{r}_s, q} = \frac{\rho_0^2 c^4}{4V^2} q_0^2 \sum_m \frac{1}{2\alpha_m} \tag{5.21}$$

が得られる。

これらの結果はよく知られた音線理論の結果に対応するものであり [5,6]，両者の関連については後に述べることとする (5.6 節参照)。

なお，もし仮に体積速度 $q(t)$ ではなく体積加速度 $Q(t)/\rho_0$ がホワイトノイズで与えられるものとすれば

$$\langle Q(\tau)Q(\tau') \rangle = Q_0^2 \delta(\tau' - \tau)$$

となり残響場の空間・集合平均は式 (5.18) より

$$\langle |p(\mathbf{r}, t)|^2 \rangle_{\mathbf{r}, \mathbf{r}_s, q} = \frac{c^4}{4V^2} Q_0^2 \sum_m \frac{e^{-2\alpha_m t}}{2\alpha_m(\omega_m^2 + \alpha_m^2)} \qquad (t \geq 0)$$

となり，また定常場に対しては

$$\langle |p(\mathbf{r}, \mathbf{0})|^2 \rangle_{\mathbf{r}, \mathbf{r}_s, q} = \frac{c^4}{4V^2} Q_0^2 \sum_m \frac{1}{2\alpha_m(\omega_m^2 + \alpha_m^2)}$$

が得られ，式 (5.20) 及び式 (5.21) の結果とは異なることに注意すべきである。

5.4.2 バンドノイズ駆動に対する残響場

音源が定常的なノイズで駆動されているものとしよう。この場合，体積速度 $q(\tau)$ は定常確率過程に従い，その自己相関関数

$$\Gamma_q(\tau' - \tau) = \langle q(\tau)q(\tau') \rangle \tag{5.22}$$

とパワースペクトル $S_q(\omega)$ とはよく知られているごとく

$$\Gamma_q(\tau' - \tau) = \frac{1}{2\pi} \int_{-\infty}^{\infty} S_q(\omega) e^{-j\omega(\tau' - \tau)} d\omega \tag{5.23}$$

なるフーリエ変換の関係にある[4]。従って上式を代入することにより式 (5.18) は音源強度のパワースペクトル $S_q(\omega)$ を用いて

$$\langle |p(\mathbf{r},t)|^2 \rangle_{\mathbf{r},\mathbf{r}_s,q} = \frac{\rho_0^2 c^4}{4V^2} \sum_m e^{-2\alpha_m t} \frac{1}{2\pi} \int_{-\infty}^{\infty} d\omega \int_{-\infty}^{0} d\tau \int_{-\infty}^{0} d\tau'$$
$$\times S_q(\omega) e^{(\alpha_m - j\omega_m + j\omega)\tau} \cdot e^{(\alpha_m + j\omega_m - j\omega)\tau'}$$
$$= \frac{\rho_0^2 c^4}{4V^2} \sum_m \frac{1}{2\pi} e^{-2\alpha_m t} \int_{-\infty}^{\infty} \frac{S_q(\omega)}{(\omega - \omega_m)^2 + \alpha_m^2} d\omega$$
$$(t \geq 0) \quad (5.24)$$

と表される。

従って ω_c を中心角周波数とするバンドノイズ

$$S_q(\omega) = \begin{cases} 2\pi K^2 & (|\omega - \omega_c| \leq \Omega) \\ 0 & (その他) \end{cases} \quad (5.25)$$

で駆動した場合の残響場の空間・集合平均は

$$\langle |p(\mathbf{r},t)|^2 \rangle_{\mathbf{r},\mathbf{r}_s,q} = \frac{\rho_0^2 c^4}{4V^2} K^2 \sum_m e^{-2\alpha_m t} \int_{\omega_c - \Omega}^{\omega_c + \Omega} \frac{d\omega}{(\omega - \omega_m)^2 + \alpha_m^2}$$
$$= \frac{\rho_0^2 c^4}{4V^2} K^2 \sum_m \frac{e^{-2\alpha_m t}}{\alpha_m}$$
$$\times \left\{ \tan^{-1}\left(\frac{\omega_c + \Omega - \omega_m}{\alpha_m} \right) - \tan^{-1}\left(\frac{\omega_c - \Omega - \omega_m}{\alpha_m} \right) \right\}$$
$$(t \geq 0) \quad (5.26)$$

で与えられる。さらに，通常，各固有振動モードの損失が小さく

$$\left| \frac{\omega_c - \omega_m \pm \Omega}{\alpha_m} \right| \gg 1$$

が成り立つため，上式は

$$\langle |p(\mathbf{r},t)|^2 \rangle_{\mathbf{r},\mathbf{r}_s,q} = \frac{\rho_0^2 c^4}{4V^2} 2\pi K^2 \sum_{|\omega_m - \omega_c| < \Omega} \frac{e^{-2\alpha_m t}}{2\alpha_m} \quad (t \geq 0) \quad (5.27)$$

で近似される。この結果はホワイトノイズ駆動に対する式 (5.20) において，共鳴周波数が音源の駆動周波数帯域内に存在するモードのみを考慮 ($\sum_{|\omega_m - \omega_c| < \Omega}$) すればよいことを示している。

5.5 残響波形の集合平均とインパルス応答波形の 2 乗積分

　部屋の残響レベル波形の測定に現在よく使用される方法にインパルス 2 乗積分法がある[3]。これは，ホワイトノイズ駆動による部屋の残響音圧波形の 2 乗の集合平均（音源・受音点位置を固定した多数回の測定結果の平均）を単一のインパルス応答波形の 2 乗時間積分により代用する方法であり，計測の省力化に威力を発揮している。Schröder はこの方法を提案するにあたり，上記の時刻 t における集合平均はインパルス応答波形の時刻 t 以降の 2 乗時間積分と等価であることを証明している。しかし，その等価性は部屋の音響伝達特性自体に関するものではなく，音源やマイクロホンなど送受信装置をも含めた系全体に係わる等価性である。従って，ここでは部屋の音響的な伝達特性に限って，波動論の立場から上記の等価性について具体的な検討を加えることにする。

　前述のように，音源強度（体積速度）$q(t)$ の点音源による室内の音圧は固有振動モード $p_n(\mathbf{r})$ の 1 次結合として

$$p(\mathbf{r},t) = \sum_n b_n(t|\mathbf{r}_s)p_n(\mathbf{r}) \tag{5.6}$$

で表され，音源停止後の n 次モードの振幅（時間関数）$b_n(t|\mathbf{r}_s)$ は式 (5.13) より

$$b_n(t|\mathbf{r}_s) = \frac{\rho_0 c^2 p_n^*(\mathbf{r}_s)}{2} e^{j\omega_n t - \alpha_n t} \int_{-\infty}^{0} q(\tau) e^{-j\omega_n \tau + \alpha_n \tau} d\tau$$
$$(t \geq 0) \tag{5.28}$$

で与えられる。従って

$$q(t) = q_0 \delta(t)$$

なるインパルス駆動に対しては

$$b_n(t|\mathbf{r}_s) = \frac{1}{2} q_0 \rho_0 c^2 p_n^*(\mathbf{r}_s) e^{j\omega_n t - \alpha_n t} \quad (t \geq 0)$$

となり，式 (5.6) の受音点音圧は

$$p_\delta(\mathbf{r},t) = \frac{1}{2} q_0 \rho_0 c^2 \sum_n p_n^*(\mathbf{r}_s) p_n(\mathbf{r}) e^{j\omega_n t - \alpha_n t} \quad (t \geq 0) \tag{5.29}$$

と表される．部屋のこのインパルス応答の時刻 t（≥ 0）以降の2乗時間積分を $I(\mathbf{r},t)$ と置けば

$$\begin{aligned}
I(\mathbf{r},t) &= \int_t^\infty |p_\delta(\mathbf{r},\tau)|^2 d\tau \\
&= \frac{1}{4}q_0^2 \rho_0^2 c^4 \sum_m \sum_n p_m(\mathbf{r})p_n^*(\mathbf{r})p_m^*(\mathbf{r}_s)p_n(\mathbf{r}_s) \\
&\quad \times \frac{\exp\{j(\omega_m-\omega_n)t-(\alpha_m+\alpha_n)t\}}{-j(\omega_m-\omega_n)+(\alpha_m+\alpha_n)} \quad (t \geq 0)
\end{aligned} \quad (5.30)$$

が得られる．

一方，ホワイトノイズ駆動停止後の2乗音圧の集合平均は

$$\begin{aligned}
\langle |p(\mathbf{r},t)|^2 \rangle_q &= \sum_m \sum_n p_m(\mathbf{r})p_n^*(\mathbf{r})\langle b_m(t|\mathbf{r}_s)b_n^*(t|\mathbf{r}_s)\rangle_q \\
&= \frac{1}{4}\rho_0^2 c^4 \sum_m \sum_n p_m(\mathbf{r})p_n^*(\mathbf{r})p_m^*(\mathbf{r}_s)p_n(\mathbf{r}_s) \\
&\quad \times \exp\{j(\omega_m-\omega_n)t-(\alpha_m+\alpha_n)t\} \\
&\quad \times \int_{-\infty}^0 d\tau \int_{-\infty}^0 d\tau' \langle q(\tau)q(\tau')\rangle e^{(-j\omega_m+\alpha_m)\tau} \cdot e^{(j\omega_n+\alpha_n)\tau'} \\
&= \frac{1}{4}q_0^2 \rho_0^2 c^4 \sum_m \sum_n p_m(\mathbf{r})p_n^*(\mathbf{r})p_m^*(\mathbf{r}_s)p_n(\mathbf{r}_s) \\
&\quad \times \frac{\exp\{j(\omega_m-\omega_n)t-(\alpha_m+\alpha_n)t\}}{-j(\omega_m-\omega_n)+(\alpha_m+\alpha_n)} \quad (t \geq 0)
\end{aligned} \quad (5.31)$$

となり，上で導出した部屋のインパルス応答の2乗時間積分（式 (5.30)）と一致する．ただし上式の導出には式 (5.28) 及び式 (5.19)，すなわちホワイトノイズ $q(t)$ の自己相関関数がデルタ関数（インパルス）

$$\langle q(\tau)q(\tau')\rangle = q_0^2 \delta(\tau'-\tau)$$

で表されることを用いた．

かくして，ホワイトノイズ駆動による残響場の2乗音圧の集合平均は，インパルス2乗積分法に基づく単一の測定で置き換えられるわけであるが，式 (5.30) からも明らかなようにこの結果は

(1) 音源・受音点配置に依存すると共に，

(2) 部屋の固有振動モード間の干渉（結合）の影響を受ける。

このモード間の干渉により式 (5.30) の時間減衰曲線（残響曲線）は必ずしも単調減衰とはならず，時には若干の起伏を有することとなる。なお，$\alpha_m \ll \omega_m$ が成り立つ通常の場合には，時間軸に関する適当なスムージング（窓関数を通すこと）により，式 (5.30) において

$$e^{j(\omega_m - \omega_n)t}$$

なる項は $\omega_m = \omega_n$ の場合以外は，取り除かれることとなる。従って，適当な時定数の回路を通すことにより，モード間の結合がほぐれ式 (5.30) は

$$I(r,t) \simeq \frac{1}{4} q_0^2 \rho_0^2 c^4 \sum_m |p_m(\mathbf{r})|^2 |p_m^*(\mathbf{r}_s)|^2 \frac{e^{-2\alpha_m t}}{2\alpha_m} \quad (t \geq 0) \qquad (5.32)$$

となる。モード間の干渉は取り除かれたが，上式の残響曲線はなお音源・受音点配置に依存している。そこで室空間 V におけるすべての可能な音源・受音点位置について上式を平均すれば

$$\begin{aligned}\langle I(\mathbf{r},t)\rangle_{\mathbf{r},\mathbf{r}_s} &\simeq \frac{1}{V^2} \int_V d\mathbf{r} \int_V d\mathbf{r}_s I(\mathbf{r},t) \\ &= \frac{1}{4V^2} q_0^2 \rho_0^2 c^4 \sum_m \frac{e^{-2\alpha_m t}}{2\alpha_m} \quad (t \geq 0)\end{aligned} \qquad (5.33)$$

となり，音源・受音点配置によらない，室固有の残響曲線が得られる。川上らは，上式の室空間全体にわたる積分（平均）を求める代わりに，実用的な手段として複数個の音源・受音点配置に対し残響曲線を自動計測し，それらの平均を求める装置を開発している[2,8]。

なお，この式 (5.33) はホワイトノイズ駆動による残響場の 2 乗音圧の空間・集合平均を与える式 (5.20) と完全に一致している。すなわち，式 (5.20) の空間・集合平均としての残響波形は，種々の音源・受音点配置に対するインパルス 2 乗積分法の結果を平均することにより得られることが分かる。

5.6　Mode theory と Ray theory

以上，本章では室内の残響場を波動論に基づき固有振動モードの減衰過程としてとらえ，主として音場のマクロな性質を明らかにするため 2 乗音圧に関する空

間平均や集合平均を求めた。この Mode theory によって得られた結果を室内音響学における他の代表的な手法である音線理論（Ray theory）の結果と比較することは興味の持たれるところである[7]。

　音線（Ray）と固有振動モードとは，全く異なるもののように考えられることが多いが，元来両者は極めて近い存在である。何故なら Ray は平面進行波を直観的に図式化したものであり，Ray theory は音源から放射された無数の平面進行波の振舞い（音線と室表面との衝突・反射過程）により室空間内の音場を表示するものである。

　一方，各モードは室空間に固有の定在波であり，それぞれ複数の平面進行波に分解することができる。従って，固有モードの 1 次結合は多数の平面進行波の集合と等価である。すなわち，室空間内の音場を固有の定在波（モード）の集合としてとらえるのが Mode theory であり，定在波を平面進行波に分解し平面進行波の集合として直観的に取り扱うのが Ray theory であると言えよう。ただし，Ray theory では通常，音線（平面進行波）の位相を無視し，各音線は互いに独立（非干渉）で，かつ音源からあらゆる方向に一様に放射されているものとしており，これらが Mode theory との間にギャップを生じる原因となっている。すなわち mode は複数の進行波の間の相互作用（干渉）によって生ずる室固有の定在波であり，位相を抜きにしては語りえない。音源から放射された波は室表面での反射を繰り返しながら進むわけであるが，その進行方向に関する軌跡が閉ループを描き，かつこれを一周する時の位相差が 2π の整数倍となる（同位相で重なり合う）もののみが室の固有振動モードとなり得る。従って室形状と室表面における境界条件によって定まる特定の進行方向を有する波のみがモードの対象となる。このことはいわゆる波数ベクトル空間を用いれば，更に明確に表現される。部屋の固有振動モードは波数ベクトル空間の離散的な格子点で表され，その位置ベクトルは各モードを形成する波の進行方向に対応する[5,7]。このように Mode theory では波数ベクトル空間における離散的な点とそれに対応する方向のみが許される。一方，Ray theory では波数ベクトル空間内のすべての点，従ってあらゆる方向の進行波が許されている。Ray theory でも Mode theory でもこれらの点は相互に独立（無干渉）となっており，ある意味で Mode theory は Ray theory をディジタル化したものと見なされる。逆に波数ベクトル空間における離散的な格子点を平滑化（ランダマイズ）すればアナログ的な Ray theory が得られるわけであり，

5.6. Mode theory と Ray theory

この間の事情を巧みに利用して東山らは残響場の解析を行っている[9,10]。

このように Mode theory と Ray theory との間には極めて近密な関連があり，処理方法如何によってはほぼ同一の結果を与えることが期待される。

さて Ray theory によれば $t=0$ で音源を停止した後の残響場（強度の時間減衰）は

$$I(t) = \sum_j \frac{P_j}{a_j \nu_j} e^{\nu_j t \log(1-a_j)} \quad (t \geq 0) \tag{5.34}$$

で与えられる[6]。ここに P_j は停止前に音源から音線 j に供給されていた音響パワーを，ν_j, a_j はそれぞれ音線 j の室表面との衝突周波数（単位時間当たりの衝突回数）及び室表面の吸音率である。今，音源が無指向性であるとすれば P_j は音源によらず一定値（P_0）をとり，また部屋が反射性であり室表面の吸音率が小さい（$0 < a_j \ll 1$）場合には

$$\log(1-a_j) \simeq -a_j$$

となることから，式 (5.34) は

$$I(t) \simeq P_0 \sum_j \frac{e^{-a_j \nu_j t}}{a_j \nu_j} \quad (t \geq 0) \tag{5.35}$$

と表される。ここで $a_j \nu_j$（音線 j のエネルギーが単位時間に吸収される割合）を改めて

$$a_j \nu_j = 2\alpha_j \tag{5.36}$$

と置けば上式は

$$I(t) \simeq P_0 \sum_j \frac{e^{-2\alpha_j t}}{2\alpha_j} \quad (t \geq 0) \tag{5.37}$$

となり，5.4.1 で波動論的に求めたホワイトノイズ駆動停止後における残響場（2乗音圧）の空間集合平均を与える式 (5.20) と全く同一の形をしている。なお，式 (5.36) はいわゆる音響エネルギー（音圧の2乗）の減衰パラメータ $a_j \nu_j$ が音圧の減衰パラメータ α_j の2倍になることを示している。

Ray theory では音線 j は無数にあり、しかも室空間内のあらゆる方向を取り得るのであるが、その方向を波数空間で適切にサンプリングし離散化することにより mode と対応づけることができる。波数ベクトル空間におけるこのサンプリングの目安は室容積（実空間の容積）V と周波数 f の 3 乗の積 Vf^3 に反比例するため[5]容積の大きな部屋ほど、また高い周波数の音ほど細かなサンプリングが行われることになり、Ray theory と Mode theory のギャップが小さくなる。

通常言われているように波動論（Mode theory）は一般性、厳密性を備えている反面、抽象的、形式的であり、解が具体的に求まるのはごく特別な場合に限られる。他方、幾何音響学（Ray theory）は直観的、具体的ではあるが、一般性と厳密性に欠け低周波領域での使用には適さない。従って、厳密さや一般性を追求する場合には Mode theory を、具体性や実用性を重視する場合には Ray theory をよりどころとすることが多いようである。

しかしながら、残響場を巨視的に見る限り上述のごとく Mode theory も Ray theory もほぼ同一の結果を与える。従って残響場の巨視的な性質について議論する場合には、この二つの手法を相補的に活用し連携をはかる努力が有用と思われる。例えば音線の進行方向を Mode theory を基に離散化したり、各 mode に対し天下り的に導入した減衰パラメータ α_m を Ray theory に基づき衝突周波数や吸音率を用いて表示することなどはその一例である。

5.7 残響レベル波形の曲がり

Sabine や Eyring の拡散場の理論によれば音源停止後の部屋の残響レベル波形は時間とともに直線的に減衰する（2 章及び 3 章）。しかし現実の部屋の残響レベル波形はしばしば直線減衰からずれ湾曲することが知られている[10-14]。その原因の一つは部屋の暗騒音レベルであるが、暗騒音レベルを抑制しても残響特性の湾曲を除去することは一般にはできない。残響場を形成する個々のモード（又は音線）の強度は前節で述べた如く、それぞれ単独では指数減衰し、レベル的には直線減衰に従う。しかしながら減衰直線の傾きは個々に異なり、それらを合成したいわゆる残響レベル波形（実際に測定されるレベル波形）は一般には湾曲することとなる。以下にその概要を示すことにしよう。

前節によればモード理論、音線理論いずれの場合にも音源停止後の室内の受音

強度は

$$I(t) \simeq P_0 \sum_j \frac{e^{-\beta_j t}}{\beta_j} \quad (t \geq 0) \tag{5.38}$$

と表される。ただし

$$\beta_j = a_j \nu_j = 2\alpha_j \tag{5.39}$$

はモード（又は音線）j の減衰率である。

$I(t)$ に関するさらに見通しのよい，コンパクトな表示を得るには減衰率 β_j についての情報が必要となる。いま β_j の値が $f(\beta)$ なる度数分布に従うものとすれば，式 (5.38) は

$$I(t) \simeq N P_0 \int_0^\infty \frac{e^{-\beta t}}{\beta} f(\beta) d\beta \tag{5.40}$$

と書き改められる。ここに N は考慮すべきモード数である。さらに上式は

$$\begin{aligned} I(t) &\simeq N P_0 \int_t^\infty d\tau \int_0^\infty f(\beta) e^{-\beta \tau} d\beta \\ &= N P_0 \int_t^\infty \phi(\tau) d\tau \end{aligned} \tag{5.41}$$

と変形されることから，$I(t)$ は $f(\beta)$ のラプラス変換

$$\phi(\tau) = \int_0^\infty f(\beta) e^{-\beta \tau} d\beta \tag{5.42}$$

と関連づけられる。また

$$i(t) = \frac{dI(t)}{dt} = -N P_0 \phi(t) \tag{5.43}$$

なる関係に留意すれば音源停止後の $I(t)$ の時間減衰率は $f(\beta)$ のラプラス変換そのものであることが分る。従ってこの関係を逆にたどり

$$I(t) \longrightarrow i(t) = \frac{dI(t)}{dt} \longrightarrow \phi(\tau) \longrightarrow f(\beta) \tag{5.44}$$

部屋の固有振動モードの減衰率 β の分布を推定することができよう。

さて，$f(\beta)$ が平均値 $\overline{\beta}$，分散 σ^2 のガンマ分布

$$f(\beta) = \frac{1}{\Gamma(m)}\frac{\beta^{m-1}}{B^m}e^{-\beta/B} \quad (\beta \geq 0) \tag{5.45}$$

$$m = (\overline{\beta}/\sigma)^2, \quad B = \sigma^2/\overline{\beta}$$

で近似されるものとしよう。この場合には

$$\phi(\tau) = (1 + B\tau)^{-m} \quad (t \geq 0) \tag{5.46}$$

従って

$$\begin{aligned} I(t) &= NP_0 \int_t^\infty \frac{d\tau}{(1+B\tau)^m} \\ &= \frac{NP_0}{B(m-1)}\frac{1}{(1+Bt)^{m-1}} \quad (t \geq 0) \end{aligned} \tag{5.47}$$

が導かれる。これより残響レベル波形は

$$\begin{aligned} IL(t) &= 10\log_{10}\frac{I(t)}{I(0)} \\ &= -10(m-1)\log_{10}(1+Bt) \quad (t \geq 0) \end{aligned} \tag{5.48}$$

と表される。図 5.1 に示すごとく，上式は $Bt \ll 1$ なる領域では

$$IL(t) \simeq -4.34(m-1)Bt \tag{5.49}$$

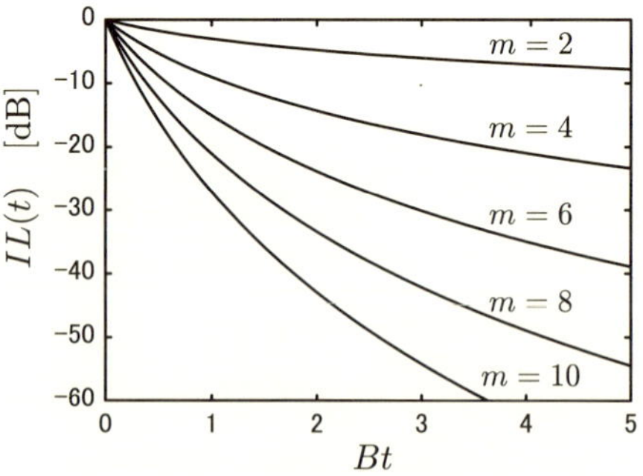

図 **5.1** 残響レベル波形の湾曲

となり，時間 t とともに直線的に減衰するが，$Bt > 1$ なる領域ではこの直線から次第にはずれ湾曲が顕著になる。なお，時刻 $t = 0$ における $IL(t)$ の接線の傾きは

$$\begin{aligned} IL'(0) &= -4.34(m-1)B \\ &\simeq -4.34mB \quad (m \gg 1) \\ &= -4.34\overline{\beta} \end{aligned} \quad (5.50)$$

また曲率は

$$\begin{aligned} IL''(0) &= 4.34(m-1)B^2 \\ &\simeq 4.34\sigma^2 \end{aligned} \quad (5.51)$$

で与えられることから，室内のモードの平均減衰率 $\overline{\beta}$ が大きいほど残響レベル波形の初期減衰が大きく，また減衰率のばらつき σ^2 が大きいほどレベル波形の湾曲が大きくなることが知られる。

即ち，室内の固有振動モード（又は音線）の減衰率のばらつきが残響レベル波形を湾曲させる原因となっていることが分る。

文献

1) 久野和宏, 野呂雄一, 井研治, "室内音響における波動論と音線理論の関係", 日本音響学会誌 **49**,2 (1993) pp.77–83
2) F.Kawakami and K.Yamaguchi, "Space-ensemble average of reverberation decay curves", J. Acoust. Soc. Am. **70** (1981) pp.1071–1082
3) M.R.Schröder, "New method of measuring reverberation time", J. Acoust. Soc. Am. **37** (1965) pp.409–412
4) 日野幹雄, スペクトル解析（朝倉書店, 1977）pp.40–51
5) H.Kuttruff, *Room Acoustics, Second Edition* (Applied Science Publishers, 1979) chaps. III, IV, V
6) 久野和宏, 倉田勤, 野呂雄一, 井研治, "直方体室における音線の衝突周波数分布とその残響特性に与える影響", 日本音響学会誌 **47**,5 (1991) pp.318–326
7) P.M.Morse and R.H.Bolt, "Sound waves in rooms", Rev. of Mod. Phys. **16** (1944) pp.69–150

8) F.Kawakami, K.Niimi and K.Yamaguchi, "A tool for room acoustic measurement", J. Audio Eng. Soc. **29** (1981) pp.739–748

9) 東山三樹夫, 吉川昭吉郎, "残響波形における波動論と拡散音場との対応関係", 電子通信学会 電気音響研究会資料 **EA 77-12** (1977)

10) M.Toyama and S.Yoshikawa, "Approximate formula of the average sound energy decay curve in a rectangular reverberant room", J. Acoust. Soc. Am. **70** (1981) pp.1674–1678

11) 平田能睦, "矩形室音場の音像法による解析", 日本音響学会誌 **33**,9 (1977) pp.480–485

12) Y.Hirata, "Dependence of the curvature of sound decay curves and absorption distributin on room shapes", J. Sound Vib. **84** (1982) pp.509–517

13) M. R. Schröder, "Some new results in reverberation theory and measurement methods", 5th ICA, G31 (1965)

14) F. Kawakami and K. Yamaguchi, "A systematic study of power-law decays in reverberation rooms", J. Acoust. Soc. Am. **80** (1986) pp.543–554

第6章　拡散場の確率・統計的モデル

　残響室内の音場や環境騒音など，われわれの周囲には正確な表現を与えるには，余りにも複雑な音場や本質的に不確定な要因に依存する各種の音場がある。これらの音場の諸特性を調べるには厳密な波動論的考察よりも音場を構成する成分波に確率的性格を付与し，統計的視点から音場をながめる方が一層有効であると思われる。本章では残響室内におけるこの様な音場のモデルとして振幅，位相，進行方向などがランダムな平面波または球面波を合成して得られる不規則な音場 (確率・統計的な音場) を取上げ，その諸特性について概説する。

6.1　ランダムな平面波よりなる音場

　残響室においては，室の形を不整形にしたり，室内に拡散体を配置して複雑な音場を作り出している。そしてこの様な音場を多数のランダムな平面波の重ね合わせにより表現することがしばしば行われる。すなわち室内の平面波は壁面や拡散体で反射や散乱をくり返すにつれ，進行方向や位相，振幅などが様々に変化して行く。結果的に室内には様々な振幅，進行方向及び位相を持った多数の無秩序な平面波が存在することになる。この無秩序な平面波の集合を振幅，位相及び進行方向がランダムで互に独立な平面波の集合と見なし，音場のマクロな統計的性質について考察する。

6.1.1 音圧分布

単一の角周波数 ω を持つランダムな多数の平面波からなる音圧 p

$$p = A_1 e^{-j\boldsymbol{\Theta}_1(\boldsymbol{k}_1, \boldsymbol{r})} + A_2 e^{-j\boldsymbol{\Theta}_2(\boldsymbol{k}_2, \boldsymbol{r})} + \cdots + A_N e^{-j\boldsymbol{\Theta}_N(\boldsymbol{k}_N, \boldsymbol{r})}$$
$$= p_1 + p_2 + \cdots + p_N \qquad (N \gg 1) \tag{6.1}$$

を考える。ここに A_n および $\boldsymbol{\Theta}_n(\boldsymbol{k}_n, \boldsymbol{r})$ は平面波エレメント p_n の振幅および位相を表す。振幅の組 $\{A_n\}$ および位相の組 $\{\boldsymbol{\Theta}_n(\boldsymbol{k}_n, \boldsymbol{r})\}$ はそれぞれに互いに独立で共通な確率分布を持つとする。とくに位相が全くランダムで区間 $[0, 2\pi]$ の一様分布に従うものとすれば，上式は図 6.1 の複素平面上における対称なランダムウォークを表し [1,2]，歩数（平面波エレメントの数）N が十分大きいとき，音圧 p の実部 X および虚部 Y の値は互いに独立なガウス分布（平均値 0，分散 $N\sigma_p^2$）

$$f_1(X) = \frac{1}{\sqrt{2\pi N \sigma_p^2}} \exp(-X^2 / 2N\sigma_p^2) = \frac{1}{\sqrt{\pi G_p}} \exp(-X^2 / G_p)$$

$$f_1(Y) = \frac{1}{\sqrt{2\pi N \sigma_p^2}} \exp(-Y^2 / 2N\sigma_p^2) = \frac{1}{\sqrt{\pi G_p}} \exp(-Y^2 / G_p) \tag{6.2}$$

で近似される [1]。ここに

$$\sigma_p^2 = \frac{1}{2}\langle A^2 \rangle \qquad (\langle A^2 \rangle : A_n^2 \text{の期待値}) \tag{6.3}$$

は各平面波エレメントのパワー（実効振幅の 2 乗平均値）であり，X および Y の分散はこれらの総和

$$\frac{G_p}{2} = N\sigma_p^2$$
$$= \frac{1}{2} N \langle A^2 \rangle \tag{6.4}$$

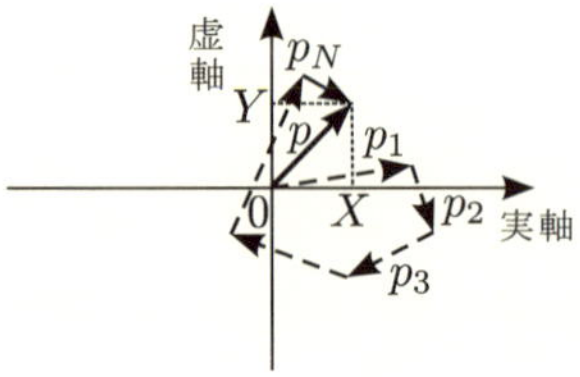

図 6.1 複素平面上のランダムウォーク（酔歩）による音圧 p の表現

で与えられ，音場の実効音圧の2乗平均値に対応していることが分かる．

音圧の絶対値 $|p|(=\sqrt{X^2+Y^2}$ 及び2乗 $|p|^2(=X^2+Y^2)$ は式 (6.2) からそれぞれレーレー分布および指数分布

$$f_2(|p|) = \frac{2|p|}{G_p}\exp(-|p|^2/G_p) \tag{6.5}$$

$$f_3(|p|^2) = \frac{1}{G_p}\exp(-|p|^2/G_p) \tag{6.6}$$

に従うことが導かれる．これらの分布の平均値および分散は $|p|$ については

$$\langle|p|\rangle = \frac{1}{2}\sqrt{\pi G_p}, \qquad \text{var}(|p|) = \left(1-\frac{\pi}{4}\right)G_p \tag{6.7}$$

$|p|^2$ については

$$\langle|p|^2\rangle = G_p, \qquad \text{var}(|p|^2) = G_p^2 \tag{6.8}$$

で与えられる．

　音圧に関するこれらの確率密度分布は実効音圧の2乗平均値（パワー）と密接に結び付いており，残響室内の音場，とくに拡散音場の理論においてなじみ深いものである[5,6]．残響場の拡散度の尺度として，音圧 $|p|$ の実測値の分布がしばしば問題にされる．しかしながらレーレー分布自体は音場の拡散度に対する一つの目安にはなりうるが，絶対的な尺度ではない．本項の議論からも明らかなように，レーレー分布は，音場を構成する多数の平面波エレメントの位相の無秩序さに由来しており，平面波エレメントの振幅および進行方向（音響エネルギーの流れの大きさおよび方向）の無秩序さを必ずしも反映するものではないからである．

6.1.2　音圧の空間相関

　R.K.Cook 等の提案以来[9]，音場の拡散度を検討するための有力な手段として音圧の空間相関が用いられてきたが，1方向のみの相関では不十分であり，いろいろな方向に沿っての音圧相関を検討することの必要性が指摘されている[10]．

　さてランダムな平面波音場内で l だけ離れた2点の音圧 p_G, p_H は図 6.2 を参

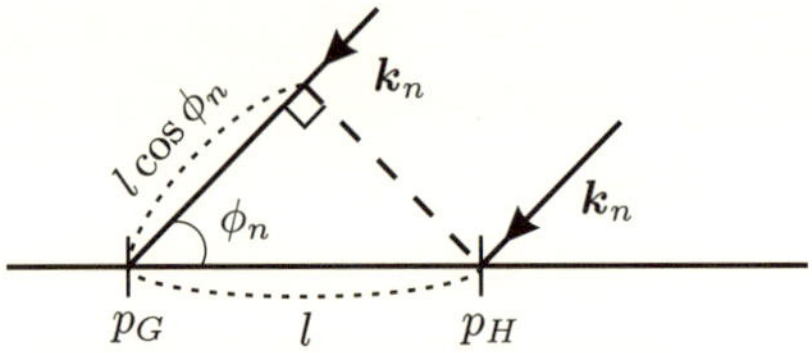

図 6.2 平面進行波と音圧 p_G, p_H

照すれば次式で与えられる.

$$p_G = A_1 e^{-j\Theta_1} + \cdots + A_N e^{-j\Theta_N}$$
$$p_H = A_1 e^{-j(\Theta_1 - kl\cos\Phi_1)} + \cdots + A_N e^{-j(\Theta_N - kl\cos\Phi_N)} \quad (6.9)$$

ここに $\{A_n\}$, $\{\Theta_n\}$, $\{\Phi_n\}$ は平面波エレメントの振幅,位相および入射角を表わす確率変数の組とする.また, k は波数を表わすものとする.各平面波エレメントが互いに独立で共通の分布に従うものとすれば,音圧 p_G, p_H の相関は次式で与えられる.

$$\begin{aligned}
\Gamma_p(kl) &\equiv \langle p_G p_H^* \rangle \\
&= \langle A^2 \rangle \langle \sum_{n=1}^{N} e^{-jkl\cos\Phi_n} \rangle \\
&\quad + \langle A^2 \rangle \sum_{n,m=1(n\neq m)}^{N} \langle e^{-j\Theta_n} \rangle \langle e^{j\Theta_m} \rangle \langle e^{-jkl\cos\Phi_m} \rangle \\
&= N\langle A^2 \rangle \langle e^{-jkl\cos\Phi} \rangle \\
&\quad + N(N-1)\langle A^2 \rangle \langle e^{j\Theta} \rangle \langle e^{-j\Theta} \rangle \langle e^{-jkl\cos\Phi} \rangle \quad (6.10)
\end{aligned}$$

ただし p_H^* は p_H の共役複素量とする.位相が全くランダムで区間 $[0, 2\pi]$ に一様に分布しているものとすれば

$$\langle e^{j\Theta} \rangle = \langle e^{-j\Theta} \rangle = 0$$

であり,上式は

$$\Gamma_p(kl) = N\langle A^2 \rangle \langle e^{-jkl\cos\Phi} \rangle = G_p \langle e^{-jkl\cos\Phi} \rangle \quad (6.11)$$

6.1. ランダムな平面波よりなる音場

となる。さらに $\Gamma_p(0)$ で規格化すれば

$$\gamma_p(kl) \equiv \frac{\Gamma_p(kl)}{\Gamma_p(0)} = \langle e^{-jkl\cos\Phi} \rangle \tag{6.12}$$

が得られる。特に入射角 Φ が 3 次元的に全くランダムで，いずれの方向から入射する確率も等しい場合には，上式は

$$_3\gamma_p(kl) = \frac{1}{4\pi} \int_0^{2\pi} d\varphi \int_0^{\pi} e^{-jkl\cos\phi} \sin\phi d\phi = \frac{\sin kl}{kl} \tag{6.13}$$

と表される。音圧の空間相関に関するこの式は室内音響において，残響場の拡散度を表す基準としてしばしば用いられている[9]。しかし，上式も拡散場に対する必要条件にすぎず，十分条件ではないことに注意すべきである。そのため実際には，単一方向のみならずいろいろな方向に沿っての空間相関を同時に検討することが推奨されている[10]。

また，入射角 Φ が 2 次元的に全くランダムな場合には式 (6.12) は

$$_2\gamma_p(kl) = \frac{1}{2\pi} \int_0^{2\pi} e^{-jkl\cos\phi} d\phi = J_0(kl) \tag{6.14}$$

となる[9]。ここに $J_0(kl)$ は零位の第 1 種ベッセル関数である。

同様に，入射角 Φ が 1 次元的に全くランダムで確率 1/2 で 0 と π をとる場合には音圧の相関は

$$_1\gamma_p(kl) = \frac{1}{2}e^{-jkl} + \frac{1}{2}e^{jkl} = \cos kl \tag{6.15}$$

となり余弦関数で与えられる。

比較のため，上述の 3 つの音場（3 次元, 2 次元及び 1 次元的にランダムな平面波音場）における音圧の空間相関の様子を図 6.3 に示した。音場の無秩序さの次

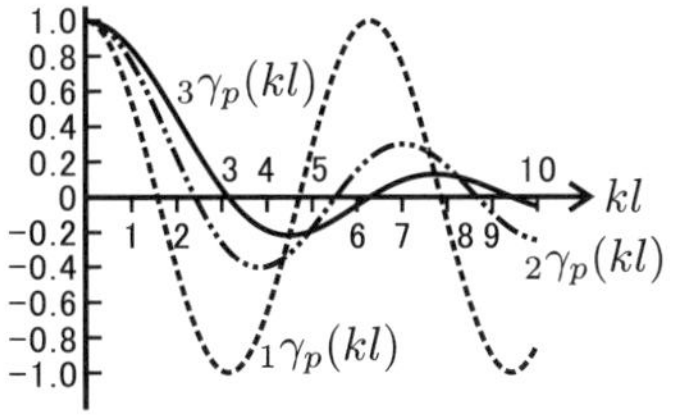

図 **6.3** ランダムな平面波音場（1〜3 次元）における音圧の空間位相

元が高くなるにつれ，相関の及ぶ範囲が狭くなることが知られる．なお音圧と同様，粒子速度についても分布や空間相関が求められている [4]．

6.1.3　音響エネルギー流の分布 [3,4]

多数のランダムな平面波エレメントよりなる音場内の音響エネルギー流について考える．平面波エレメントの音響エネルギーは，その進行方向（波数ベクトルの方向）に伝送されることから音場内のエネルギー流 $\boldsymbol{J}$ は次式

$$\boldsymbol{J} = \frac{1}{2\rho_0 c} \sum_{n=1}^{N} A_n^2 \boldsymbol{k}_n \qquad (N \gg 1) \tag{6.16}$$

で表され，3次元波数ベクトル空間内のランダムウォークと見なされる．ただし $A_n, \boldsymbol{k}_n$ はランダムな平面波エレメントの振幅および波数ベクトル，$\rho_0 c$ は媒質の特性インピーダンスである．

多数の平面波エレメントが互いに独立で共通の分布に従うものとすれば，エネルギー流 $\boldsymbol{J}$ の成分 $J_x(=J_1), J_y(=J_2), J_z(=J_3)$ は次の同時確率密度を持つことが導かれる．

$$f_4(J_1, J_2, J_3) = \frac{1}{(2\pi G_J)^{3/2}|K|^{1/2}} \exp\left(-\frac{1}{2G_J} \boldsymbol{J}' K^{-1} \boldsymbol{J}\right) \tag{6.17}$$

ここに G_J はエネルギーベクトル $\boldsymbol{J}$ の2乗平均値

$$G_J = \langle |\boldsymbol{J}|^2 \rangle = N\sigma_J^2$$
$$\sigma_J^2 = \frac{1}{(2\rho c)^2}\langle A^4 \rangle \qquad (\langle A^4 \rangle : A_n^4 \text{の期待値}) \tag{6.18}$$

である．また $\boldsymbol{J}'$ は行ベクトル (J_1, J_2, J_3) を，K は単位波数ベクトルの成分間の相関行列を，K^{-1} はその逆行列を表す．

特に各平面波エレメントの進行方向が完全にランダムで3次元空間内のいずれの方向へも等確率で伝搬し得る場合には，式 (6.17) は

$$f_4(J_1, J_2, J_3) = \left(\frac{3}{2\pi G_J}\right)^{3/2} \exp\left(-\frac{3|\boldsymbol{J}|^2}{2G_J}\right)$$
$$= \prod_{n=1}^{3} \left(\frac{3}{2\pi G_J}\right)^{1/2} \exp\left(-\frac{3J_n^2}{2G_J}\right) \tag{6.19}$$

となり，エネルギー流 $\boldsymbol{J}$ の各成分 J_1, J_2, J_3 は互いに独立となり共通のガウス分布（平均値 0, 分散 $G_J/3$）に従う．これよりエネルギー流の大きさ

$$J = \sqrt{J_1^2 + J_2^2 + J_3^2}$$

に対する確率密度はいわゆるマックスウェル分布

$$f_5(J) = 4\pi J^2 \left(\frac{3}{2\pi G_J}\right)^{3/2} \exp\left(-\frac{3J^2}{2G_J}\right) \tag{6.20}$$

で与えられる．

　上述の結果は熱統計力学における分子運動論との対応を考えることにより容易に理解されよう．即ち多数のランダムな平面波（音線粒子）は無秩序に動き回る無数の分子の集合と見なされる．熱平衡状態（定常状態）におけるランダムな分子の運動に関しては，その速度ベクトル $\boldsymbol{v}$ の成分 v_x, v_y, v_z は互に独立で共通のガウス分布に，またその大きさ $v = \sqrt{v_x^2 + v_y^2 + v_z^2}$ はマックスウェル分布に従うことが知られている．

　さて確率変数 J_n 及び J を標準偏差で規格化し，

$$\widehat{J}_n = \sqrt{3/G_J} J_n \qquad (n = 1, 2, 3)$$
$$\widehat{J} = \sqrt{\widehat{J}_1^2 + \widehat{J}_2^2 + \widehat{J}_3^2} (= \sqrt{3/G_J} J)$$

とおけば，式 (6.19) 及び式 (6.20) の分布はそれぞれ

$$f_6(\widehat{J}_1, \widehat{J}_2, \widehat{J}_3) = \prod_{n=1}^{3} \frac{1}{\sqrt{2\pi}} \exp\left(-\frac{\widehat{J}_n^2}{2}\right) \tag{6.21}$$

$$f_7(\widehat{J}) = \sqrt{\frac{2}{\pi}} \widehat{J}^2 \exp\left(-\frac{1}{2}\widehat{J}^2\right) \tag{6.22}$$

と表される．

　同様な議論を 2 次元的に一様かつ等方なエネルギー流に適用すれば，式 (6.19)

〜式 (6.22) に対応する確率密度関数として次式を得る。

$$g_4(J_1, J_2) = \frac{1}{\pi G_J} \exp\left(-\frac{J_1^2 + J_2^2}{G_J}\right) \tag{6.23}$$

$$g_5(J) = \frac{2J}{G_J} \exp\left(-\frac{J^2}{G_J}\right) \tag{6.24}$$

$$g_6(\widehat{J}_1, \widehat{J}_2) = \prod_{n=1}^{2} \frac{1}{\sqrt{2\pi}} \exp\left(-\frac{\widehat{J}_n^2}{2}\right) \tag{6.25}$$

$$g_7(\widehat{J}) = \widehat{J} \exp\left(-\frac{1}{2}\widehat{J}^2\right) \tag{6.26}$$

ただし

$$J = \sqrt{J_1^2 + J_2^2}$$
$$\widehat{J} = \sqrt{2/G_J} J$$

とする。同じく1次元的なエネルギー流に対しては

$$h_4(J_1) = \frac{1}{\sqrt{2\pi G_J}} \exp\left(-\frac{J_1^2}{2G_J}\right) \tag{6.27}$$

$$h_5(J) = \frac{2}{\sqrt{2\pi G_J}} \exp\left(-\frac{J^2}{2G_J}\right) \tag{6.28}$$

$$h_6(\widehat{J}_1) = \frac{1}{\sqrt{2\pi}} \exp\left(-\frac{\widehat{J}_1^2}{2}\right) \tag{6.29}$$

$$h_7(\widehat{J}) = \sqrt{\frac{2}{\pi}} \exp\left(-\frac{1}{2}\widehat{J}^2\right) \tag{6.30}$$

が得られる。ただし

$$J = |J_1|$$
$$\widehat{J} = J/\sqrt{G_J}$$

とする。図 6.4 には拡散場（3次元，2次元及び1次元）における一様かつ等方な音響エネルギー流の大きさ $\widehat{J}$ に対する確率密度関数 $f_7(\widehat{J})$, $g_7(\widehat{J})$, $h_7(\widehat{J})$ を示した。$\widehat{J}$ の分布は次元が上がるにつれ，滑らかさと対称性（自由度）を増すとともに期待値が大きくなることが分かる。

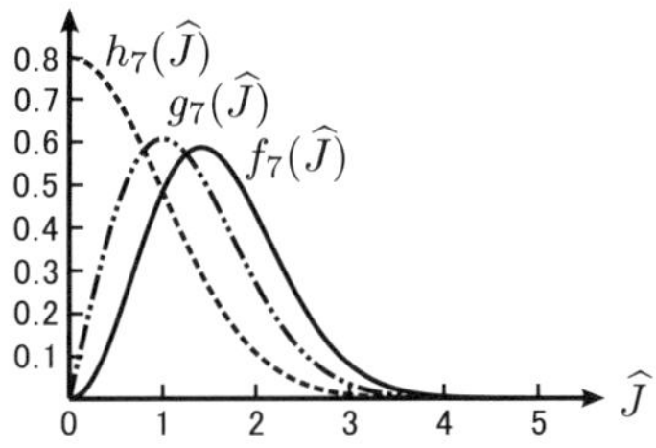

図 **6.4** 拡散場における音響エネルギー流の分布

6.2　ランダムな球面波からなる音場[3,4]

多数の点音源がランダムに散在している空間内の音響エネルギーの流れを考える。受音点（原点）0 を中心とする半径 R の空間内に N 個の点音源が存在するものとしよう。点音源からは球面状に音が放射され，距離の2乗に反比例して弱くなる。各点音源の位置ベクトルを $\bm{r}_1,\bm{r}_2,\cdots,\bm{r}_N$，音響パワーを $W_1,W_2,\cdots,W_N$ とすれば，受音点におけるエネルギー流 $\bm{J}$ は次式で表される。

$$\bm{J} = \sum_{n=1}^{N} \frac{W_n}{4\pi|\bm{r}_n|^3}\bm{r}_n \tag{6.31}$$

ただし，点音源は互いに独立で，$\{W_n\}$ と $\{\bm{r}_n\}$ はそれぞれ共通な分布を持つ確率変数およびランダムベクトルの組とする。なお，点音源を星，音響出力を星の質量と見なせば，上式は宇宙空間に散在する星の重力場と等価である。

次に単位体積あたりの平均の音源数 ν を一定に保ちつつ，空間の半径 R とそこに含まれる音源数 N を無限に大きくし

$$N\bigg/\left(\frac{4}{3}\pi R^3\right) \to \nu \quad (R\to\infty, N\to\infty, \nu:\text{一定}) \tag{6.32}$$

なる極限を考える。この場合点音源の配置が全くランダムであるとすれば，エネルギー流 $\bm{J}$ の成分 J_1, J_2, J_3 の同時確率密度関数は，重力場の分布として天体力学でよく知られたホルツマーク分布に従い次式で与えられる[1]。

$$f_8(J_1, J_2, J_3) = \frac{H(\widehat{J})}{4\pi a^2 \widehat{J}^2} \tag{6.33}$$

ただし J_1, J_2, J_3 はベクトル $\boldsymbol{J}$ の x, y, z 成分を表し

$$\widehat{J} = J/Q_H$$

$$J = |\boldsymbol{J}| = \sqrt{J_1^2 + J_2^2 + J_3^2}$$

$$Q_H = a^{2/3} = \frac{1}{2} \cdot \left(\frac{4}{15}\right)^{2/3} (\nu \langle W^{3/2} \rangle)^{2/3}$$

$$H(\widehat{J}) = \frac{2}{\pi \widehat{J}} \int_0^\infty \exp\{-(x/\widehat{J})^{3/2}\} x \sin x dx \tag{6.34}$$

とする。さらに式 (6.33) に確率の保測変換を施せば等方的なベクトル $\boldsymbol{J}$ の大きさ J の確率密度関数は

$$f_9(J) = 4\pi J^2 f_8(J_1, J_2, J_3) = H(\widehat{J})/Q_H \tag{6.35}$$

で与えられる。従って規格化変量 $\widehat{J}(= J/Q_H)$ の確率密度関数は

$$f_{10}(\widehat{J}) = H(\widehat{J}) \tag{6.36}$$

と表される。なお、$H(\widehat{J})$ は $\widehat{J}$ の小さい値および大きい値に対しおのおの

$$H(\widehat{J}) \simeq \frac{4}{3\pi} \widehat{J}^2 \qquad (\widehat{J} \to 0) \tag{6.37}$$

$$H(\widehat{J}) \simeq \frac{15}{4\sqrt{2\pi}} \widehat{J}^{-5/2} \qquad (\widehat{J} \to \infty) \tag{6.38}$$

なる漸近表示を有する [1]。図 6.5 にこのホルツマーク分布 $H(\widehat{J})$ を示す。 図 6.4 のマックスウェル分布 $f_7(\widehat{J})$ と比較するとつぎのことがわかる。$\widehat{J}$ が小さい値（$\widehat{J} \to 0$）をとる頻度は両者とも $\widehat{J}^2$ のオーダーである。一方、$\widehat{J}$ が大きい値（$\widehat{J} \to \infty$）をとる頻度はマックスウェル分布（平面波音場）では指数関数的に急

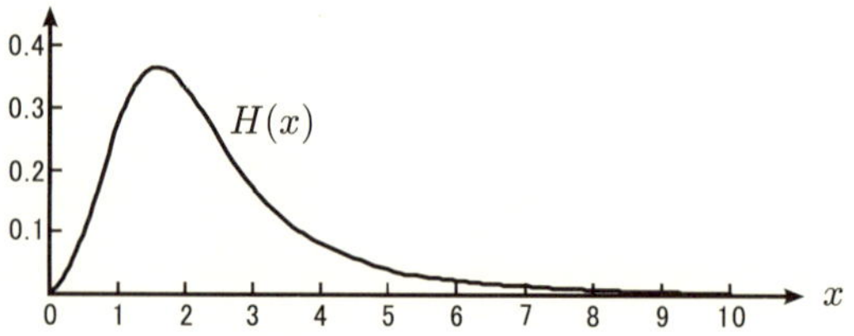

図 6.5 ホルツマーク分布

速に減少するのに対し，ホルツマーク分布（球面波音場）では $\hat{J}^{-5/2}$ のオーダーで比較的ゆるやかに減少する．このことは平面波音場が球面波音場の極限であることを考慮すれば，理解できよう．すなわち球面波音場において，小さい $\hat{J}$ は点音源群から受音点が遠い場合に相当し，受音点付近の音場は平面波音場的になり，$\hat{J}$ の確率密度も平面波音場のそれに近づく．一方，大きな $\hat{J}$ は受音点の近くに点音源が存在することを意味し，受音点付近の音場は平面波音場とは大いに異なる．本節のモデルでは，点音源を受音点にいくらでも近づけうることから，上述のように大きな $\hat{J}$ の出現する頻度が平面波音場の場合に比べかなり高くなっている．

なお，多数の点音源がランダムに散在する空間内の音響エネルギー流は，残響室内のそれを模擬していると考えられる．残響室内の音場は実音源および壁面等に対する多数のイメージ音源群により合成される．これらの音源群が空間的にほぼ一様に散在すると見なしうる場合には，音響エネルギー流に対する上述の議論が適用されよう．

6.3 残響場に対する確率・統計的視点

残響場は多数の成分音の集合体であり，それらに関する情報が不足していたり，音源や受音点配置等に関する様々なケースを考慮したい場合には，確率的な幅をモデルに付与し，音場の統計的（平均的，巨視的）性質を議論することが有用である．個々に微細な特性よりも音場の全体的な骨格をしることがまず求められる．

本章では拡散場を振幅，位相及び進行方向が無秩序で互いに独立な平面波の集合として，また音源及び受音点を室内に無秩序に設置した場合の受音強度の集合（ランダムな球面波音場）としてモデル化し，音場の統計的性質について考察した．部屋の音響特性を確率・統計的側面からながめることは極めて興味深いことであり，20 及び 21 章で再度この課題に触れることにする．

文献

1) S. Chandrasekhar, "Stochastic Problems in Physics and Astronomy", Rev. of Mod. Phys. **15** (1943) pp.1–89

2) 戸田盛和, 久保亮五編, 岩波講座現代物理学の基礎 6 統計物理学（岩波書店, 1972）p.11, p.12
3) 久野和宏, 池谷和夫, "不規則音場のモデルに関する一考察", 電子通信学会 電気音響研究会資料 **EA 71-27** (1972)
4) 久野和宏, 池谷和夫, "ランダムな平面波および球面波を用いた不規則音場モデルに関する統計的考察", 日本音響学会誌 **30**,2 (1974) pp.65–75
5) 服部昭三, 電気試験所研究報告 第 669 号 (1966,12)
6) 服部昭三, "確率論的に扱った拡散音場について", 日本音響学会誌 **27**,3 (1971) pp.182–187
7) W.Feller, *An Introduction to Probability Theory and Its Applications, vol.II* (John Wiley & Sons, 1966) chap. II
8) エリ・ランダウ, イェ・リフシッツ（竹内均訳）流体力学 1（東京図書, 1970）p.33
9) R.K.Cook, R.V.Waterhouse, R.D.Berendt, S.Edelmann and M.C.Thompson, "Mesurement of correlation coefficients in reverberant sound fields", J. Acoust. Soc. Am. **27** (1955) pp.1072–1077
10) 子安勝, 山下充康, "空間相関による残響室内音場の拡散度評価", 日本音響学会誌 **27**,3 (1971) pp.132–143

第7章 残響場の複雑さ

　室の音響特性を規定する重要な量に残響時間と音場の拡散度とがある。残響時間はその定義も明確で測定の手法についても各種のものが提案されており[1-5]，室の音響特性を表す量として広く用いられている。一方拡散度については音楽ホールや残響室において種々議論されているが，その定量的な表示はもとより技術的な計測も未だ困難な状況にある。すなわち，現在までに提案されている拡散度に関する各種の指標は[6-9]，そのほとんどが拡散音場に対する必要条件に基づくものであり，拡散度に関する評価尺度としては不十分である。

　このような室内音場に対する残響や拡散度[10,11]という概念を吟味していくと，その根底には，音場の複雑さや多様さという極めて基礎的な概念が横たわっていることが分かる。従って，これより基礎的な概念を定量化することは，残響や拡散度を新しい見地から捕らえ直す糸口を与えるものと期待される。

7.1　複雑さの尺度とエントロピー[12-14]

　一般に室内音場のみならず振動系の複雑さは，その系の自由度と駆動方法とに密接に関係している。一つ又はごく少数の成分のみが支配的である系は単純であり，複雑な系では多数の成分にエネルギーが分配され，そして各成分が同程度の寄与をしている。すなわち，振動の全エネルギーが各自由度（振動成分）に等分配され，しかも各振動成分の位相が互いに独立である場合に振動系は最も複雑な状態にあると考えられる。このことは，古典熱統計力学において，系の各自由度にエネルギーが等分配されるとき，系の平衡状態が実現されることに対応している（エネルギーの等分配則）。熱力学をはじめ，物理学においては系の複雑さ（状態の多様さ）を表す普遍的な概念としてエントロピーがある。この概念は系の自由度とその励起状態をもとに導入されている。

更に，通信工学の分野においても，情報源に存在する不確実性の尺度としてエントロピーがある。この概念はメッセージの集合に対し各メッセージが生起する頻度をもとに導入されており，情報の多様さを表している。本章では残響場に対し，その構成要素をもとにエントロピーを定義し，その諸特性について述べる。

7.2 残響場のエントロピー

音場は多種多様な方法で成分（要素）に分解できる。従って，音場の複雑さの尺度として，エントロピーを導入するごく自然な方法の一つは，音場を構成する各成分の寄与率をもとに考えることである。前述のように，各成分の寄与率としてはそれぞれが有するエネルギーの全体に占める割合（エネルギー分担率）を用いるのが妥当と思われる。そこで第 i 成分のエネルギー分担率を p_i とし，音場のエントロピーを次式で定義する[15]。

$$H = -\sum_i p_i \ln p_i \tag{7.1}$$

ただし

$$\sum_i p_i = 1 \qquad (0 \leq p_i \leq 1) \tag{7.2}$$

である。さて，室内等における残響場を表すには，よく知られているように[16]，

1. 音源からの直達波と壁面などからの各種反射波を合成する方法
2. 各種の反射波を夫々に対応するイメージ音源からの寄与として合成する方法
3. 波動論に基づく固有振動モードの重ね合わせによる方法

などがある。以下，これらの場合について，残響場のエントロピーを定義し，その諸性質を調べることにしよう。

7.3 多重反射音に基づくエントロピー[17]

残響場を直達音と各種反射音成分に分解した場合のエントロピーを考える。簡単のため直達音のエネルギーを 1，室内の壁面その他によるエネルギー反射係数

7.3. 多重反射音に基づくエントロピー [17]

を r（一定値）とする。まず定常な残響場においては，第 i 次反射音の有するエネルギーは r^i でありその分担率は

$$p_i = \frac{r^i}{1+r+r^2+\cdots} = (1-r)r^i \qquad (i=0,1,2,\cdots) \tag{7.3}$$

で与えられる。ただし上式で $i=0$ は直達音を表し，また r はその定義から $0 \leq r \leq 1$ なる条件を満たす。式 (7.3) を式 (7.1) に代入整理すれば，エントロピーは

$$\begin{aligned} H(r) &= -\sum_{i=0}^{\infty}(1-r)r^i \ln\{(1-r)r^i\} \\ &= -\left\{\frac{r}{1-r}\ln r + \ln(1-r)\right\} \end{aligned} \tag{7.4}$$

と表される。上式は反射係数 r の単調増加関数であり，$r=0$ で 0，$r=1$ で無限大となる。すなわち，直達音のみからなる音場（$r=0$ に対応）のエントロピーは 0 であり，反射音が優勢になる（r が大きくなる）に従い残響場のエントロピーは増大する。そして各反射音の残響場に対する分担率が，エネルギー的に見て同一であるとき（$r=1$ のとき），残響場のエントロピーは無限大となる。エントロピーのこれらの性質は，エネルギー反射係数と音場の複雑さの関係をよく反映している。

次に，過渡的な場合として，残響場の成長と消滅に伴うエントロピーの変化について検討する。そのため一定出力の音源を駆動し，音場が定常状態に達した後，音源の駆動を停止するものとしよう。成長過程では，室内の音場は時間の経過につれ直達音に第 1 次反射音，第 2 次反射音，$\cdots$ が順次追加されて定常状態に達する。便宜上室内における音波の平均衝突時間間隔ごとにエントロピーを算出することにすれば，音源を駆動し平均衝突時間間隔の n 倍が経過した後のエントロピー $H_n(r)$ は，式 (7.1) より

$$H_n(r) = -\sum_{i=0}^{n-1} p_{n,i} \ln p_{n,i} \tag{7.5}$$

と書かれる。ここに $p_{n,i}$ は第 i 次反射音のエネルギー分担率であり

$$\begin{aligned} p_{n,i} &= \frac{r^i}{1+r+r^2+\cdots+r^{n-1}} \\ &= \frac{r^i(1-r)}{1-r^n} \qquad (i=0,1,2,\cdots,n-1) \end{aligned} \tag{7.6}$$

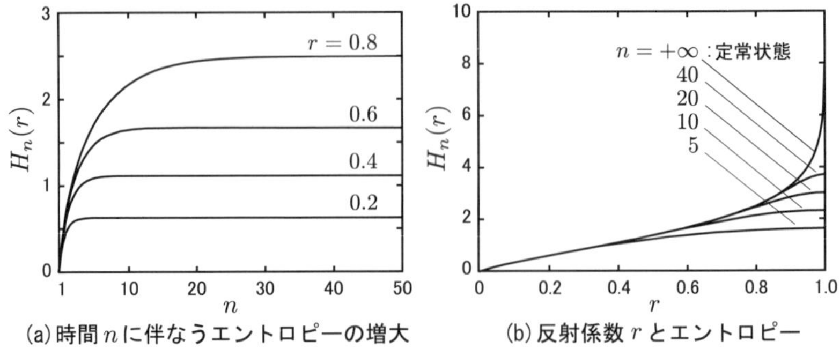

(a) 時間 n に伴なうエントロピーの増大

(b) 反射係数 r とエントロピー

図 7.1 離散的な反射過程に基づく残響場の生成とエントロピー

と表される．上式を式 (7.5) に代入することにより

$$H_n(r) = -\left(\frac{r}{1-r} - \frac{nr^n}{1-r^n}\right)\ln r + \ln\frac{1-r^n}{1-r} \tag{7.7}$$

が得られる．上式は図 7.1(a) に示すとおり，反射係数 r にかかわらず，時間 n と共に単調に増加し，定常状態 $(n \to +\infty)$ では

$$H_\infty(r) = -\frac{1}{1-r}\{r\ln r + (1-r)\ln(1-r)\} \tag{7.8}$$

となり，式 (7.4) の結果と一致する．このように成長過程では残響場のエントロピーは，常に増加しつづけ，定常状態で一定値に達する．また，式 (7.7) は時間 n を固定すれば，反射係数 r の単調増加関数になっていることも分かる（図 7.1(b) 参照）．一方，定常的な残響場において音源の駆動を停止した場合（消滅過程では），直達音，第 1 次反射音，第 2 次反射音，$\cdots$ の順に消えていくことから，消滅過程における第 i 次反射音のエネルギー分担率 $p_{n,i}$ は

$$p_{n,i} = \frac{r^i}{r^n + r^{n+1} + \cdots} = \frac{r^i(1-r)}{r^n} \quad (i = n, n+1, \cdots) \tag{7.9}$$

と表され，そのエントロピー $H_n(r)$ は

$$H_n(r) = -\sum_{i=n}^{\infty} p_{n,i}\ln p_{n,i} \tag{7.10}$$

で与えられる．上式に式 (7.9) を代入整理すれば式 (7.8) と一致する．すなわち消滅過程のエントロピーは，定常状態の値を保持することとなる．

従って，多重反射音のエネルギー分担率を基に式 (7.1) により導入したエントロピーは，残響場の成長・消滅過程を通じて，増大することはあっても減少することはなく，いわゆるエントロピー増大の法則を満たすことが知られる。

7.4 連続反射過程に基づくエントロピー [17]

前節では室内音場を離散的な反射音の重ね合わせと見なし，各反射音成分のエネルギー分担率をもとにエントロピーを定義した。ここでは，室表面で反射が連続的に生起していることに留意し，同様なエントロピーを導入することにしよう。

室の容積を V，表面積を S，その平均吸音率を a とする。この室内において音響出力 W_0（=一定）の音源を，時刻 $t=0$ で駆動開始する。簡単のため，音場が拡散状態にあるとすれば [18]，室内の全音響エネルギーは2章の式 (2.23) より

$$\mathcal{E}(t) = \frac{W_0}{a\nu}(1 - e^{-a\nu t}) \qquad (t \geq 0) \tag{7.11}$$

と表される。ただし，

$$\nu = \frac{cS}{4V} \tag{7.12}$$

は室表面と音線との衝突周波数である。

さて，式 (7.11) は時刻 0 から t までの室表面における連続的な反射音成分のエネルギー和と見なすことができ，時刻 $(\tau, \tau + d\tau)$ の間の反射音成分のエネルギー分担率は，

$$p(\tau)d\tau = \frac{\mathcal{E}'(\tau)}{\mathcal{E}(t)}d\tau = \frac{W_0 e^{-a\nu\tau}}{\mathcal{E}(t)}d\tau \qquad (0 \leq \tau \leq t) \tag{7.13}$$

と表される。このエネルギー分担率をもとに，式 (7.1) を拡張し，連続量に対するエントロピーを次式 [19] により定義する。

$$H(t) = -\int_0^t p(\tau)\{\ln p(\tau)\}d\tau \tag{7.14}$$

式 (7.13) を代入整理すれば，室内音場のエントロピーとして

$$H(t) = \ln\left\{\frac{1}{a\nu}(1 - e^{-a\nu t})\right\} + 1 - \frac{a\nu t e^{-a\nu t}}{1 - e^{-a\nu t}} \qquad (t \geq 0) \tag{7.15}$$

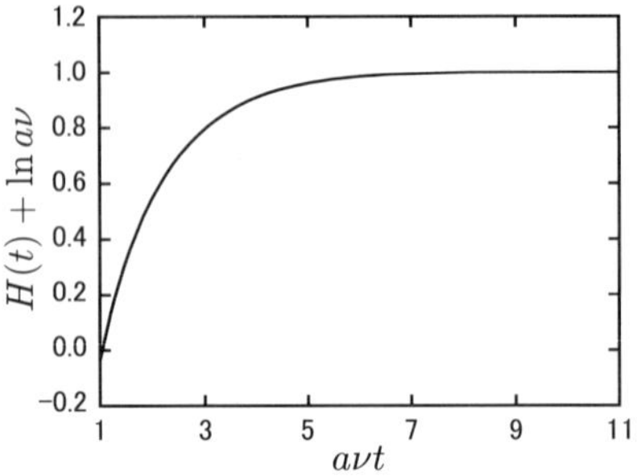

図 **7.2** 連続的な反射過程に基づく残響場の生成とエントロピー

が得られる．上式もまた時間 t の単調増加関数であり，定常状態 $(t \to +\infty)$ においては室形状により定まる値

$$H(+\infty) = 1 - \ln a\nu = 1 + \ln \frac{4V}{caS} \qquad (7.16)$$

をとる（図 7.2 参照）．従って音場のエントロピーを増すには，室容積 V を大きくし，吸音力 aS を小さくすればよいことが分かる．

次に，定常な残響場において，音源の駆動を $t = 0$ で停止した後の消滅過程について考えよう．時刻 $t(\geq 0)$ における総エネルギー $\mathcal{E}(t)$ および時刻 $(\tau, \tau + d\tau)$ の間に消失するエネルギー素分 $-d\mathcal{E}(\tau)$ は，それぞれ次式で与えられる．

$$\mathcal{E}(t) = \frac{W}{a\nu} e^{-a\nu t} \qquad (t \geq 0)$$
$$-d\mathcal{E}(\tau) = W e^{-a\nu t} d\tau \qquad (\tau \geq 0)$$

従って，$-d\mathcal{E}(\tau)$ の時刻 t におけるエネルギー分担率は，

$$\frac{-d\mathcal{E}(\tau)}{\mathcal{E}(t)} = \frac{-\mathcal{E}'(\tau)}{\mathcal{E}(t)} d\tau = a\nu e^{-a\nu(\tau - t)} d\tau \qquad (0 \leqslant t \leqslant \tau) \qquad (7.17)$$

となる．これよりエントロピーを

$$H(t) = -\int_t^{+\infty} \frac{-\mathcal{E}'(\tau)}{\mathcal{E}(t)} \ln \frac{-\mathcal{E}'(\tau)}{\mathcal{E}(t)} d\tau \qquad (7.18)$$

で定義すれば，時刻 t によらず式 (7.16) が得られ，前節同様定常状態のエントロピーが保持されることが知られる．

7.5　固有振動モードに基づくエントロピー [17]

　波動論によれば，室内音場は夫々独立な固有振動モードの重ね合わせとして表され，室内の音響エネルギーはこれらのモードに配分される。従って，各モードのエネルギー分担率をもとに式 (7.1) により残響場のエントロピーを導入することができる。

　モード理論によれば [20]，複雑な音場ほどそれに係わるモードの数は多く，しかも各モードの分担率は均一化の傾向にある。すなわち，達成できる音場の複雑さは，室のもつ固有の音響状態（固有振動モード）をいかに多く，しかも公平に励振できるかにかかっている。この点においては，前節までの議論は十分とは言えない。各モードは夫々対応する固有振動数をもち，音源の駆動周波数がそれに近いほど効果的に励振される。モードはまた波数ベクトル空間の格子点としても表示され，室内の全音響エネルギー $\mathcal{E}$ がこの波数ベクトル空間の原点を中心とする同心球殻へ分配される量と，更にそれが球殻内の格子点に細分される方法に興味が持たれる。そこで音源のパワースペクトルを $w(f)$ （周波数帯域：$f_1 \sim f_2$ Hz），室表面の平均吸音率を $a(f)$ とすれば，波数ベクトル空間の球殻 $(f, f+df)$ が占有する音響エネルギーは，定常状態では次式で表される [16]。

$$\varepsilon(f)df = \frac{w(f)}{\nu a(f)}df \tag{7.19}$$

この周波数帯域内に存在するモード数を $n(f)df$ とし，上式のエネルギーがそれらに等しく配分されるものと仮定すれば，各モードのエネルギー分担率は，

$$p(f) = \frac{\varepsilon(f)}{\mathcal{E}n(f)} = \frac{w(f)}{\mathcal{E}\nu a(f)n(f)} \tag{7.20}$$

で与えられる。ただし

$$\mathcal{E} = \int_{f_1}^{f_2} \varepsilon(f)df = \frac{1}{\nu}\int_{f_1}^{f_2}\frac{w(f)}{a(f)}df \tag{7.21}$$

である。このようにエネルギー分担率 $p(f)$ を有するモードが，単位周波数当たり $n(f)$ 個存在することを考慮すれば

$$H = -\int_{f_1}^{f_2} df\, n(f)p(f)\ln p(f) \tag{7.22}$$

により音場のエントロピーを導入することができよう。上式に式 (7.20) を代入すれば

$$H = -\int_{f_1}^{f_2} df \frac{w(f)}{\mathcal{E}\nu a(f)} \ln \frac{w(f)}{\mathcal{E}\nu a(f)n(f)} \tag{7.23}$$

と書かれる。すでに述べたことから各成分（モード）のエネルギーが均一化され，エネルギー等分配則が成り立つとき上式は最大となる。すなわち，周波数帯域 f_1 ～ f_2 内の各固有振動モードに，残響場のエネルギーが等しく分配されるとき式 (7.23) は最大となり，この場合のエネルギー分担率とエントロピーは，それぞれ次式で与えられる。

$$p(f) = \frac{1}{N(f_2) - N(f_1)} (= \mathrm{const.}) \tag{7.24}$$

$$H_{max} = \ln\{N(f_2) - N(f_1)\} \tag{7.25}$$

ここに $N(f)$ は 0～fHz に含まれるモードの総数

$$N(f) = \int_0^f n(f)df \tag{7.26}$$

である。式 (7.24) よりこのときの残響場のエネルギースペクトルは，

$$\varepsilon(f) = \frac{\mathcal{E}}{N(f_2) - N(f_1)} n(f) \tag{7.27}$$

となる。従って式 (7.19) を考慮すれば，音源のパワースペクトルは

$$w(f) = \frac{\mathcal{E}\nu a(f)n(f)}{N(f_2) - N(f_1)} \tag{7.28}$$

で与えられる。上式は音場のエントロピーを高めるためには，音源のパワースペクトルを室の固有振動数密度 $n(f)$ 及び平均吸音率 $a(f)$ に比例するように設定し，注目する周波数帯域に含まれる全てのモードを等しく励振すべきであることを示している。

なお，モード理論によれば[20]，室の固有振動数密度 $n(f)$ およびその累積度数 $N(f)$ は，室容積 V，音速 c を用いて，それぞれ

$$n(f) \simeq 4\pi V \frac{f^2}{c^3} \tag{7.29}$$

$$N(f) \simeq \frac{4}{3}\pi V \left(\frac{f}{c}\right)^3 \tag{7.30}$$

で与えられる。

7.6 音場の拡散度とエントロピー

　音場の複雑さ（状態の多様さ）を表す尺度としてエントロピーを導入しその諸特性を，残響場を例に示した。その結果，残響場の複雑さを増すためには，各成分をできるだけ公平（平等）に励振すべきであること（エネルギー等分配則），また残響場はその一生（成長・消滅過程）を通じて常に複雑化すること（エントロピー増大の法則）などが導かれた。

　なお，ここで導入されたエントロピーには，多くの任意性があることに留意すべきである。音場を成分に分解する方法は種々あり（一般には無数にあり），その数だけ異なったエントロピーを定義できる。すなわち，音場の複雑さのどのような側面に関心を持つかにより，様々なエントロピーが定義される。音場のエントロピーは，音場の成分（自由度）とその励振状況を直接的に反映しており，自由度へのエネルギー拡散の指標とも言うべきである。一方，音場の拡散度は，音響エネルギーの分布（一様性）と流れ（等方性）の尺度である。

文献

1) M.R.Schroeder, "New method of measuring reverberation time", J. Acoust. Soc. Am. **37** (1965) pp.409–412
2) 橘秀樹, 石井聖光, "M系列変調相関法による残響時間の測定（実験的検討）", 日本音響学会 研究発表会講演論文集 (1974.10) pp.85–86
3) 伊達玄, "残響時間の測定精度について", 日本音響学会誌 **15**,1 (1960) pp.6–20
4) 竹林洋一, 伊藤努, 城戸健一, "残響が長い系の伝達特性の測定", 日本音響学会誌 **34**,11 (1969) pp.595–601
5) 鈴木文吉, 山本照二, "簡易ディジタル残響時間測定器の開発", 日本音響学会誌 **35**,11 (1979) pp.602–608
6) R.K.Cook, R.V.Waterhouse, R.D.Berendt, S.Edelmann and M.C.Thompson, "Mesurement of correlation coefficients in reverberant sound fields", J. Acoust. Soc. Am. **27** (1955) pp.1072–1077
7) 子安勝, 山下充康, "空間相関による残響室内音場の拡散度評価", 日本音響学会誌 **27**,3 (1971) pp.132–143

8) D.Lubman, "Traversing microphone spectroscopy as a means for assessing diffusion", J. Acoust. Soc. Am. **56** (1974) pp.1302–1304

9) Von E.Meyer and W.Burgotrof, "Über die zeitabhängigkeit der schallrichtungsverteilung in räumen bei impulsartiger anregung", Acoustica **7** (1957) pp.313–324

10) 久野和宏, 池谷和夫, "ランダムな平面波および球面波を用いた不規則音場モデルに関する統計的考察", 日本音響学会誌 **30**,2 (1974) pp.65–75

11) 東山三樹夫, 伊藤毅, "エルゴード仮定に基づく Sabine 理論の解釈", 日本音響学会誌 **33**,7 (1977) pp.339–341

12) J.D.Fast（市村浩訳）, エントロピー（好学社, 1969）

13) Léon Brillouin（佐藤洋訳）, 科学と情報理論（みすず書房, 1969）

14) 瀧保夫, 情報理論 I（岩波書店, 1978）

15) L.D.Landau and E.M.Lifshitz（小林秋雄・小川岩雄・富永五郎・浜田達二・横田伊佐秋共訳）, 統計物理学（第 3 版上）（岩波書店, 1980）§7

16) H. Kuttruff, *Room Acoustics, Second Edition* (Applied Science Publishers, 1979) chaps. II–V

17) 今井兼範, 久野和宏, 池谷和夫, "残響音場の複雑さに対する一評定法", 日本音響学会誌 **38**,8 (1982) pp.461–467

18) 五十嵐寿一, 音響と振動（共立出版, 1968）pp.82–84

19) 文献 [14] pp.48–49

20) P.M.Morse and K.Uno Ingard, *Theoretical Acoustics* (McGraw-Hill, 1968) §9.5

第8章　残響場内の物体の周りの音場
— 物体によるランダム入射波の散乱 —

　拡散音場内に置かれた物体による音波の散乱特性は，基礎的な音場解析の見地からも関心が持たれるが，実際問題としては残響室内の音場を調べる上でも重要である。残響室はランダム入射波に対する音響材料の吸音特性，遮音特性，さらには音源の放射パワーの基礎計測等にしばしば使用されるが，その際，内部音場には高度の拡散性が要求されるため，拡散性向上を目的として数多くの拡散体（散乱体）が吊されることがある。この方法は実際効果的であることが認められているが[1]，反面散乱体の近傍ではその境界条件から受ける束縛により，非拡散的になっていると考えられる。また測定に際して，室内に持ち込まれる機器類も同様に周囲の拡散音場に影響を及ぼすであろう。従って，十分な拡散性が要求される測定を行う際には，これらの影響を避けるために散乱体からある程度離れる必要があり，その距離（範囲）を知ることが重要となる。

　また，拡散音場内の物体表面における音圧の周波数特性を知ることは，ランダム入射波に対するマイクロホンの周波数特性の校正を考える場合にも必要である。一般にマイクロホンの受音面に誘起される音圧は，入射波の周波数が高くなるとマイクロホン自体の回折効果により入射波音圧より上昇するため，計測値を補正する必要が生じる。

　本章では，こうした問題を踏まえ，拡散音場内に置かれた物体，主として剛平板による散乱効果について概説する。

　以下では，ランダムな平面波の重ね合わせよりなる拡散音場内に扁平回転楕円体を設置した場合の周囲音場を純波動論的に解析し，自乗音圧期待値の分布を導出する。扁平回転楕円体の特別な場合である円板については，理論式を基に周囲

の音圧分布を計算し，円板が拡散音場に与える影響について検討する．また，実際に残響室内で円板の周りの音圧分布を測定し計算結果と照合することにより理論の有用性を示す．

次に波動論による計算の煩雑さや高周波域における計算の困難さを軽減するための近似法について述べる．そのため平板による散乱波を幾何音響的に求め，周囲の二乗音圧期待値を算出する．また，計算結果を残響室内での実験値と比較し近似の精度を調べる．

8.1 拡散音場内に置かれた円板の周りの音場[2]

本節では拡散音場内に置かれた物体が周囲音場に与える影響を把握するため，散乱体の一例として扁平回転楕円体を取り上げる．始めに単一方向から入射した平面波と散乱波との干渉について，次にあらゆる方向から平面波が入射した場合の散乱波との干渉について定式化を行い，扁平回転楕円体の周りの二乗音圧の分布を求める．特別な場合として剛円板については具体的にその表面上および周囲の二乗音圧分布を算出し，残響室内に置かれた円板の周りの音圧分布の測定値と照合することにより理論の有用性を示す．

8.1.1 扁平回転楕円体による単一平面波の散乱

まず始めに単一平面波が扁平回転楕円体に入射したときの音波の散乱について考える．図 8.1 のように原点を中心，z 軸を回転軸とし，焦点間距離 $2a$ の扁平回転楕円体に，角周波数 ω の単一平面波が入射しているとしよう．

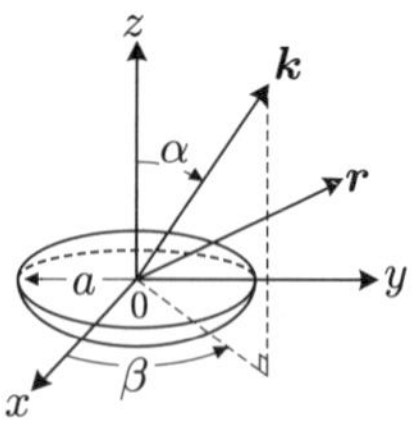

図 8.1 扁平回転楕円体への入射平面波

8.1. 拡散音場内に置かれた円板の周りの音場

ここで直角座標 (x, y, z) に対して

$$x = a\sqrt{(\xi^2 + 1)(1 - \eta^2)} \cos \varphi$$
$$y = a\sqrt{(\xi^2 + 1)(1 - \eta^2)} \sin \varphi$$
$$z = a\xi\eta \tag{8.1}$$

で変換される扁平回転楕円体座標 (ξ, η, φ) を導入する。このとき $\xi = \xi_1$ (ξ_1：定数) は一つの扁平回転楕円体を表すことになる。

観測点 $\boldsymbol{r}(\xi, \eta, \varphi)$ における入射平面波の速度ポテンシャル $\phi_i(\boldsymbol{r})$ は A を複素振幅とし，時間項 $\exp(j\omega t)$ を省略して

$$\phi_i(\boldsymbol{r}) = A e^{j\boldsymbol{k}\cdot\boldsymbol{r}} \tag{8.2}$$

ここで入射波の波数ベクトル $\boldsymbol{k}$ の座標成分を

$$\boldsymbol{k} = (k, \alpha, \beta) \tag{8.3}$$

とし，上式を扁平回転楕円体波動関数を用いて展開表示すれば

$$\phi_i(\boldsymbol{r}) = 2A \sum_{m=0}^{\infty} \sum_{n=m}^{\infty} j^n \frac{\varepsilon_m}{\widetilde{N}_{mn}} S_{mn}(-jc, \eta) S_{mn}(-jc, \cos\alpha)$$
$$\times R_{mn}^{(1)}(-jc, j\xi) \cos m(\varphi - \beta) \tag{8.4}$$

となる [3]。ただし $S_{mn}, R_{mn}, \widetilde{N}_{mn}$ はそれぞれ扁平回転楕円体波動関数の angle 関数，radial 関数および正規化因子である。なお，R_{mn} の肩の ( ) 内の数字は radial 関数の種（第 1 種～第 4 種）を表している [4,5]。また，ε_m はノイマン因子 ($\varepsilon_0 = 1, \varepsilon_m = 2; m \geqq 1$) である。関数中の c は周波数パラメータ

$$c = ka \tag{8.5}$$

である。

つぎに楕円体からの反射波の速度ポテンシャルは楕円体が剛体よりなる（音響インピーダンスが無限大）場合には次式のように表される [3]。

$$\phi_s(\boldsymbol{r}) = -2A \sum_{m=0}^{\infty} \sum_{n=m}^{\infty} j^n \frac{\varepsilon_m}{\widetilde{N}_{mn}} \frac{R_{mn}^{(1)'}(-jc, j\xi_1)}{R_{mn}^{(3)'}(-jc, j\xi_1)} S_{mn}(-jc, \eta)$$
$$\times S_{mn}(-jc, \cos\alpha) R_{mn}^{(3)}(-jc, j\xi) \cos m(\varphi - \beta) \tag{8.6}$$

ただし，上式中の radial 関数に付した $'$ は変数 ξ による微分を表す．従って，観測点での全体の速度ポテンシャル $\phi(\boldsymbol{r})$ は $\phi_i(\boldsymbol{r})$ と $\phi_s(\boldsymbol{r})$ の和として式 (8.4)，式 (8.6) により

$$\phi(\boldsymbol{r}) = 2A \sum_{m=0}^{\infty} \sum_{n=m}^{\infty} j^n \frac{\varepsilon_m}{\widetilde{N}_{mn}} S_{mn}(-jc, \eta) S_{mn}(-jc, \cos\alpha)$$
$$\times \left\{ R_{mn}^{(1)}(-jc, j\xi) - \frac{R_{mn}^{(1)'}(-jc, j\xi_1)}{R_{mn}^{(3)'}(-jc, j\xi_1)} R_{mn}^{(3)}(-jc, j\xi) \right\} \cos m(\varphi - \beta) \tag{8.7}$$

また観測点での音圧 $p(\boldsymbol{r})$ は上式の速度ポテンシャルを用いて

$$p(\boldsymbol{r}) = j\omega\rho_0 \phi(\boldsymbol{r}) \tag{8.8}$$

と表される．ここで ρ_0 は空気の密度とする．

8.1.2 扁平回転楕円体によるランダム入射波の散乱

ここでは拡散音場を振幅，位相，および進行方向が全くランダムな多数の平面波の重ね合わせより成ると考える．

まず，入射平面波の複素振幅の位相角が全くランダムであり，区間 $[0, 2\pi]$ において一様分布しているとすれば入射波の実効音圧の二乗期待値 $\langle |p_i(\boldsymbol{r})|^2 \rangle$ は

$$\langle |p_i(\boldsymbol{r})|^2 \rangle = \omega^2 \rho_0^2 \langle |A|^2 \rangle \tag{8.9}$$

と表され[6]，場所によらない一定値である．

次にこの一定値を基準として $\boldsymbol{r}$ での入射波および散乱波による全実効音圧の二乗期待値の無次元化表示

$$E(\boldsymbol{r}) = \frac{\langle |p(\boldsymbol{r})|^2 \rangle}{\langle |p_i(\boldsymbol{r})|^2 \rangle} \tag{8.10}$$

を考える．ここで入射波の進行方向が全くランダムで単位球面上の一様分布に従うものとすれば $\langle |p(\boldsymbol{r})|^2 \rangle$ は前項において導いた単一平面波入射の場合の $|p(\boldsymbol{r})|^2 = (\omega^2 \rho_0^2 |\phi(\boldsymbol{r})|^2)$ を入射方向 α, β に関して平均化することにより求められ

$$E(\boldsymbol{r}) = \frac{1}{4\pi \langle |A|^2 \rangle} \int_0^{2\pi} \int_0^{\pi} |\phi(\boldsymbol{r})|^2 \sin\alpha \, d\alpha \, d\beta \tag{8.11}$$

8.1. 拡散音場内に置かれた円板の周りの音場

となる。さらに式 (8.7) を代入して積分を行えば次式が得られる。

$$E(\boldsymbol{r}) = 1 + 2 \sum_{m=0}^{\infty} \sum_{n=m}^{\infty} \frac{\varepsilon_m}{\widetilde{N}_{mn}} \left| \frac{R_{mn}^{(1)'}(-jc, j\xi_1)}{R_{mn}^{(3)'}(-jc, j\xi_1)} \right|^2 \{S_{mn}(-jc, \eta)\}^2$$
$$\times \left[\left| R_{mn}^{(3)}(-jc, j\xi) \right|^2 - 2 R_{mn}^{(1)}(-jc, j\xi) \left\{ R_{mn}^{(1)}(-jc, j\xi) \right. \right.$$
$$\left. \left. + \frac{R_{mn}^{(2)'}(-jc, j\xi_1) R_{mn}^{(2)}(-jc, j\xi)}{R_{mn}^{(1)'}(-jc, j\xi_1)} \right\} \right] \tag{8.12}$$

8.1.3 円板のまわりの音場

式 (8.1) で $\xi_1 = 0$ とおけば扁平回転楕円体は図 8.2 のような半径 a の円板になる。従って 8.1.1 及び 8.1.2 の結果は $\xi_1 = 0$ と置けば円板に対し適用できることになる。これより円板の周りの速度ポテンシャルは単一平面波入射の場合については式 (8.7) から

$$\phi(\boldsymbol{r}) = 2A \sum_{m=0}^{\infty} \sum_{n=m}^{\infty} j^n \frac{\varepsilon_m}{\widetilde{N}_{mn}} S_{mn}(-jc, \eta) S_{mn}(-jc, \cos\alpha)$$
$$\times \left\{ R_{mn}^{(1)}(-jc, j\xi) - \frac{R_{mn}^{(1)'}(-jc, j0)}{R_{mn}^{(3)'}(-jc, j0)} R_{mn}^{(3)}(-jc, j\xi) \right\} \cos m(\varphi - \beta)$$
$$\tag{8.13}$$

が得られる。

また剛円板にあらゆる方向から平面波がランダムに入射する場合の二乗音圧期

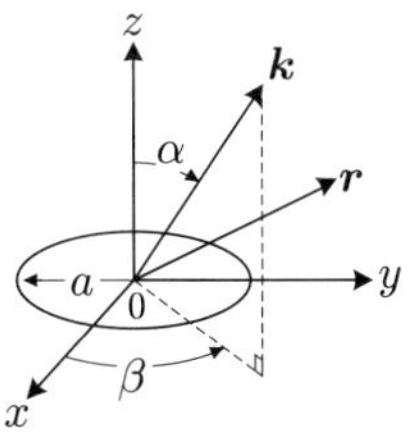

図 **8.2** 円板への平面波の入射

96　第 8 章　残響場内の物体の周りの音場　　− 物体によるランダム入射波の散乱 −

待値は，入射場で規格化して表せば式 (8.12) より

$$E(\boldsymbol{r}) = 1 + 2\sum_{m=0}^{\infty}\sum_{n=m+1}^{\infty}{}' \frac{\varepsilon_m}{\widetilde{N}_{mn}} \left|\frac{R_{mn}^{(1)'}(-jc, j0)}{R_{mn}^{(3)'}(-jc, j0)}\right|^2 \{S_{mn}(-jc, \eta)\}^2$$
$$\times \left[\left|R_{mn}^{(3)}(-jc, j\xi)\right|^2 - 2R_{mn}^{(1)}(-jc, j\xi)\left\{R_{mn}^{(1)}(-jc, j\xi)\right.\right.$$
$$\left.\left.+ \frac{R_{mn}^{(2)'}(jc, j0)R_{mn}^{(2)}(-jc, j\xi)}{R_{mn}^{(1)'}(-jc, j0)}\right\}\right] \quad (8.14)$$

となる．なお，上式における記号 $\sum'$ はひとつおきの和を意味する．これは

$$R_{mn}^{(1)'}(-jc, j0) = 0 \quad ; \quad n - m = \text{偶数} \quad (8.15)$$

が恒等的に成り立つためである．

特に観測点が円板の中心軸上 ($\eta = 1$) にあるときは

$$S_{mn}(-jc, 1) = 0 \quad ; \quad m \geqq 1 \quad (8.16)$$

であるから式 (8.14) の $E(\boldsymbol{r})$ は

$$E(\boldsymbol{r})\Big|_{\eta=1} = 1 + 2\sum_{n=1}^{\infty}{}' \frac{1}{\widetilde{N}_{on}} \left|\frac{R_{on}^{(1)'}(-jc, j0)}{R_{on}^{(3)'}(-jc, j0)}\right|^2 \{S_{on}(-jc, 1)\}^2$$
$$\times \left[\left|R_{on}^{(3)}(-jc, j\xi)\right|^2 - 2R_{on}^{(1)}(-jc, j\xi)\left\{R_{on}^{(1)}(-jc, j\xi)\right.\right.$$
$$\left.\left.+ \frac{R_{on}^{(2)'}(-jc, j0)R_{on}^{(2)}(-jc, j\xi)}{R_{on}^{(1)'}(-jc, j0)}\right\}\right] \quad (8.17)$$

となる．

また，円板の表面上 ($\xi = 0$) においては

$$E(\boldsymbol{r})\Big|_{\xi=0} = 1 + \frac{2}{c^2}\sum_{m=0}^{\infty}\sum_{n=m+1}^{\infty}{}' \frac{\varepsilon_m}{\widetilde{N}_{mn}} \frac{\{S_{mn}(-jc, \eta)\}^2}{|R_{mn}^{(3)'}(-jc, j0)|^2} \quad (8.18)$$

と表される．

さらに円板表面の中心に対しては，次の結果が得られる。

$$E(\bm{r})\Big|_{\xi=0,\eta=1} = 1 + \frac{2}{c^2}\sum_{n=1}^{\infty}{}' \frac{1}{\widetilde{N}_{on}} \frac{\{S_{on}(-jc,1)\}^2}{|R_{on}^{(3)'}(-jc,j0)|^2} \tag{8.19}$$

なお，円板と同一平面内にある円板の外側の領域（$\eta = 0$）では常に

$$E(\bm{r})\Big|_{\eta=0} = 1 \tag{8.20}$$

となる。

8.1.4 計算結果

剛円板の周りの音場に対し，前項で導かれた理論式を基に以下に計算結果を示す。まず，単一平面波がいろいろな角度で入射したときの円板軸上（z 軸上）での速度ポテンシャルの値を式 (8.13) を用いて計算した結果を図 8.3 に示す。縦軸は，入射振幅の 2 乗 $|A|^2$ を基準とした $|\phi(\bm{r})|^2$ の dB 値（入射音圧に対する相対音圧レベル）を，横軸は円板の半径で規格化した観測点までの距離 l/a を表している。また，入射角 α が $0°$，$45°$，$135°$，$180°$ の場合の結果が示されており，$\alpha = 180°$ は正面（z 軸方向）からの入射である。これらの特性は，周波数パラメータ $ka(=c)$ によっても異なるが，一般に正面からの入射に対しては，音圧レベルの変動は大きく，またかなり遠方まで散乱波の影響が及んでいる。

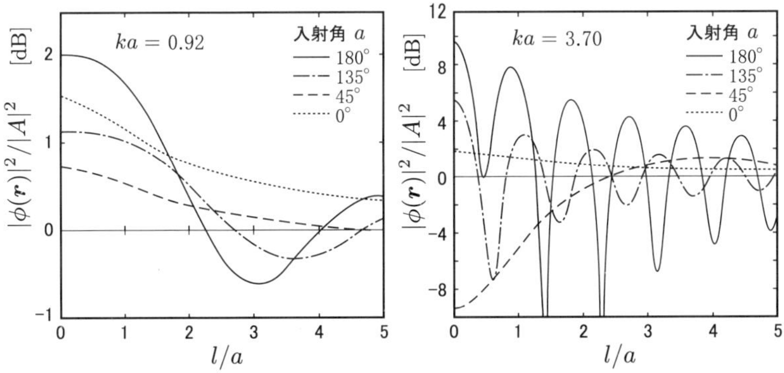

図 8.3 剛円板の中心軸（z 軸）に沿っての相対音圧レベル（単一平面波入射に対する理論値）

つぎに拡散音場内に置かれた円板の軸上における二乗音圧期待値を式 (8.17) により，計算し 0.92 から 5.91 までの 4 種の ka の値に対して図 8.4 に示した．周波数の低い $ka = 0.92$ のケースを除けば表面近くでは，もとの音場の音圧に対して約 3dB の上昇を示している．そして，いずれの音圧分布も距離の増加に対して振動しながら 0dB（元音場）に近づいているが，その振動周期は ka が大きい（周波数が高い）ほど小さくなっている．またどの場合も l/a が 2 以上になれば $E(r)$ の値は ±0.5dB 以内におさまり実用的に散乱効果はほとんど無視できる．単一平面波入射の場合に比し，かなり短い距離でもとの音圧に収束していると言えよう．

図 8.5 は，円板と同一の平面内（xy 平面）における $E(r)$ の値を式 (8.18) およ

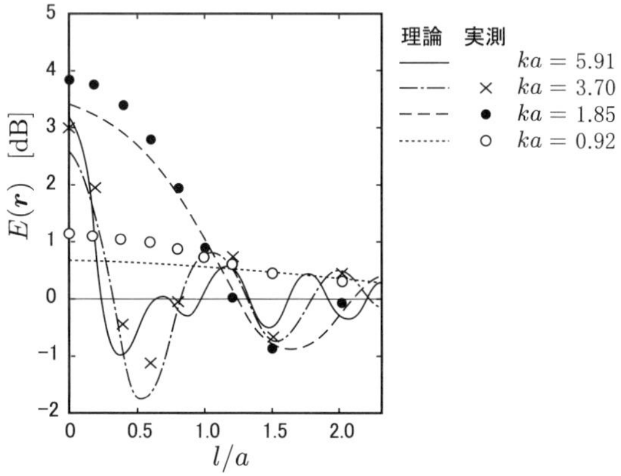

図 **8.4** 剛円板の中心軸（z 軸）に沿っての相対音圧レベル（ランダム入射に対する理論値と実測値）

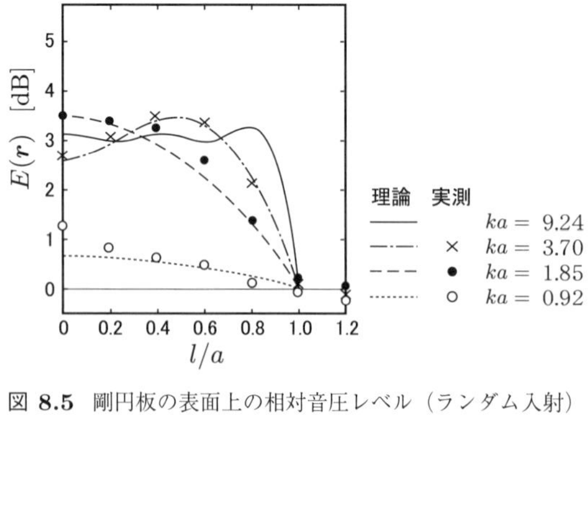

図 **8.5** 剛円板の表面上の相対音圧レベル（ランダム入射）

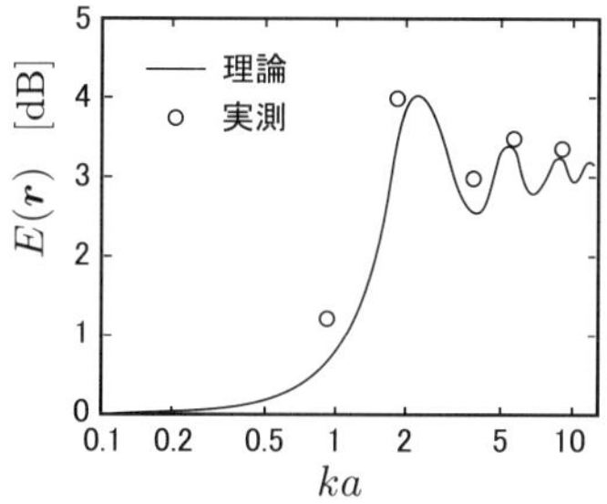

図 **8.6** 剛円板中心における音圧レベルの上昇（ランダム入射）

び式 (8.20) により計算した結果である．図 8.4 と同様に縦軸は，$E(r)$ の dB 値を円板中心からの距離 l/a の関数として示している．ここでも周波数パラメータ ka が小さいと音圧上昇が小さい．そして，円板の端に近づくにつれてなだらかに 0dB へ下降している．一方，ka が大きいときは円板上では約 3dB の値をとり端近くで急激に 0dB に落ちている．また l/a が 1 以上（円板の外側）では ka の値によらずすべて 0dB となり，円板は同一平面方向へは全く散乱効果を及ぼさないことが分かる．

最後に円板中心における音圧の二乗期待値を式 (8.19) により計算し，その周波数特性を図 8.6 に示した．ka が 1 以下の低周波域では，ほとんど音圧の上昇は見られない．これは円板の寸法が波長に比べて短いため散乱効果があまり現れないことによると考えられる．周波数が高くなり，ka が大きくなると音圧は急激に上昇するが $ka = 2.2$ あたりで最大値（4dB）をとった後は振動しながら 3dB に収束している．円板の周長が波長に比べて十分大きくなれば剛円板は事実上無限剛壁と等価になり，上記のごとくその面上の音圧は 3dB 増加することが理解できよう．

8.1.5　実測との比較

ここでは拡散音場内の円板の周りの音圧分布に対する前項の計算結果を実測により検証する．残響室内の音場を拡散音場と見なし，その中央付近に吊された円板の周りの音圧分布を測定した．使用した残響室は愛知県公害調査センターの不整形残響室（表面積 200.86m^2，容量 194.62m^3 である．また円板は半径 10cm，厚さ 3mm の黄銅板で表面は固くそのインピーダンスは無限大と考えてさしつか

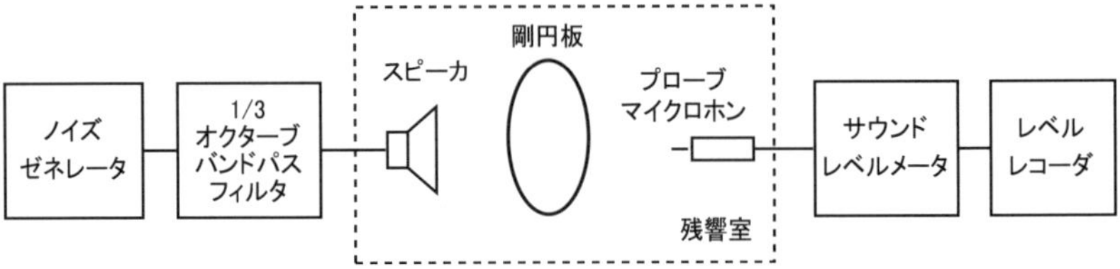

図 **8.7** 残響室内における剛円板の周りの音圧レベルの計測

えないものである．実験のブロック図を図 8.7 に示した．音源にはスピーカを用い 1/3 オクターブバンドノイズで駆動し，プローブ付きマイクロホンで円板の軸上および表面上の音圧を測定した．また円板による散乱波の影響が無視できる遠方での音圧を同時に測定しこれを元の音場の音圧とした．円板の周りの音圧測定値はこの基準となる遠距離音圧とのレベル差をとり理論式における $E(r)$ に対応させている．なお実験誤差を考慮して，円板の位置を変えて同様の測定を数回繰り返してその平均値をとった．

　1/3 オクターブバンドノイズの中心周波数が，0.5kHz，1kHz，2kHz の場合の円板軸上での音圧の実測値を図 8.4 にプロットし理論曲線と比較した．それぞれのバンドノイズの中心周波数に対する ka の値は 0.92，1.85，3.70 である．$ka = 0.92$ の場合には若干の差が見られるが，その他では実測値と理論値はよく一致している．

　次に円板と同一平面上における音圧分布の実測値を図 8.5 の理論曲線に対応させてプロットした．ここでも実測値と理論値はよく一致している．また円板と同一平面の方向へは散乱効果が及ばないことが実験的にも確かめられた．

　円板の中心における音圧の周波数特性の実測結果を図 8.6 に重ねてプロットした．ka が小さいときの音圧上昇は非常に小さく，ka が大きくなれば 3dB に近づくことが実測値にもよく現れている．

　なおこれらの実測結果において ka の小さい場合（$ka = 0.92$）に理論値との差が大きく出ている．これは理論上では完全な拡散音場を仮定しているが，実際の残響室内では低い周波数において十分な拡散性が得られていないことが原因のひとつであると考えられる．しかしもとの音場の音圧分布に 1dB 程度のばらつきがあることや読み取り誤差を考慮すれば，これらの実測結果は理論の妥当性を十分に裏付けているものと言えよう．

8.2 高周波領域における近似法[7]

前節では拡散音場内に置かれた円板の周りの音場について波動論に基づき厳密な解析を行ったが，ここでは幾何音響的な考えを併用した近似法を示すとともにその精度等について検討する。

円板の周りの二乗音圧期待値を与える前節の式 (8.14) は楕円体波動関数や Mathieu 関数を用いた級数により展開表示されている。そのため計算が非常に複雑になるばかりでなく高い周波数に対しては級数の収束がきわめて悪い。以下では，周波数パラメータ ka が大きいとき幾何音響的近似が利用できることを考慮し，計算の簡略化を試みる。さらに帯状板についても同様な取り扱いが可能なことを示す。

またこれらの近似計算の結果を残響室での実測値と照合し，その精度を調べる。

8.2.1 円板の周りの音場

円板が設置される前の拡散場は前節と同様に角周波数 ω の振幅，位相及び進行方向のランダムな平面波からなると考える。円板が設置された場合の二乗音圧期待値を入射場の二乗音圧期待値で規格化した相対音圧 $E(\boldsymbol{r})$ は式 (8.10)，式 (8.11) と同じく

$$E(\boldsymbol{r}) = \frac{\langle |P(\boldsymbol{r})|^2 \rangle}{\langle |P_i(\boldsymbol{r})|^2 \rangle} = \frac{1}{4\pi \langle |A|^2 \rangle} \int_0^{2\pi} \int_0^{\pi} |\phi(\boldsymbol{r})|^2 \sin\alpha \, d\alpha \, d\beta \qquad (8.21)$$

と表され，波数ベクトル $\boldsymbol{k}(k,\alpha,\beta)$ の単一平面波が入射したときの速度ポテンシャル $\phi(\boldsymbol{r})$ を積分することにより求められる。ここでは以下のように $\phi(\boldsymbol{r})$ の近似解を利用する。

図 8.8 は図 8.2 と同じく半径 a の円板が原点を中心として xy 平面内に置かれたところを示している。観測点 $\boldsymbol{r}$ は一般性を失うことなく xy 平面内に限定し，球座標で

$$\boldsymbol{r} = (l, \theta, \pi/2)$$

と表す。

次に図 8.9 のように入射波の進行方向（波数ベクトル $\boldsymbol{k}$）により空間を 3 つの領域に分けて考える。図の領域 I（下方の斜円柱内）は入射波及び剛円板からの反

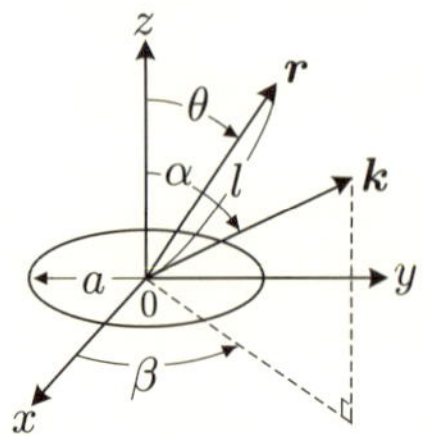

図 8.8　円板と入射平面波の配置

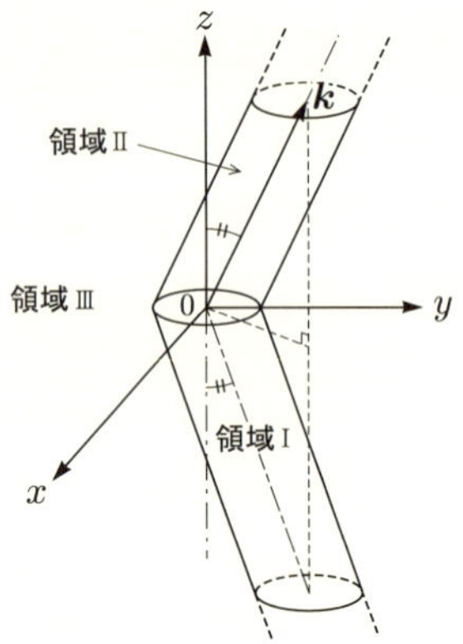

図 8.9　剛円板による音線の反射及び影の領域

射波が到達するのに対し，影の部分にあたる領域 II（上方の斜円柱内）には入射波も反射波も到達しないとする．そして，その他の領域 III では入射波のみが存在すると考える．

一方，観測点 r での入射波の速度ポテンシャル $\phi_i(r)$ は

$$\phi_i(r) = Ae^{jk \cdot r} = Ae^{jkl(\sin\alpha\sin\beta\sin\theta + \cos\alpha\cos\theta)} \tag{8.22}$$

と書かれる．また円板により反射し領域 I に到達する反射波は xy 平面に広がる無限剛壁による反射波で近似すれば

$$\phi_s(r) = Ae^{jkl(\sin\alpha\sin\beta\sin\theta - \cos\alpha\cos\theta)} \tag{8.23}$$

で与えられる．これらを用いることにより観測点 r が領域 I～III のいずれに位置するかにより速度ポテンシャル $\phi(r)$ は

$$\phi(r) = \begin{cases} \phi_i(r) + \phi_s(r) & (r \in 領域\ \text{I}) \\ 0 & (r \in 領域\ \text{II}) \\ \phi_i(r) & (r \in 領域\ \text{III}) \end{cases} \tag{8.24}$$

と表される．なお，このような近似が成り立つためには $ka \gg 1$ なる条件を必要とする．従って以下の議論では ka が十分に大きいものと仮定する．

次にランダム入射に対する二乗音圧期待値を求めるため，上式の $\phi(r)$ を式 (8.21) に代入する．このとき領域 I～III の境界が入射方向 (α, β) によって変化すること，

および $\phi(\boldsymbol{r})$ が不連続であることを考慮して積分を行わなければならない。その結果，$l\sin\theta \leq a$ では

$$E(\boldsymbol{r}) = 1 + \frac{\sin(2kaq\cos\theta)}{2kaq\cos\theta} - \frac{1}{2\pi kaq\cos\theta}\int_0^\pi \sin(2kaq\cos\gamma_-\cos\theta)d\beta \quad (8.25)$$

$l\sin\theta > a$ では

$$E(\boldsymbol{r}) = 1 - \frac{1}{2kaq\cos\theta}\int_{\beta_1}^\pi \{\sin(2kaq\cos\gamma_-\cos\theta) - \sin(2kaq\cos\gamma_+\cos\theta)\}d\beta \quad (8.26)$$

と表される。ここに q, $\cos\gamma_+$, $\cos\gamma_-$ および β_1 は

$$q = \frac{l}{a} \quad (8.27)$$

$$\cos\gamma_\pm = q\cos\theta \Big/ \Big\{1 + q^2\cos^2\theta + q^2\sin^2\theta(\cos^2\beta - \sin^2\beta) \\ \pm 2q\sin\theta\cos\beta\sqrt{1 - q^2\sin^2\theta\sin^2\beta}\Big\}^{1/2} \quad \text{(複合同順)} \quad (8.28)$$

$$\beta_1 = \cos^{-1}\left(\frac{-1}{q\sin\theta}\right) \quad ; \quad \pi/2 \leqq \beta_1 \leqq \pi \quad (8.29)$$

である。

特に観測点が z 軸上（$\theta = 0$）にある場合には式 (8.25) は簡略化され

$$E(\boldsymbol{r})\Big|_{\theta=0} = 1 + \frac{\sin(2kaq)}{2kaq} - \frac{\sin\left(2kaq\frac{q}{\sqrt{1+q^2}}\right)}{2kaq} \quad (8.30)$$

が得られる。

8.2.2 帯状板の周りの音場

前項の円板の場合と全く同様にして帯状板の周りの二乗音圧期待値を求めることが出来る。図 8.10 のように x 軸を中心とする幅 $2a$ の無限に長い帯状剛板が xy

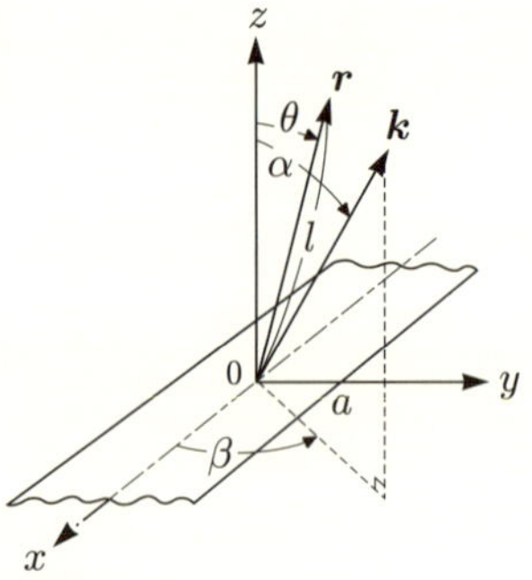

図 8.10 帯状板と入射平面波

平面内に置かれているとする．観測点 r や波数ベクトル k は円板の場合と同様とする．

このとき入射波による速度ポテンシャルの表示は円板の場合と同じであり，領域 I～III の境界だけが異なる．その結果ランダム入射に対する帯状剛板の周りの二乗音圧期待値（相対値）は，$l\sin\theta \leq a$ では

$$E(r) = 1 + \frac{\sin(2kaq\cos\theta)}{2kaq\cos\theta} - \frac{1}{2\pi kaq\cos\theta}\int_0^{\pi/2}\{\sin(2kaq\cos\delta_-\cos\theta) + \sin(2kaq\cos\delta_+\cos\theta)\}d\beta \qquad (8.31)$$

$l\sin\theta > a$ では

$$E(r) = 1 + \frac{1}{2\pi kaq\cos\theta}\int_0^{\pi/2}\{\sin(2kaq\cos\delta_-\cos\theta) - \sin(2kaq\cos\delta_+\cos\theta)\}d\beta \qquad (8.32)$$

と表される．ここに $\cos\delta_+$, $\cos\delta_-$ は

$$\cos\delta_\pm = \frac{q\cos\theta\sin\beta}{\sqrt{(1\pm q\sin\theta)^2 + q^2\cos^2\theta\sin^2\beta}} \qquad \text{(複合同順)} \qquad (8.33)$$

である．特に中心法線上 ($\theta = 0$) では $E(r)$ は

$$E(r)\Big|_{\theta=0} = 1 + \frac{\sin(2kaq)}{2kaq} - \frac{1}{\pi kaq}\int_0^{2\pi}\sin\left(\frac{2kaq^2\sin\beta}{\sqrt{1+q^2\sin^2\beta}}\right)d\beta \qquad (8.34)$$

となる。

8.2.3 無限平板に対する音場

つぎに入射波の波長が円板の周長や帯状板の幅に比べて十分に短く，図 8.8 あるいは図 8.10 において観測点が原点 O に近く z 軸からあまり離れていないものとしよう。このとき平板は同一平面内に広がる無限剛壁とほぼ等価と見なされる。ランダム入射波に対する無限剛壁の周りの二乗音圧期待値（相対値）はよく知られているように次式で与えられる[8]。

$$E(\boldsymbol{r}) = 1 + \frac{\sin(2kl)}{2kl} = 1 + \frac{\sin(2kaq)}{2kaq} \tag{8.35}$$

なお，式 (8.30) および式 (8.34) の結果は上式に補正項を付加した形となっている。

8.2.4 実測との比較

ここでは本節で導出した近似式を基に円板や帯状板の周囲の音圧分布（相対音圧レベル）を計算する。また，その結果を残響室内での実測値と比較することにより近似式の精度を調べる。

最初に円板に対する計算結果を図 8.11 に示す。図 8.11(a) は拡散音場内に置かれた円板の中心法線上（x 軸上）での相対音圧分布 $E(\boldsymbol{r})$ を $ka = 3.70$ の場合について式 (8.30) から求めたものである。図には比較のため円板を無限剛壁で置

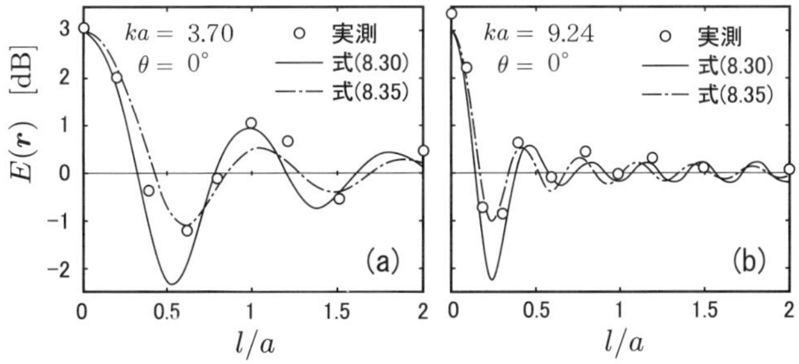

図 **8.11** 剛円板の中心軸に沿っての相対音圧レベル（ランダム入射に対する幾何音響的近似と実測）

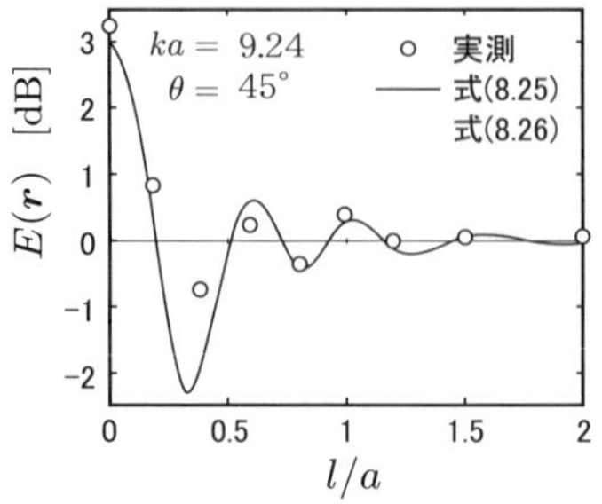

図 8.12 剛円板の中心軸と $45°$ をなす方向に沿っての相対音圧レベル

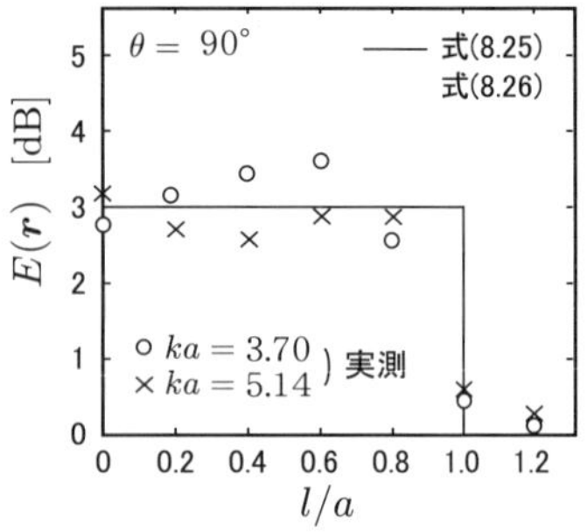

図 8.13 剛円板の表面上での相対音圧レベル（ランダム入射に対する幾何音響的近似と実測）

き換えた場合の計算結果ならびに残響室内での実測値も同時に示した。この場合 ka がさして大きくないため式 (8.30) の近似は十分とは言えないが，円板の近く ($l/a \leq 1$) では実測値とおおよそ一致している。円板から離れると近似度は低下するものの，距離増加に対する散乱効果の減少の程度には大差はない。無限剛壁とみなした場合の計算値はさらに近似度が劣る。

図 8.11(b) は図 (a) と同様に円板の中心法線上での $E(r)$ を $ka = 9.24$ の場合について計算した結果である。実測誤差を考慮すれば式 (8.30) の近似式とよく一致していると言えよう。また無限剛壁で置き換えた式 (8.35) の計算結果も左端の谷の部分を除けば実測値とよく一致している。

図 8.12 は同じく $ka = 9.24$ であるが中心法線に対し，$45°$ の方向（$\theta = 45°$）に沿っての $E(r)$ の値を式 (8.25)，式 (8.26) を用いて計算した結果である。この曲線（音圧分布）は図 8.11 と同じく減衰振動を描くが，中心法線上（$\theta = 0°$）の分布よりも振動の周期が長い，また $l\sin\theta > a$（ここでは $l/a > \sqrt{2}$）では急激に 0dB に近づく。左方の谷の部分を除けば実測値とよく一致している。

つぎに観測点が円板と同一平面内にある場合（$\theta = 90°$）の音圧分布を式 (8.25)，式 (8.26) により求め図 8.13 に示した。この場合計算値は ka の値とは無関係に $l/a = 1$ を境に 3dB から 0dB に不連続に変化し，実験値の示す振動パターンを近似することができない。しかし ka が十分大きくなると音圧分布は図中の方形パターン（計算値）に近づくことは波動論的にも確かめられている（図 8.5 参照）。いずれにしても円板の外側の領域（$l/a > 1$）では 0dB になることには変わりない。

最後に帯状剛板に対する計算結果と実測値との対応について述べる。図 8.14(a)，

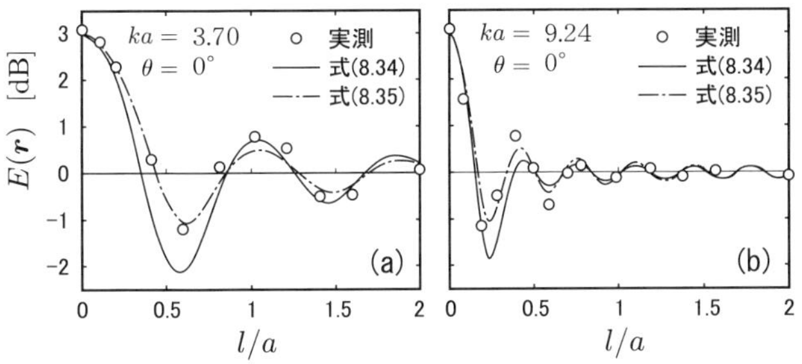

図 **8.14** 帯状剛板の中心法線に沿っての相対音圧レベル（ランダム入射に対する幾何音響的近似と実測）

(b) の実線は ka がそれぞれ 3.70 および 9.24 の場合に対する中心法線上の音圧分布を式 (8.34) を用いた結果を示したものである。ka が幾分小さい（$ka = 3.70$）ときにも幾何音響的に求めた近似式 (8.34) の計算値は円板の場合に比べ実測値と良く一致している。また，無限剛壁に対する計算値（図中の一点鎖線）との差も円板の場合に比し小さい。これは帯状板の方が形状的に無限剛壁に近いためであると考えられる。

上述の実測値との照合からも明らかなように波動性を考慮した幾何音響的解析法は，ka がある程度大きくなれば円板や帯状板の周りの音圧分布を精度良く近似できることが確かめられた。そして拡散音場内の平板による散乱の影響は ka が大きければ平板の近傍に集中し，平板の中心法線からの角度 θ が大きくなるにつれて散乱の影響の及ぶ距離は短くなり平板と同一平面の方向（$\theta = 90°$）では全く影響が見られない。

8.3 まとめ及び検討

本章では拡散音場内に置かれた物体の周囲の音場を波動論及び幾何音響的に解析し，残響室での実測結果と照合した。まず純波動論的に剛円板の周りの音圧分布を求め円板の寸法（周長）に比し波長が短くなるにつれ円板表面上の音圧はもとの拡散場より約 3dB 高くなること，円板の中心法線を外れるにつれ散乱効果は弱くなること，円板から半径の 2～3 倍離れれば散乱の影響は実際上無視し得ることなどを示した。

つぎに幾何音響的近似法を適用し円板や帯状板の周りの音圧分布を求め，高周波域では残響室内の実測結果と良く一致することを示した。この近似法は簡便であるばかりでなく，純波動論的方法では計算が困難な高い周波数域で特に有効である。

同様に剛球や剛円柱が拡散場に与える影響も半径の 2～3 倍の領域に限られることが知られている [9]。また残響室の開口（円形窓）が室内の音場に与える影響についても開口からその半径の 2～3 倍の領域に限られることが報告されている。この様に残響場（ランダム入射場）に対する物体や開口の影響はそれらの比較的近傍に限定される。様々な方向から入射する波の散乱効果がたがいに打ち消し合うためであると考えられる。

これらの知見は残響室内の拡散体や開口，測定器類等が各種計測に与える影響を理解する上で有用である。

文献

1) C.W.Kosten, *Architectual Acoustics: International Comparison Measurments in the Reverberation Room* (Dowden, Hutchinson & Ross, 1977)
2) 大石弥幸, 久野和宏, 池谷和夫, "拡散音場内に置かれた円板の周りの音場", 日本音響学会誌 **36**,6 (1980) pp.317–321
3) J.J.Bowman, T.B.A.Senior and P.L.E.Uslenghi, *Electromagnetic and Acoustic Scattering by Simple Shapes* (North Holland Publishing, 1969) pp.503–554
4) C.Flammer, *Spheroidal Wave Function* (Stanford Univ. Press, 1955)
5) D.B.Hodge, "Eigenvalue and Eigenfunction of the Spheroidal Wave Equation", Journal of Mathematical Physic **11** (1970) pp.2308–2312
6) 久野和宏, 池谷和夫, "ランダムな平面波および球面波を用いた不規則音場モデルに関する統計的考察", 日本音響学会誌 **30**,2 (1974) pp.65–75
7) 大石弥幸, 久野和宏, 池谷和夫, "拡散音場内に置かれた平板の回りの音場 ——幾何音響学的手法の併用—", 日本音響学会誌 **37**,8 (1981) pp.366–372
8) H.Kuttruff, *Room Acoustics, Third Editon* (Elsevier Applied Science, 1991) pp.44–45
9) 久野和宏, 宇田吉広, 池谷和夫, "残響場内に置かれた物体のまわりの音場 ——球及び円柱のまわりの音場—" 日本音響学会誌 **34**,5 (1978) pp.286–293

第9章 室内の音圧分布

　音源の周波数が高く，音の波長が室寸法に比べて十分に小さい場合には，音の波動性を無視して屋内での音の伝搬や反射を幾何学的に考えて音場を解析することができる（幾何音響学）。このとき，音源から放射される音波は壁面等で反射と吸収を繰り返しながら直線的に進む無数のエネルギー粒子と見なし，その軌跡を音線という。反射音の寄与は壁面等に関する鏡像音源からの音線としてイメージ法を用いて取り扱れることが多い。しかし，反射次数が増すにつれて音線の数（鏡像音源の数）は指数的に増加し，それら全てを厳密に考慮することには計算効率や時間の点で限界がある。そのため，高次の反射音についてはその影響を平滑化して見積もるイメージ拡散法を適用することが考えられる。4章で述べたように，直達音と低次反射音には通常のイメージ法を，高次反射音についてはイメージ拡散法を適用（両者を併用）することが屋内の音圧分布の算定には効率的である。このとき，イメージ法とイメージ拡散法をどのように使い分けるかが重要となる。本章ではこの点に関し幾つかの具体的な方法を示し，実測結果を基にその妥当性について検討する。

9.1　イメージ拡散法による音源の平滑化

　以下に本章で検討する平滑化の方法について示す。何れの場合においても，容積 $V[\mathrm{m}^3]$，表面積 $S[\mathrm{m}^2]$，平均吸音率 a の室内に出力 $W_0[\mathrm{W}]$ の無指向性点音源が1個存在するものとし，受音点における音の強度 $I(r)[\mathrm{W/m}^2]$ を音源からの距離 $r[\mathrm{m}]$ の関数として定式化する。

a) 実音源と全てのイメージ音源を平滑化する方法

　実音源を含め全てのイメージ音源を平滑化すれば，4.2.1で示したように受音点

における音の強度 $I(r)[\mathrm{W/m^2}]$ は場所に依らず一定となり，次式で与えられる．

$$I(r) = I = \frac{W_0}{\alpha V} = \frac{4W_0}{-S\ln(1-a)} \tag{9.1}$$

ただし，

$$\alpha = -\frac{\ln(1-a)}{d}, \quad d = \frac{4V}{S}$$

であり，d は音線の平均自由行程である．

b) 全てのイメージ音源を平滑化する方法

4.4.1 で述べたように実音源以外の全てのイメージ音源を平滑化（イメージ拡散法を適用）する場合には，受音点における直達音の強度は

$$I_0(r) = \frac{W_0}{4\pi r^2} \tag{9.2}$$

で表され，反射音の強度は室空間の等価半径 r_{1e} の外側の領域について（イメージ音源を拡散させた）連続分布する音源からの寄与を積分することにより

$$I_R(r_{1e}) = \int_{r_{1e}}^{\infty} \frac{w(r)}{4\pi r^2} 4\pi r^2 dr = \frac{4W_0}{-S\ln(1-a)} e^{-\alpha r_{1e}} \tag{9.3}$$

で与えられる．受音強度はこれらの和として

$$I(r) = I_0(r) + I_R(r_{1e}) \tag{9.4}$$

となる．

なお，室空間の等価半径 r_{1e} に関しては平均自由行程 d を採用し

$$r_{1e} = d = \frac{4V}{S} \tag{9.5}$$

とするか，室と等容積の球で置き換えた場合の半径

$$r_{1e} = \sqrt[3]{\frac{3V}{4\pi}} \tag{9.6}$$

を用いることが考えられるが，通常の直方体室では，両者はほぼ等しく，実質的な差異はない．

c) n 次以上のイメージ音源を平滑化する方法

上述の考え方を一般化し,実音源と $(n-1)$ 次までのイメージ音源を通常のイメージ法により離散的に取扱い,n 次以上のイメージ音源を平滑化することを考える。

例えば,直方体室で実音源と 1 次までのイメージ音源を離散的に扱う場合,1 次イメージ音源は図 9.1 に示すように各壁面方向に 6 個存在する。(平面図のため図中には 4 個しか示めされていないが紙面の垂直方向の前後にさらに 2 個存在する。)同様に 2 次イメージ音源は 18 個,3 次イメージ音源は 38 個存在する。

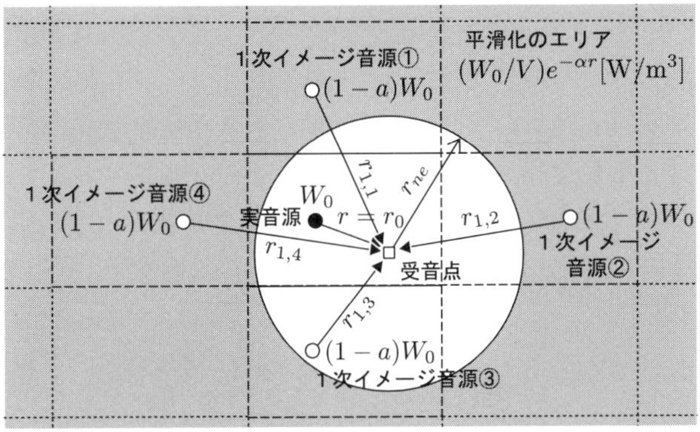

図 9.1 $n(=2)$ 次以上のイメージ音源を平滑化する場合の音源配置(網掛部が連続分布を仮定する範囲)

これらの音源については,壁面での反射回数($i = 1, 2, \cdots, n-1$)を考慮し,反射次数毎にその影響を算定する。従って i 次反射音による寄与を $I_i(r)$ とすれば全受音強度は

$$I(r) = I_0(r) + \sum_{i=1}^{n-1} I_i(r) + I_R(r_{ne}) \tag{9.7}$$

と表される。ただし

$$I_i(r) = \frac{(1-a)^i W_0}{4\pi} \sum_{j=1}^{N_i} \frac{1}{r_{i,j}^2} \tag{9.8}$$

である。ここに,$r_{i,j}$ は反射次数 i の j 番目のイメージ音源から受音点までの距離,N_i は i 次イメージ音源の数である。また,n 次以上の反射音の寄与 $I_R(r_{ne})$

はイメージ拡散法を適用し，式 (9.3) と同様な積分を実行することにより

$$I_R(r_{ne}) = \frac{4W_0}{-S\ln(1-a)} e^{-\alpha r_{ne}} \qquad (9.9)$$

と見積られる。

ただし，等価半径 r_{ne} としては平均自由行程の n 倍

$$r_{ne} = nd = \frac{4nV}{S} \qquad (9.10)$$

または，$(n-1)$ 次までの鏡像空間と同体積の球の半径を用いればよい。

d) 実音源を中心とする等価半径 r_{1e} 内のイメージ音源のみを離散的に扱う方法

前述のように反射次数によってイメージ法とイメージ拡散法を適用する領域を分けると，不必要に遠方の音源まで離散的に取扱う可能性がある。そこで，実音源を中心とする等価半径 r_{1e} の空間を考え，その内に存在するイメージ音源のみを受音点に及ぼす影響の大きい音源として離散的に扱うことにする。このとき，実音源とともに離散的に考える音源からの寄与は反射次数 i と受音点までの距離 $r_{i,j}$ を考慮して

$$I_0(r) + \frac{W_0}{4\pi} \sum_{r_{i,j} < r_{1e}} \frac{(1-a)^i}{r_{i,j}^2}$$

と表される。

一方，平滑化する他の音源からの寄与 $I_R(r'_e)$ は前述の式 (9.3) と同様に求められることから全体の受音強度は

$$I(r) = \frac{W_0}{4\pi r^2} + \frac{W_0}{4\pi} \sum_{r_{i,j} < r_{1e}} \frac{(1-a)^i}{r_{i,j}^2} + \frac{4W_0}{-S\ln(1-a)} e^{-\alpha r'_e} \qquad (9.11)$$

で与えられる。ただし，r'_e は実音源を含めて離散的に扱う音源が占める（鏡像）空間を同体積の球で置き換えた場合の半径である。

9.2 実測との対応

室内の音源配置により，鏡像空間に離散的に分布するイメージ音源（実音源を含む）をどのように平滑化するのが妥当かを検討するために，実際に室内におい

9.2.1 測定場所

測定に使用した2室（A,B）の諸定数を表9.1に，平面図を図9.2に示す。Aは何も置かれていないほぼ直方体の室であり，Bは本棚などが置かれ壁に大きな凹凸のある室である。

また，中心周波数1kHzおよび4kHzのオクターブバンドにおける2室の平均吸音率はおよそ0.1～0.2である（表9.1）。これらの値は，バンドノイズを使用して室内の任意の10点で得られた残響時間の平均値からSabineの残響式[1]により算定したものである。

表 9.1 実測を行なった室と諸定数

略 称	所 在・名 称 等	容積・形状	平均吸音率
室 A	三重大学工学部 講義棟 (棟番号 109)2 階 23 番教室 D4004	$189\mathrm{m}^3$ 図 9.2(a) 参照	0.088 (1kHz) 0.117 (4kHz)
室 B	三重大学工学部 電気・電子棟 (棟番号 110)4 階 通信工学研究室 (1) D4024	$105\mathrm{m}^3$ 図 9.2(b) 参照	0.169 (1kHz) 0.183 (4kHz)

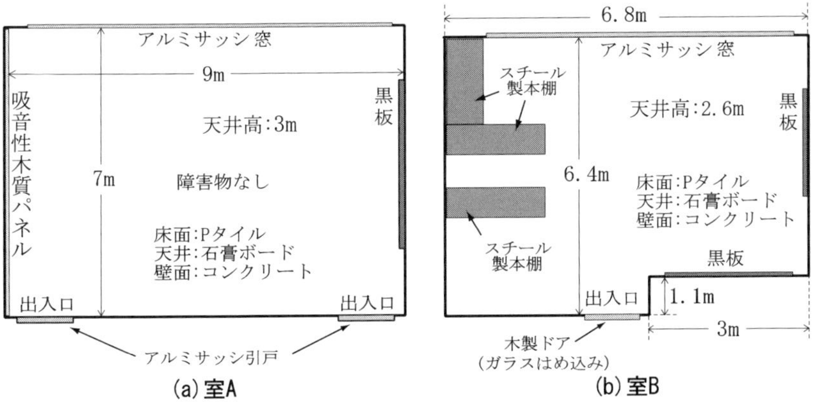

(a) 室A　(b) 室B

図 9.2 測定を行った室の平面図

9.2.2 受音レベルの距離減衰特性の測定

測定手順は以下の通りである.

1) 図 9.3 に示すように,室 A については音源(図 9.4 に示す 12 面体スピーカ)を室の中心と室の四隅(高さ 1.5m および 67cm の 2 通り)の計 9 箇所のいずれかに設置する.室 B については,室の隅は 2 箇所(高さは 1.5m のみ)とする.これらの位置に音源を設置し,中心周波数 1kHz および 4kHz のオクターブバンドノイズ(ホワイトノイズをバンドパスフィルタに通したもの)を発生させる.

2) 音場が定常状態に達した後に,図 9.3 に示す位置で音圧レベルを騒音計(Flat, Slow 特性)で 5 回測定する.受音点の高さは音源と同じとし,音源からの距離は 0.3〜1m の間は 10cm 間隔,1〜3m の間は 50cm 間隔に設定した.測定方向は,音源が室の中心にある場合は周囲に向かって 60° 間隔で 6 方向,音源が室の隅にある場合は側壁から 45° の角度で室の中央に向けて 1 方向を選ぶことにする.

3) 音源の位置を変えて上述の測定を繰り返し,室,音源の位置,音源からの

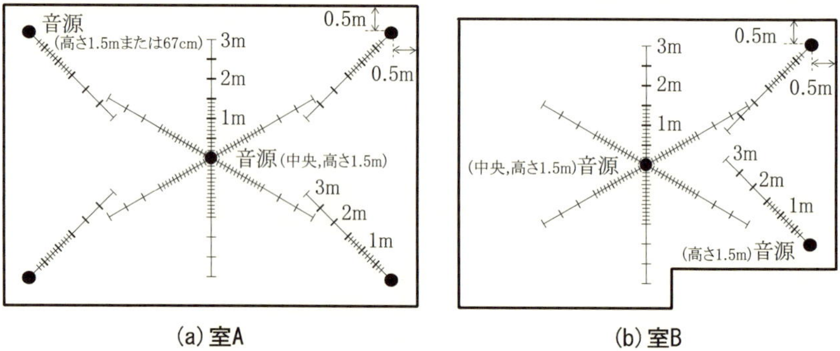

(a) 室A

(b) 室B

図 9.3 音源と測定点の位置関係(●が音源,実線が測定方向,目盛が測定点を表わす)

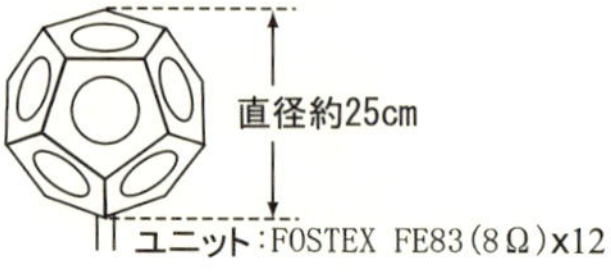

図 9.4 12 面体スピーカ

距離別に測定値の算術平均値と標準偏差を求める．音源が室の中央にある場合は距離毎に 30 個（6 方向 ×5 回），隅にある場合は室 A で 20 個（4 箇所 ×1 方向 ×5 回），室 B で 10 個（2 箇所 ×1 方向 ×5 回）の測定データを得た．

9.2.3　測定結果ならびに計算値との比較

測定結果を図 9.5〜9.9 に示す．図には，比較のため 9.1 の各方法により求めた受音レベルの距離減衰（計算値）を併記した．具体的には，実音源を含め全ての音源を平滑化した場合，1 次,2 次,3 次以上のイメージ音源を平滑化した場合，実音源近傍の 1〜2 次以外の音源を平滑化した場合の計 6 通りの計算値を示した．等価半径には，イメージ音源が存在する空間と同体積の球の半径を採用した．なお，室 B は壁に大きな出っ張りや本棚などの障害物があり，完全な直方体ではないが，計算時にはそれらを無視して便宜上 $6.4 \times 6.8 \times 2.6 \mathrm{m}$ の直方体室として取り扱った．

以下，それぞれのケース（図 9.5〜図 9.9）について結果を要約する．

室 A の中心に音源を設置しバンドノイズで駆動した場合（図 9.5）

全ての音源を平滑化した場合を除いて，平滑化の方法によって得られる計算値に差がほとんど認められなかった．そのため，図には実音源（直達音）のみを離散化した結果を代表として示した．これは音源を室の中心におくと，音源から壁までの距離が遠くなり，イメージ音源（反射音）の影響が小さくなるためである．このような場合には離散的に扱う音源は実音源 1 個で十分であると言える．

音源に近づくにつれて計算値値との差が若干大きくなるが，この理由として，音源から 1 波長以下の近距離場では音線理論による近似が十分でないこと，また，測定に使用した音源（直径約 25cm）が点音源と見なし得ないことが考えられる．バンドノイズの中心周波数が 1kHz（波長約 34cm）の場合に比し，4kHz（波長約 8.5cm）の場合には，測定開始地点（0.3m）が 3 波長以上離れていることから音源付近での差が小さくなっている．

また，音源から 2m 以上離れた遠距離場では計算値，実測値共にほぼ一定となっており，反射音が支配的である．

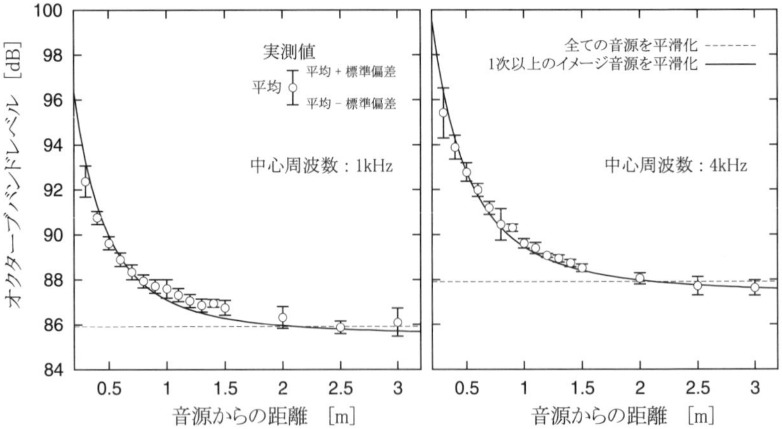

図 9.5 受音レベルの距離減衰の計算値と実測値との比較（室 A の中央の高さ 1.5m の位置に音源を配置した場合）

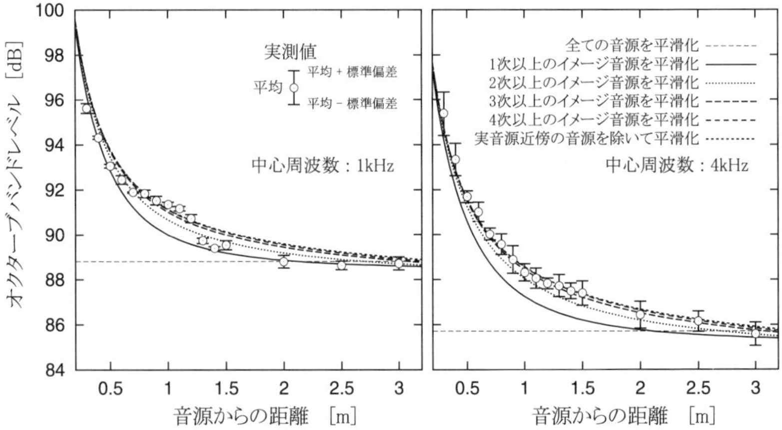

図 9.6 受音レベルの距離減衰の計算値と実測値との比較（室 A のコーナーの高さ 1.5m の位置に音源を配置した場合）

室 A の隅（各側壁から 50cm，高さ 1.5m）に音源を設置した場合（図 9.6）

実音源のみを離散化した場合と 1 次イメージ音源まで離散化した場合との差が，音源から 1m の付近で約 1dB 以上あり，音源を室の中心に設置した場合に比べて低次反射音の影響が大きいことが分かる．3 次以上のイメージ音源を離散化しても計算結果はほとんど変わらないため，反射次数で言えば 2 次イメージ音源までを離散化（音源数 12 個）すれば十分であると言える．

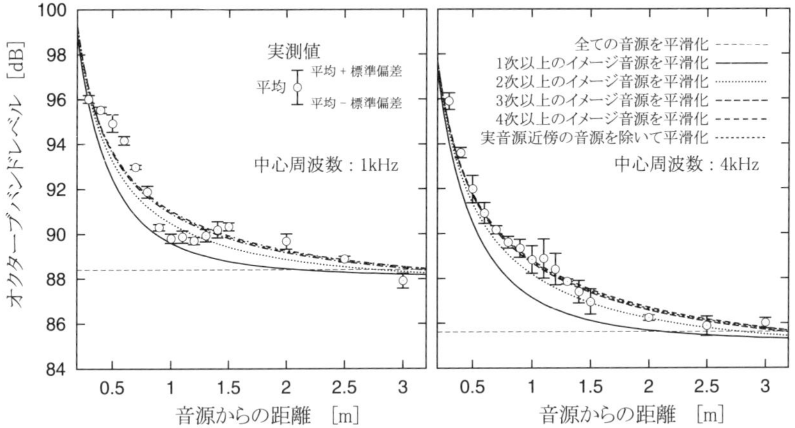

図 9.7 受音レベルの距離減衰の計算値と実測値との比較（室 A のコーナーの高さ 67cm の位置に音源を配置した場合）

1kHz では 1m 付近の実測値に若干のうねりが見られる。これは，音の波動性に起因する定在波の影響で，バンドノイズの中心周波数が低い場合や，帯域幅の狭い場合，音源が壁の近くにある場合（狭い室）などに強く現れる。しかし，この程度の差であれば受音レベルの推定には十分であると思われる。中心周波数が高く 4kHz の場合には定在波の影響や音源付近における計算値との差はほとんど見られない。

室 A の隅（各側壁から 50cm，高さ 67cm）に音源を設置した場合（図 9.7）

音源をさらに床に近づけると 1kHz の実測値に大きなうねりが観測される。この定在波の影響を詳しく解析するためには，波動論を用い位相を考慮する[2]必要がある。ただし，計算値との差は最大で 1.3dB 程度である。この場合も反射音としては，2 次イメージ音源まで（音源数 12 個）を離散的に取扱い，3 次以上を平滑化すればよいと思われる。また，計算上からは実音源近傍の 8 個の音源のみを離散化する方法が効率的であるといえる。

なお周波数の高い 4kHz の場合には定在波の影響や音源付近の計算値との差は縮小している。

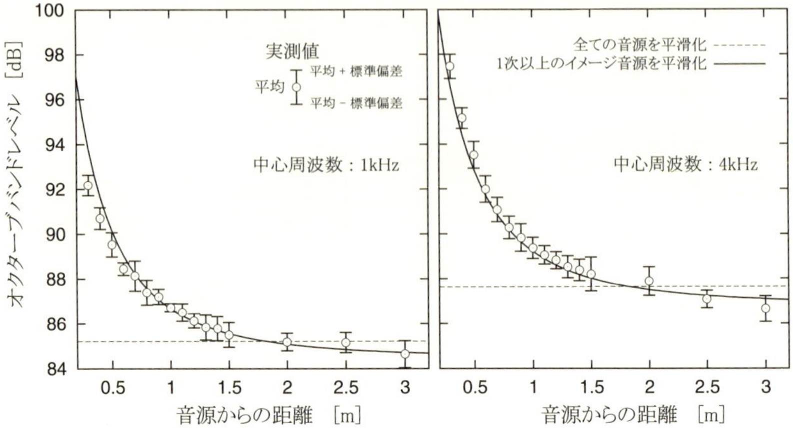

図 9.8　受音レベルの距離減衰の計算値と実測値との比較（室 B の中央の高さ 1.5m の位置に音源を配置した場合）

室 B の中心に音源を設置しバンドノイズで駆動した場合（図 9.8）

室 A の場合とほぼ同様な結果が得られた。計算値では全ての音源を平滑化した場合を除いて平滑化の違いによる差はほとんど見られず，実音源のみを離散化すれば十分であると言える。

また，音源に近づくにつれ実測値と計算値との差が大きくなるが，これも室 A と同様である。一方，室 A に比べて容積が小さいために音源から壁までの距離が近いものの，定在波や反射音の影響はほとんど見られない。障害物の増加により音波の散乱が促進されたことが原因と考えられる。

室 B の隅（各側壁から 50cm，高さ 1.5m）に音源を設置した場合（図 9.9）

室 A の場合とほぼ同様な結果が得られた。計算値では 3 次以上のイメージ音源を離散化しても結果はほとんど変わらないため，この場合も 2 次イメージ音源までを離散化（音源数 12 個）すれば十分であると言える。また，実際上は実音源近傍の 8 個の音源のみを離散的に取扱う方法が効率的である。

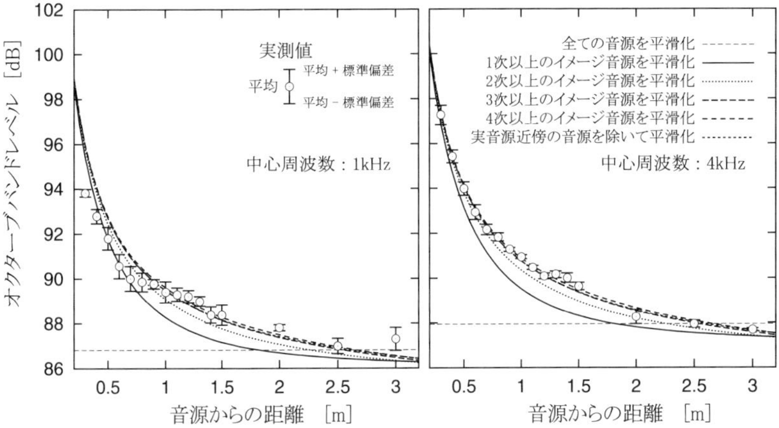

図 9.9 受音レベルの距離減衰の計算値と実測値との比較（室 B のコーナーの高さ 1.5m の位置に音源を配置した場合）

9.3 まとめ及び課題

閉空間内の音場シミュレーションに用いられる鏡像法（イメージ法）は直観的で分かり易いが，内表面の吸音率が低くなるにつれ考慮すべきイメージ音源数が急激に増加し，計算量が膨大となる。この問題の改善策の一つにイメージ音源を適切に平滑化する方法（4 章のイメージ拡散法）がある。

本章では，室空間の効率的な音場シミュレーションとしてイメージ法およびイメージ拡散法を併用する方法について述べ，実際の室内で音源を定常駆動したときの音圧分布（受音レベルの距離減衰特性）を実測し，計算値と比較した。その結果，音源の位置や周波数に関係なく，実音源と実音源から室の等価半径内にあるイメージ音源のみを離散的に取扱い（イメージ法を適用），その他のイメージ音源については平滑化（イメージ拡散法を適用）することにより，室内の音圧分布を精度良く推定できることを示した。2 次，3 次と離散化するイメージ音源を増すと，実測値と計算値との差はさらに小さくなる傾向にあるが，計算量はその分増加し，余り得策とは言えない。

なお，音源が室の中央付近に設置されている場合は，実音源のみ離散化し，全てのイメージ音源を平滑化する方法が計算も容易で効率的である。ただし，実音源に近づくにつれて（音源から 2～3 波長以内の近距離場では），音源の大きさや音

の波動性の影響が無視できなくなるため，徐々に精度が低下する傾向が見られる。

また，多少の障害物や壁面の凹凸は計算上無視しても差し支えないこと，さらに定在波の影響が小さくなることが認められた。実測結果から，室形状が不規則なほど，音源の周波数が高いほど，定在波の影響が軽減されることが知られた。

文献

1) 前川純一, 建築音響（共立出版, 1968）p.12
2) J.B.Allen and D.A.Berkley, "Image method for efficiently simulating small-room acoustics", J. Acoust. Soc. Am. **65** (1979) pp.943–950

第10章 室開口（窓）からの音の放射

開口からの音の放射は建築音響においてしばしば取扱われる興味ある問題の一つである。

室内の音場が完全に拡散していれば，開口部（窓）からの音響放射は Lambert の余弦則に従い，容易に求められる。室内に音源がある場合，内部の音場は直達音及び無数の反射音からなり，音源近くでは直達音が優勢であるが，音源から離れるにつれ反射音が支配的となり，次第に拡散度を増すものと思われる。反射次数が増すにつれ，音線は互いに複雑に入り混じり，残響的，拡散的になるが，直達音や低次の反射音は個性的であることが多い。

本章では室内の音場を直達音と反射音に分け，前者は波動として通常の回折により開口から放射されるものとする。それに対し，後者はエネルギー流として Lambert の拡散放射（余弦則）に従うものとし，屋外の受音強度を算定する方法について述べる。

10.1 反射音の拡散放射

室内（開口の面積 S_0，その他の室表面積 S_r）に音響出力 $P[\mathrm{W}]$ の点音源があり，方形窓（開口）から外部へ音が放射されている。図 10.1 のように開口の中央を座標原点 O に選び，音源の座標を (ξ, η, ζ) とする。

まず室内における反射音の強さを求めよう。室表面 S_r の吸音率を a，音源から開口を見込む立体角を Ω_P とすれば室内に供給される反射音のパワーは

$$P_r = \left(\frac{4\pi - \Omega_\mathrm{P}}{4\pi}\right) P(1-a) \tag{10.1}$$

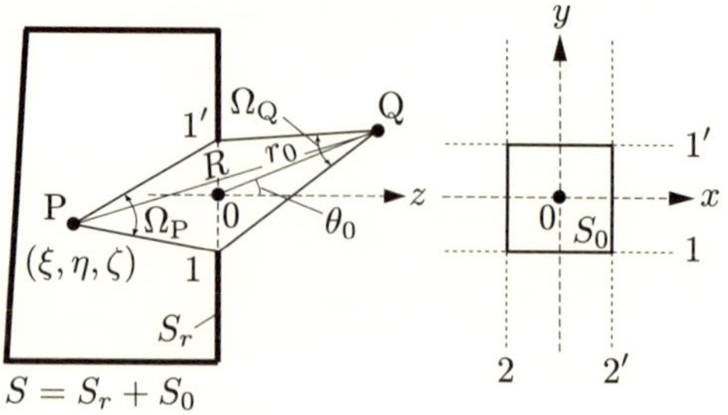

第10章 室開口（窓）からの音の放射

図 10.1 開口と音源・受音点配置

と表される。反射音が室内で拡散的であるとすればその強さは

$$I_{r,n} = \frac{P_r}{\bar{a}S} = \left(1 - \frac{\Omega_\mathrm{P}}{4\pi}\right)\frac{1-a}{a}\left(1 + \frac{1-a}{a}\sigma\right)^{-1}\frac{P}{S} \tag{10.2}$$

で与えられる。ここに $\bar{a}$ は室表面（開口を含む）の平均吸音率

$$\bar{a} = \frac{aS_r + 1 \cdot S_0}{S} \tag{10.3}$$

であり、開口率 σ 及び室パラメータ Γ_r

$$\sigma = \frac{S_0}{S}, \quad \Gamma_r = \frac{1-a}{a}\sigma \tag{10.4}$$

を用いれば

$$\bar{a} = a\left(1 + \frac{1-a}{a}\sigma\right) = a(1 + \Gamma_r) \tag{10.5}$$

と表される。

この $I_{r,n}$ は開口に到達する反射音の強さであるとともに、単位面積あたり外部に放射される音響パワーである。反射音が拡散的であるとすれば、放射指向特性はLambertの余弦則に従い[1]、室外の点 Q における受音強度は $\cos\theta_n$ を面素 dS における方向余弦とすれば

$$\begin{aligned}
I_r &= \iint_{S_0} \frac{2I_{r,n}\cos\theta_n}{2\pi r^2}dS = \frac{I_{r,n}}{\pi}\Omega_\mathrm{Q} \\
&= \left(1 - \frac{\Omega_\mathrm{P}}{4\pi}\right)\frac{\Gamma_r}{1+\Gamma_r}\frac{\Omega_\mathrm{Q}}{\pi S_0}P
\end{aligned} \tag{10.6}$$

で与えられる。ここに Ω_Q は受音点 Q から開口 S_0 を見込む立体角

$$\Omega_Q = \iint_{S_0} \frac{\cos\theta_n}{r^2} dS \simeq S_0 \frac{\cos\theta_0}{r_0^2} \quad (r_0^2 \gg S_0) \tag{10.7}$$

である。従って遠距離場 ($r_0^2 \gg S_0$) では I_r は

$$I_r \simeq \frac{\Gamma_r}{1+\Gamma_r}\left(1-\frac{\Omega_P}{4\pi}\right)\frac{P}{\pi r_0^2}\cos\theta_0 = \frac{P_0}{\pi r_0^2}\cos\theta_0 \tag{10.8}$$

と書かれる。ただし

$$P_0 = \frac{\Gamma_r}{1+\Gamma_r}\left(1-\frac{\Omega_P}{4\pi}\right)P \tag{10.9}$$

である。従って反射音に基づく受音強度 I_r は開口に音響出力 P_0, 指向性 $\cos\theta_0$ の音源があるとした場合のそれと等価である。なお P_0 は音源と開口との位置関係, 室パラメータ Γ_r に依存する。

10.2　直達音の回折放射

室内の音源から放射され、直接開口に入射する波（直達音）の回折について考える。図 10.1 に示す方形の開口はスリット $1-1'$ とスリット $2-2'$ から成り、開口による入射音の回折補正量 D はこれら 2 つのスリットの回折補正量 D_1, D_2 の和で与えられる。

$$D = D_1 + D_2 \tag{10.10}$$

従って室外の点 Q における直達音による受音強度 I_d はこの回折補正を考慮すれば

$$I_d = \frac{P}{4\pi R^2}10^{D/10} = \frac{P}{4\pi R^2}10^{(D_1+D_2)/10} \tag{10.11}$$

と表される。ここに R は音源, 受音点間の直達距離である。また D_1, D_2 は点音源に対するスリットの良く知られた回折補正量であり、種々の方法で求められる[2]。

10.3 放射場の合成

室内の音場を直達音及び反射音に分け，それぞれについて開口（窓）からの放射を上述の方法で算定し合成する。従って室外における放射場の全受音強度は両者（I_d 及び I_r）の和として

$$\begin{aligned}
I &= I_d + I_r \\
&= \frac{P}{4\pi R^2} 10^{(D_1+D_2)/10} + \left(1 - \frac{\Omega_\mathrm{P}}{4\pi}\right) \frac{\Gamma_r}{1+\Gamma_r} \frac{\Omega_\mathrm{Q}}{\pi S_0} P \\
&\simeq \frac{P}{4\pi R^2} 10^{(D_1+D_2)/10} + \frac{P_0}{\pi r_0^2} \cos\theta_0 \quad (r_0^2 \gg S_0)
\end{aligned} \quad (10.12)$$

で表される。

吸音力の大きい，反射音の少ない室（dead な室）の開口放射では I_d の寄与が，また反射音の優勢な室（live な室）からの放射では I_r の寄与が顕著となることが予想される[3]。

10.4 実測との比較

実験結果と照合することにより前節の理論式の有効性について検討する。実験には残響室を用い，開口（方形窓）の中心 O を原点とし，図 10.2 に示すように座標 (x, y, z) を定める。

なお残響室の容積 V は 147 m^3，内表面積（開口を除く）S_r は 166 m^2 であり，音源としては z 軸上の $\zeta = -4.35$[m] にスピーカーを壁に向けて設置している。

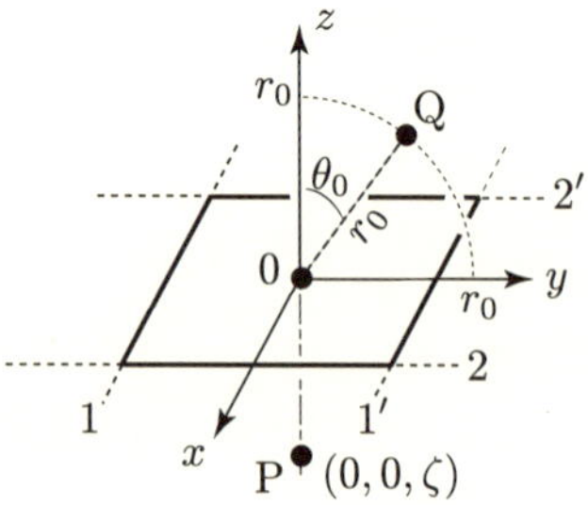

図 10.2 室開口と音源 P 及び受音点 Q の座標

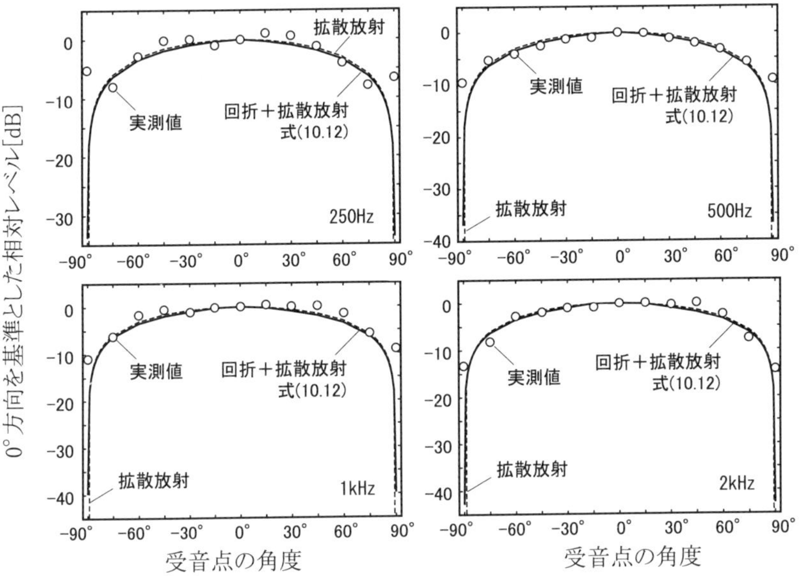

10.4. 実測との比較

図 10.3 放射パターンの比較 実測，拡散放射，回折＋拡散放射

開口 (2.49m × 1.92m) の面積 S_0 は 4.78 m^2 であり，yz 面内における音圧レベルの放射パターンを測定した[4]。図 10.3 は中心周波数 250, 500, 1000, 2000Hz の 1/3 オクターブバンドノイズに対する半径 $r_0=4$[m] の円周上における測定結果である。図には比較のため Lambert の拡散放射（余弦則）による指向性パターン及び前節の式 (10.12) による放射パターンを併記した。

なおこの場合にはスリット 2-2' に関しては常に音源を見通せることから $D_2 \simeq 0$ となり，直達音の回折補正としてはスリット 1-1' による D_1 のみを考えればよい。また残響室内表面（コンクリート）の吸音率は $a = 0.02$ とした。

本実験で用いた残響室のように反射音の優勢な live な部屋では開口からの放射は概ね Lambert の余弦則に従うが，±90° 方向では注意が必要である。±90° 近くではエネルギー流としての拡散放射が急激に弱まり，波動の回折による影響が相対的にクローズアップされるからである。

予想通り，±90° 近傍を除けば計算値は実測値と良く一致している。直達音に対し回折補正を施すことにより ±90° 近傍における実測値とのギャップが小さくなるものの未だ十分とは言い難い。計算値の更なる改善のためには，反射音に対

しても波動として回折の影響を考慮する必要がある [4,5]。

10.5 あとがき

室開口からの音響放射に関する本章のアプローチ（モデル化の方法及び定式化）はトンネル坑口音や半地下道路開口からの音響放射の解析にも有効であることが知られている。建物や半地下道路の開口部に騒音対策のためのルーバーが設置されることがある。近年，関心が高まりつつあるルーバーの特質や遮音性能については14章で取扱うことにする。次章では視点を変え，開口からの音の侵入と建物の防音性能の問題について，我が国の実状を紹介するとともに，簡便な算定法について述べる。

文献

1) H.Kuttruff, *Room Acoustics, Third Edition* (Elsevier Applied Seience, 1991) chap.V
2) 久野和宏, 野呂雄一編著, 道路交通騒音予測 ―モデル化の方法と実際― (技報堂出版, 2004) 19章
3) 杉山武, 古賀正輔, "電力施設の騒音防止", 電気学会誌 **123** (2003) pp.505–508
4) 吉村宣昭, 松本敏雄, 野呂雄一, 久野和宏, "室開口からの音響放射特性について", 日本音響学会 建築音響研究会資料 **AA2004-10** (2004)
5) W.C.Elmore and M.A.Heaid, *Physics of Waves* (McGraw-Hill Kogakusha, 1969) pp.326–333

第11章 建物の防音性能

　周囲からの音の侵入に対する建物の防音性能は窓の開閉状況により異なるが，わが国の通常の家屋においては一般に開放時で約 10dB，閉めた状態で 25dB 程度といわれている。L_{Aeq} に基づく新しい環境基準値の設定においてもこのことが配慮されている。図 11.1 は騒音評価手法等専門委員会報告別紙に記載された窓開放時における建物の防音性能に関する調査データであり，様々な部屋に対する減音量の実測値（窓への入射音と室内の音のレベル差）を集め，度数分布に示したものである。減音量は 3dB から 19dB に分布しており，平均で 9.1dB となっている[1]。言うまでもなく減音量は音の入射方向，窓の開口率，部屋の吸音力などに依存しており，図 11.1 の実測値のばらつき（分布）はこれらに起因すると思われる。

　本来，これらの関係は厳密には波動音響学的に解析する必要があるが一般解を得ることは難しい。そこで，本章では解析の第 1 近似として幾何音響学的な考えに基づいてこれらの関係のモデル化と定式化を行ない，窓開放時における防音性能の算定法[2]を示す。また，窓を閉じた場合における防音性能についても検討し，開放時の性能との比較を行う。さらに実測結果との対応をシミュレーションによ

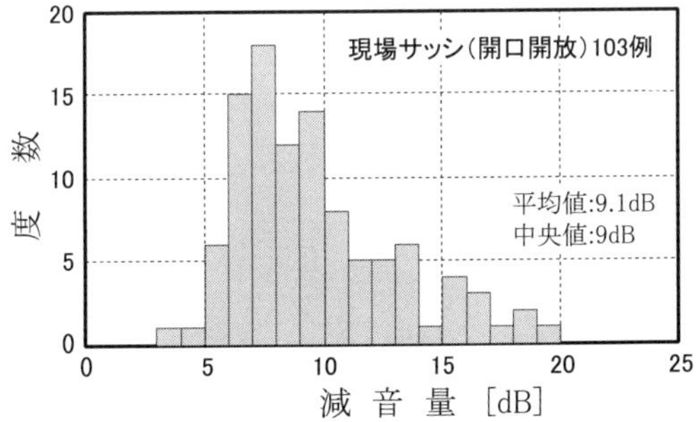

図 11.1 窓開放時の減音量（実測）[1]

り調査する[3]。

11.1 室開口（窓）からの音の入射

図 11.2 に示すように，部屋の開口の面積を $A[\mathrm{m}^2]$，内表面積（開口を含む）を $S[\mathrm{m}^2]$，平均吸音率を $\bar{a}$ とする。開口の吸音率を 1，それ以外の吸音率を a とすれば

$$\bar{a} = \frac{1 \cdot A + a(S-A)}{S} = a + (1-a)\sigma_A \tag{11.1}$$

で与えられる。ここに

$$\sigma_A = \frac{A}{S} \tag{11.2}$$

は部屋の開口率である。窓への入射音の強度を I_0，入射角（窓の法線となす角）を θ とすれば室内に侵入する音響パワーは

$$P_A = I_0 A \cos\theta \tag{11.3}$$

で表される。室内の受音強度は拡散場を仮定すれば

$$I_1(\theta) = \frac{4P_A}{\bar{a}S} = \frac{4\sigma_A}{\bar{a}} I_0 \cos\theta \tag{11.4}$$

となり[4]，室表面（開口を含む）の平均吸音率 $\bar{a}$，開口率 $\sigma_A (= A/S)$ 及び侵入する音の窓面への入射角 θ に依存する。

侵入方向 θ が特定できない場合には，窓前面の半空間のいずれの方向からも等確率で侵入するものとすれば，室内の受音強度は

$$\langle I_1(\theta) \rangle = \frac{1}{2\pi} \int_0^{2\pi} d\phi \int_0^{\pi/2} I_1(\theta) \sin\theta d\theta = \frac{2\sigma_A}{\bar{a}} I_0 \tag{11.5}$$

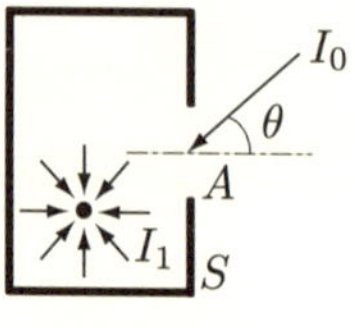

図 11.2 開口（窓）からの音の侵入

と見積もられる。

なお,ここでいう受音強度はいわゆる音の強さとは異なり,特定の受音面を想定せずに(無指向性マイクロホンによる観測をイメージし)受音点に到達する音響エネルギーの総量を単位面積で規格化した量であり,音響エネルギー密度に音速を掛けたもので表される。

11.2 窓開放時の建物の防音性能

前節の結果を要約すれば開口(窓)からの侵入騒音に対する建物の防音性能(室内外のレベル差)は θ 方向からの侵入騒音については式 (11.4) より

$$D_\theta(a, \sigma_A) = 10\log_{10}\frac{I_0}{I_1(\theta)} = 10\log_{10}\frac{\bar{a}}{4\sigma_A\cos\theta}$$
$$= 10\log_{10}\frac{a + (1-a)\sigma_A}{4\sigma_A\cos\theta} \quad [\text{dB}] \qquad (11.6)$$

また,不特定方向からの侵入騒音(ランダム入射)については式 (11.5) より

$$D(a, \sigma_A) = 10\log_{10}\frac{I_0}{\langle I_1(\theta)\rangle} = 10\log_{10}\frac{\bar{a}}{2\sigma_A}$$
$$= 10\log_{10}\frac{a + (1-a)\sigma_A}{2\sigma_A} \quad [\text{dB}] \qquad (11.7)$$

と表される。ただし $\bar{a}$ は窓開放時の,a は窓を閉めたときの室表面の平均吸音率である。

式 (11.6),式 (11.7) より $D_\theta(a, \sigma_A)$ と $D(a, \sigma_A)$ の間には

$$D_\theta(a, \sigma_A) = D(a, \sigma_A) - 3 - 10\log_{10}(\cos\theta) \qquad (11.8)$$

が成り立ち,特に $\theta = 0$(窓に垂直に入射する場合)ではランダム入射に比し 3dB ほど防音性能が低くなる。一方 $60°$ 以上の入射角に対しては,より大きな防音性能が期待される(図 11.3)。

さて図 11.4 にはランダム入射に対する建物の減音量 $D(a, \sigma_A)$ を開口率 σ_A をパラメータとして室表面の平均吸音率 a の関数として示す。

$6\sim8$ 畳程度の部屋で窓を $0.5\sim 2\text{m}^2$ 開けた場合の開口率 σ_A は $0.01\sim 0.04$ であり,また通常の部屋では $a \simeq 0.2 \sim 0.4$ であることから,減音量は 10dB 前後(3

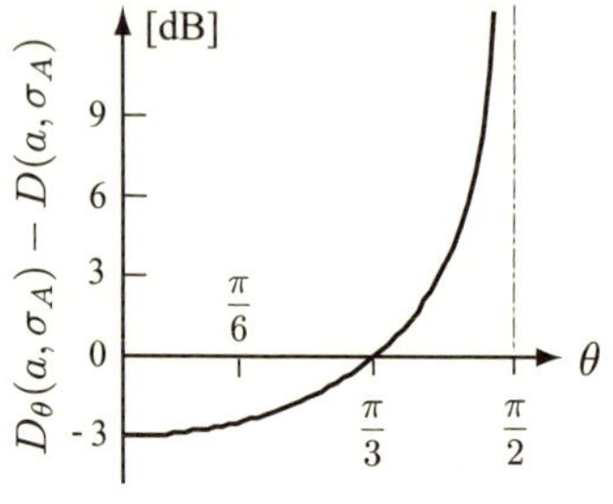

図 11.3 入射角と減音量

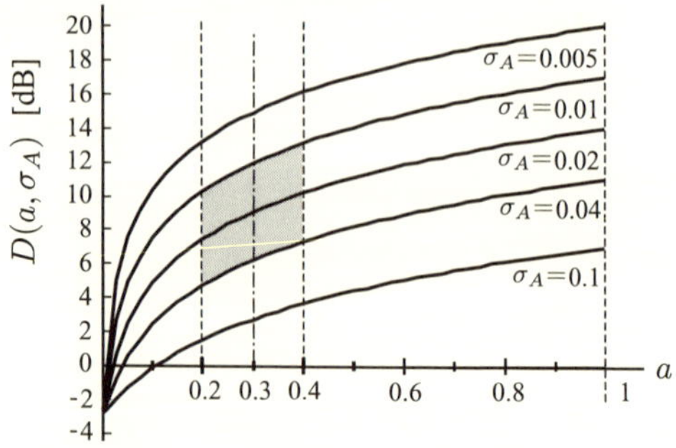

図 11.4 窓開時の減音量（理論）

〜14dB）と推定される。代表例として $S = 50 \sim 60[\mathrm{m}^2]$, $A = 1[\mathrm{m}^2]$, $a = 0.3$ とおけば，$D = 9 \sim 9.5[\mathrm{dB}]$ となり，実測調査結果（図 11.1）とよく符合している。しかしながらこれは窓開放時の建物の平均的な防音性能であり

- 法線方向からの入射（垂直入射）に対しては，防音性能が 3dB 低下すること，
- 室表面の吸音率 a が小さい live な室内では音の増大すら起こり得る（$a \to 0$ で室内のレベルは不特定方向の入射音に対し 3dB 上昇）

などの点にも留意すべきである。

11.3 窓を閉じた時の防音性能

部屋の窓を閉じた状態における防音性能について考える。窓の部分の遮音量が他に比し低いとし，音は窓からのみ室内に侵入するものとする。窓の面積を $B[\mathrm{m}^2]$，部屋の総表面積（窓を含む）を $S[\mathrm{m}^2]$ とする（図 11.5）。音の入射方向と窓の法線とのなす角を θ，入射音の強度を I_0，窓の透過係数を τ とすれば，室内に透過，侵入する音響パワーは

$$P_B(\theta) = I_0 B \tau \cos\theta \tag{11.9}$$

で与えられる。

なお，簡単のため τ は音の入射角度に依らず一定とした。室内の受音強度は音

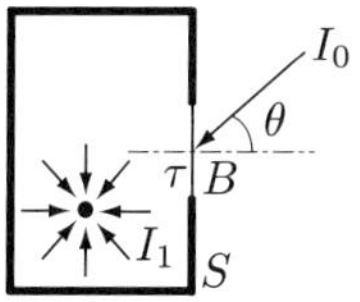

11.3. 窓を閉じた時の防音性能

図 11.5 閉窓からの音の侵入

場が拡散的であるとすれば

$$I_1(\theta) = \frac{4\sigma_B \tau}{a} I_0 \cos\theta \tag{11.10}$$

と表される。ここに a は室表面（窓を含む）の平均吸音率であり，また

$$\sigma_B = \frac{B}{S} \tag{11.11}$$

は室表面に占める窓の割合（窓占有率）である。従って入射音に対する減音量（建物の防音性能）はこの場合

$$D_\theta(\tau, a, \sigma_B) = 10\log_{10} \frac{a}{4\sigma_B \tau \cos\theta} \quad [\text{dB}] \tag{11.12}$$

となる。

一方，ランダム入射（不特定な方向からの入射）に対する室内の受音強度は $I_1(\theta)$ を半空間にわたり平均することにより

$$\langle I_1(\theta) \rangle = \frac{2\sigma_B \tau}{a} I_0 \tag{11.13}$$

で表される。これよりランダム入射に対する防音性能は

$$D(\tau, a, \sigma_B) = 10\log_{10} \frac{a}{2\sigma_B \tau} \quad [\text{dB}] \tag{11.14}$$

で与えられる。従って，特定方向からの入射音とランダム入射に対する建物の防音性能の間には

$$D_\theta(\tau, a, \sigma_B) = D(\tau, a, \sigma_B) - 3 - 10\log_{10}(\cos\theta) \tag{11.15}$$

なる関係が成り立つ。$0 \leq \theta < \pi/3$ ではランダム入射に比し防音性能は低くなり，特に $\theta = 0$ では 3dB の性能低下となる。

さて式 (11.14) に基づきランダム入射に対する具体的な防音性能について検討してみよう。通常の広さの部屋（6〜8畳）では室表面積及び窓（問題となる特定の窓）の面積は

$$S \simeq 50 \sim 60 \ [\text{m}^2]$$
$$B \simeq 1 \sim 4 \ [\text{m}^2]$$

であることから

$$\sigma_B = \frac{B}{S} \simeq \frac{1}{60} \sim \frac{1}{12}$$

また室表面の吸音率は

$$a \simeq 0.2 \sim 0.4$$

である。従って式 (11.14) にこれらの値を代入し，図 11.6 に $D(\tau, a, \sigma_B)$ を窓の透過損失（遮音量）$TL = 10\log_{10}(1/\tau)$ の関数として描いた。例えば窓の $TL = 20[\text{dB}]$，占有率 $\sigma_B = 1/20$，室吸音率 $a = 0.3$ の部屋の防音性能は

$$D(1/100, 0.3, 1/20) = 25 \ [\text{dB}]$$

と見積もられる。また窓の透過損失 TL を 10〜30dB，占有率 σ_B を 1/60〜1/12，室吸音率 a を 0.3 とすれば[5]，防音性能は 12〜40dB となり，実態調査における建物の防音性能に関するデータの分布の範囲とよく符合している（図 11.7）。

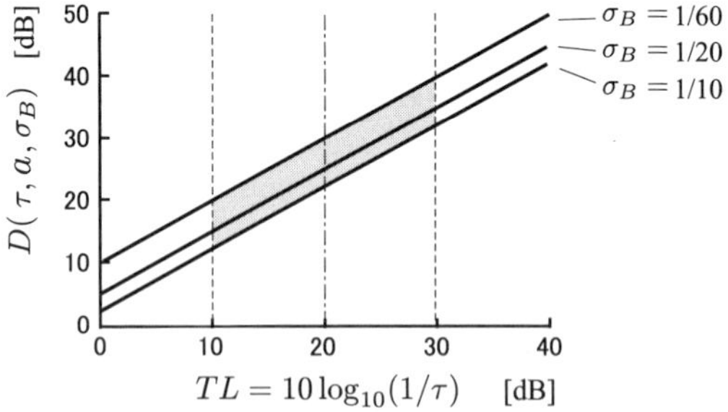

図 **11.6** 窓閉時の減音量（理論）

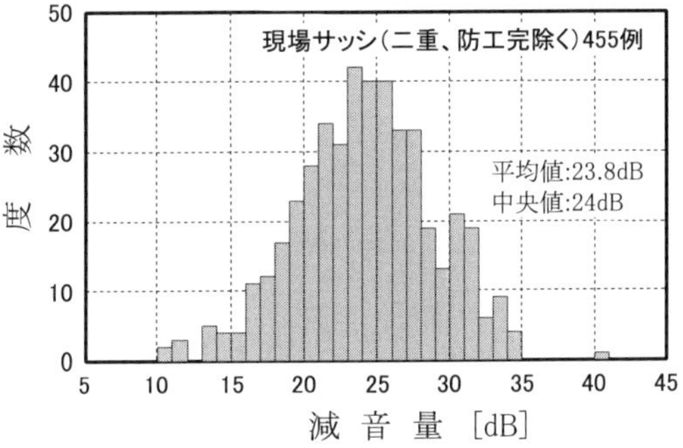

図 **11.7** 窓閉時の減音量（実測）[1]

11.4 窓開閉時の防音性能の関係

実際上，特に関心の高い問題は窓を閉じた時と開いた時における防音性能の関係である．ランダム入射音を対象に両者の関係について検討を加えることにする．窓の面積を $B[\mathrm{m}^2]$，そのうち開けている部分の面積を $A[\mathrm{m}^2]$ とし，両者の比

$$\chi = \frac{A}{B} \tag{11.16}$$

を開放度と呼ぶことにする．

さて，前節までの議論によれば，窓を閉じた状態及び開いた状態におけるランダム入射音に対する防音性能はそれぞれ式 (11.14) 及び式 (11.7) で与えられ，両者の間に

$$\begin{aligned} D(\tau, a, \sigma_B) = & 10 \log_{10} \frac{1}{\tau} + D(a, \sigma_A) + 10 \log_{10} \chi \\ & - 10 \log_{10} \left(1 + \frac{1-a}{a} \sigma_A\right) \end{aligned} \tag{11.17}$$

なる関係があることが分かる．通常

$$\frac{1-a}{a} \sigma_A \ll 1$$

であることから上式は

$$D(\tau, a, \sigma_B) \simeq 10 \log_{10} \frac{1}{\tau} + D(a, \sigma_A) + 10 \log_{10} \chi \tag{11.18}$$

で近似される。なお，開放度 χ は引き違い窓では $0 \leq \chi \leq 1/2$ である。

以上の結果を整理すれば，窓の開閉による防音性能の差は式 (11.17),(11.18) より

$$\begin{aligned}
\Delta D(\tau, a, \chi) &= D(\tau, a, \sigma_B) - D(a, \sigma_A) \\
&= 10\log_{10}\frac{1}{\tau} - 10\log_{10}\left(1 + \frac{1-a}{a}\sigma_A\right) + 10\log_{10}\chi \\
&\simeq TL + 10\log_{10}\chi
\end{aligned} \quad (11.19)$$

で与えられる。容易に知られるごとく，この結果は θ 方向から入射する音に対してもそのまま成り立つ。

これより，代表的な場合として透過損失及び開放度を

$$TL = 10\log_{10}\frac{1}{\tau} = 20 \text{ [dB]}$$
$$\chi = 1/3$$

とすれば，開閉に伴う防音性能の差は

$$\Delta D(1/100, a, 1/3) = 20 - 5 = 15 \text{ [dB]}$$

と見積もられ，実測による平均的な防音性能の差（図 11.1 及び図 11.7 参照）とほぼ一致する。

11.5 道路に面する窓の防音性能

建物の防音性能が特に問題となるのは建物が道路際にある場合で，なかでも部屋の窓が道路に面している場合である（図 11.8）。道路上の点 ξ にある出力 $P[\mathrm{W}]$

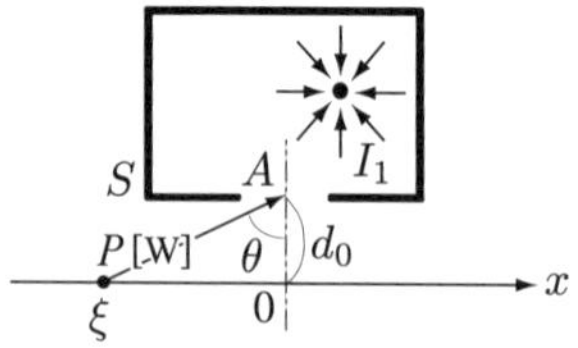

図 11.8 道路に平行な窓からの音の侵入

の音源による窓面の受音強度は

$$I_0(\xi) = \frac{P}{2\pi} \frac{1}{d_0^2 + \xi^2} \tag{11.20}$$

であり，窓から室内に侵入する音響パワーは開口面積を $A[\mathrm{m}^2]$ とすれば

$$P_A(\xi) = I_0(\xi) A \cos\theta_\xi = \frac{APd_0}{2\pi(d_0^2 + \xi^2)^{3/2}} \tag{11.21}$$

で与えられる。従って室内の受音強度は拡散場を仮定すれば

$$I_1(\xi) = \frac{4P_A(\xi)}{\overline{a}S} = \frac{2AP}{\pi\overline{a}S} \frac{d_0}{(d_0^2 + \xi^2)^{3/2}} \tag{11.22}$$

となる。これより，道路の単位長さあたりの平均車両数（音源の平均密度）を $\mu[\text{台}/\mathrm{m}]$ とし，窓面の等価受音強度 $I_{0,eq}$ を次式で定義する。

$$I_{0,\mathrm{eq}} = \int_{-\infty}^{\infty} \mu I_0(\xi) d\xi = \frac{\mu P}{2d_0} \tag{11.23}$$

これは，単位長さあたりの音響出力が $\mu P[\mathrm{W/m}]$ の線音源による寄与を表している。また，室内の等価受音強度 $I_{1,\mathrm{eq}}$ を次式で定義する。

$$I_{1,\mathrm{eq}} = \int_{-\infty}^{\infty} \mu I_1(\xi) d\xi = \frac{4\sigma_A}{\overline{a}} \frac{\mu P}{\pi d_0} \tag{11.24}$$

これら室内外の等価受音強度のレベル差

$$\begin{aligned}D_{\mathrm{eq}}(a, \sigma_A) &= 10\log_{10}\frac{I_{0,\mathrm{eq}}}{I_{1,\mathrm{eq}}} = 10\log_{10}\left(\frac{\overline{a}}{4\sigma_A}\frac{\pi}{2}\right)\\ &= D(a, \sigma_A) + 10\log_{10}\frac{\pi}{4} = D(a, \sigma_A) - 1 \quad [\mathrm{dB}]\end{aligned} \tag{11.25}$$

から，道路騒音に対する建物の防音性能を評価することができよう。これによれば道路に平行な開口（窓）を有する建物の防音性能は，不特定な方向から侵入する騒音に対する性能に比し，1dB 低下することとなる。なお，上式の D_{eq} は厳密には周波数に依存しており，これに A 特性の周波数重みを掛ければ，室内外の等価騒音レベル差を表すことになる。

　窓（面積 B）が閉じている場合についても同様な議論を繰り返すことにより室内の等価受音強度は

$$I_{1,\mathrm{eq}} = \frac{4\sigma_B}{a} \frac{\mu\tau P}{\pi d_0} \tag{11.26}$$

で与えられる。ただし，τ は窓面の透過係数，$\sigma_B(= B/S)$ は窓占有率である。従って防音性能は式 (11.23) と式 (11.26) より

$$\begin{aligned} D_{\text{eq}}(\tau, a, \sigma_B) &= 10 \log_{10} \left(\frac{a}{2\sigma_B} \frac{\pi}{4} \frac{1}{\tau} \right) \\ &= 10 \log_{10} \frac{a}{2\sigma_A} - 1 + 10 \log_{10} \chi + 10 \log_{10} \frac{1}{\tau} \\ &\simeq D(\tau, a, \sigma_B) - 1 \end{aligned} \qquad (11.27)$$

となり式 (11.18)（不特定方向からの侵入）に比し，やはり 1dB の低下となる。

11.6 実測との対応

以上，簡単なモデルを用いて窓を開いた状態及び閉じた状態における室の防音性能を算定する計算式を導出し，相互の関連について検討を行ない，実測データの概要を説明できることを示した。本節では導出した計算式を基に音の入射角，窓の開口率や透過損失，室表面の吸音率などを計算機上で種々変化させ防音性能の分布を求め，実際の調査データによる分布と比較検討する。

11.6.1 計算式による防音性能のシミュレーション

図 11.1 のヒストグラムは窓開放時の減音量（室の防音性能）に関する多数の実測調査データを集めたものである。また，図 11.7 は窓を閉じた状態における防音性能を調査した結果のヒストグラムである。これらの調査データは室の開口率や透過損失，室表面の吸音率など不明な様々な室に対する実測値（サンプル）を集めたものである。

室の減音量に関する計算式においても，これらパラメータを乱数を用いて変化させ，減音量のサンプル値集合を得ることができる。以下では窓開放時の防音性能については式 (11.6) を，閉じた時の防音性能については式 (11.12) を基に計算機上でパラメータごとに適切な乱数を発生させ減音量のサンプル値集合を求め，その度数分布を作成し，既存の実測調査結果（図 11.1 及び図 11.7）と比較検討する。ここでは前述の議論を踏まえ，

(1) 広さ 6 畳〜8 畳（表面積 $S = 50 \sim 60 [\text{m}^2]$）

(2) 窓の占有面積 $B = 1 \sim 4 [\mathrm{m}^2]$
(3) 窓の開口面積 $A = 0.5 \sim 2 [\mathrm{m}^2]$
(4) 室表面の平均吸音率 $a = 0.2 \sim 0.4$
(5) 窓の透過損失 $TL = 10 \sim 30 [\mathrm{dB}]$

のごく普通のタイプの部屋を考え，これよりパラメータの範囲を表 11.1 のごとく設定した．ここでは各パラメータが正規分布するものと仮定し，表中の範囲に

表 11.1 シミュレーションのパラメータ設定

パラメータ	範囲	正規乱数 平均値	標準偏差
部屋の開口率 σ_A	0.01～0.04	0.025	0.0075
窓占有率 σ_B	0.017～0.1	0.06	0.021
窓の透過損失 TL	10～30	20	5
室表面の平均吸音率 a	0.2～0.4	0.3	0.05

95%が入るよう正規分布の平均値と標準偏差を決めている．さらに入射角に関しては窓前面の

(6) 半空間からのランダム入射（$\cos\theta$:[0,1] の一様分布）

又は

(6') 水平面内のランダム入射（θ:[0,$\pi/2$] の一様分布）

を想定し，減音量についてのシミュレーション計算を実施した．

11.6.2 実測値とシミュレーション結果との比較

一様乱数と正規乱数を用いて入射角及び室パラメータに関する 500 組の値を選定し，式 (11.6) 及び式 (11.12) に代入することにより窓の開閉時における部屋の防音性能を算出し，度数分布を求めた．図 11.9 及び図 11.10 は窓前方の半空間からランダムに音が侵入するとした場合の窓開閉時における防音性能のヒストグラムである．また，図 11.11 及び図 11.12 は前方水平面からランダムに音が入射するとした場合に得られる防音性能のヒストグラムである．これらの図には実測調査データのヒストグラム（図 11.1，図 11.7）が同時にプロットされており，シミュレーション結果と比較的良い対応を示すことが知られる．前方半空間からラ

ンダムに入射する騒音に対し窓を開放した時及び閉じた時の減音量の平均値はそれぞれ 9.7dB 及び 25.4dB であり，前方水平面からのランダム入射についてはそれぞれ 8.6dB 及び 24.3dB である．実測データの平均値はそれぞれ 9.1dB 及び 23.8dB であり，これらの結果とよく符合しているが前方水平面からのランダム入射に対する場合により近いことが知られる．

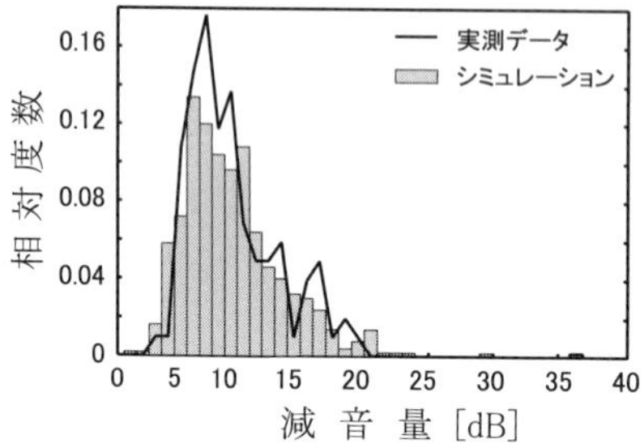

図 11.9 窓開放時の減音量 (a, σ_A:正規分布, $\cos\theta$:一様分布)

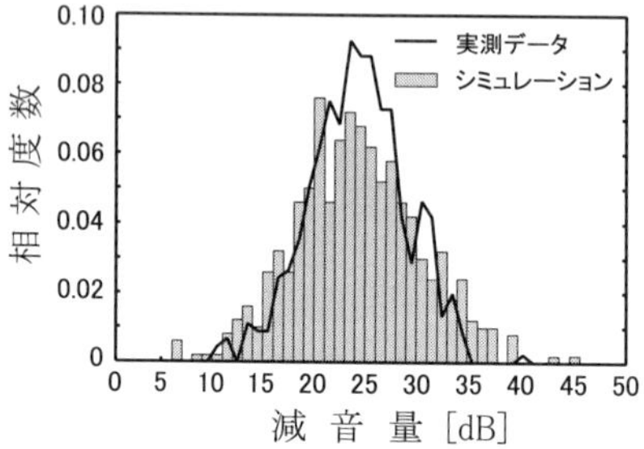

図 11.10 窓を閉じた時の減音量 (a, σ_B, TL:正規分布,$\cos\theta$:一様分布)

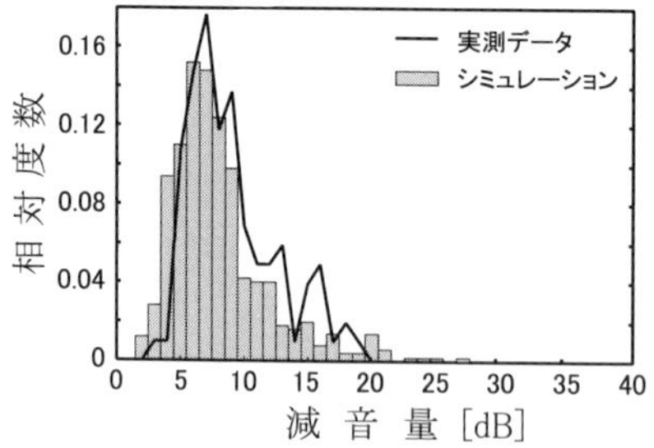

図 11.11 窓開放時の減音量 (a, σ_A:正規分布,θ:一様分布)

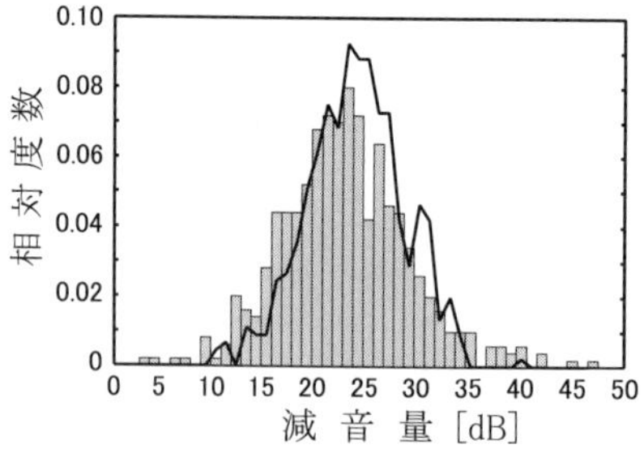

図 11.12 窓を閉じた時の減音量 (a, σ_B, TL:正規分布,θ:一様分布)

11.7 まとめ及び課題

部屋の窓を開けた状態における建物の防音性能について考察し，窓に対する音の侵入方向，開口率及び室表面の吸音率から減音量を算定する計算式を与えた．この計算式を基にわが国の通常の家屋の場合，ランダム入射（不特定方向からの侵入）に対しては，10dB 程度の減音が見込まれることを示した．さらに窓の透過損失を考慮した場合の防音性能に関するモデル化と定式化を行い，窓を閉じれ

ば，通常の家屋では 25dB 程度の減音が見込まれることを示した。また窓開閉時の防音性能の差についても検討し，簡単な関係を得た。さらに，室パラメータや音の入射方向を乱数とする計算機シミュレーションを実行し，減音量の度数分布を求め，実測調査により得られた既存の度数分布と概ね符合することを示した。

文献

1) 中央環境審議会騒音振動部会騒音評価手法等専門委員会, "騒音の評価手法等の在り方について報告（別紙）" (1998.5)
2) 久野和宏, 奥村陽三, "いわゆる建物の防音性能について ―窓開放時 10dB？―", 日本騒音制御工学会 研究発表会講演論文集 (1998) pp.155–158
3) 久野和宏, 野呂雄一, 宮内一道, "窓の開閉に伴う建物の防音性能について ―拡散音場のこと (II)―", 電子情報通信学会 技術研究報告 **EA99-50** (1999) pp.17–23
4) 牧田康雄編, 現代音響学（オーム社, 1976）pp.243–255
5) 日本建築学会編, 実務的騒音対策指針 応用編（技報堂出版, 1987）

第 12 章　廊下にそっての騒音伝搬

　室内，トンネル内，平行壁面間など，閉空間内に置かれた点音源からの放射場に関しては，鏡像法（イメージ法）を用い，音の空間的なエネルギー密度（又は音の強度）を算出することが多い[1-3]。通常のイメージ法では，これらの閉空間内の音場は，実音源及び鏡像音源群（イメージ音源群）の離散的な分布を想定し，それらの寄与を加算することにより求められる。この方法は極めて直観的で理解し易く，種々活用されているが，イメージ音源の位置を同定しなければならないこと，壁面等の音の反射率が 1 に近づくにつれ，考慮すべきイメージ音源数が無限に増大し，実際上計算が不可能になるなどの難点を有する。

　4 章では，実音源を中心とする上記の離散的な音源分布を閉空間の容積（トンネル，廊下等の場合は断面積，平行壁面の場合には壁面間距離）のスケールで平滑化し，連続的な音源分布で近似すれば，音場は簡単な求積（積分）により求められることを示した。本章では，方形断面を有する廊下にそっての騒音伝搬を取り上げ，この手法（イメージ拡散法）の適用の仕方を述べるとともに，通常のイメージ法を用いて計算した結果と比較検討する。また，実測結果との対応状況を示す。

12.1　音場の解析

　方形断面を有し，z 軸方向に直線的に延びた廊下（又はトンネル）に，音響出力 W_0 の点音源が置かれているものとする。図 12.1 には，この点音源（実音源）を含む横断面（$z = 0$）と，イメージ音源群の配置を示す。実音源から z 軸方向にそっての音の強度の変化（廊下にそっての減音特性）について考えることとし，ここでは，まず比較の対象とする通常のイメージ法（以下，イメージ法と略記）とイメージ拡散法に基づく計算法の要約を与える。

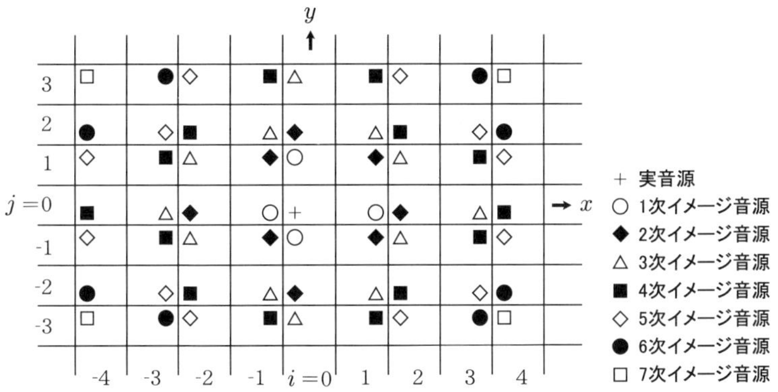

図 12.1 実音源及びイメージ音源の配置（方形断面を有する廊下）

12.1.1 イメージ法

実音源の座標を $(x_0, y_0, 0)$，受音点の座標を (x, y, z)，廊下の横及び縦寸法をそれぞれ l_x，l_y とする。鏡像原理を適用すればイメージ音源 (i, j) の座標 $(x_i, y_j, 0)$ は

$$\begin{aligned} x_i &= x_{i-1} + 2(1-q_i)x_0 + 2q_i(l_x - x_0) \\ y_j &= y_{j-1} + 2(1-q_j)y_0 + 2q_j(l_y - y_0) \\ &\qquad (i, j = 0, \pm 1, \pm 2, \cdots) \end{aligned} \tag{12.1}$$

で与えられる[1)]。

ただし

$$q_i = \frac{1}{2}\{1 - (-1)^i\}$$

とする。従って，イメージ音源は，図 12.1 に示すように，添え字 i，j によって表すことができる。ここにイメージ音源 (i, j) は，受音点に到達するのに廊下の横方向と $|i|$ 回，縦方向と $|j|$ 回反射する音源に対応しており，特にイメージ音源 $(0, 0)$ は，実音源そのものである。

また，イメージ音源 (i, j) の音響出力 W_{ij} は，廊下の周囲 4 面（天井，床，側面）の平均吸音率 a を用いて

$$W_{ij} = W_0(1-a)^{|i|+|j|} \tag{12.2}$$

と表される[1]。

以上のことから受音強度 I は，実音源（直達音）及びそのイメージ音源群（反射音）による寄与の総和として

$$I(x,y,z) = \frac{W_0}{4\pi r_0{}^2} + \sum_{\substack{i,j=-\infty \\ (i,j)\neq(0,0)}}^{\infty} \frac{W_{ij}}{4\pi r_{ij}{}^2} \tag{12.3}$$

で与えられる。
ここに

$$r_0 = \sqrt{(x-x_0)^2 + (y-y_0)^2 + z^2}$$
$$r_{ij} = \sqrt{(x-x_i)^2 + (y-y_j)^2 + z^2} \tag{12.4}$$

は，それぞれ実音源及びイメージ音源と受音点の間の距離である。上式は，また $n\,(=|i|+|j|)$ 次反射音ごとに束ねることにより

$$\begin{aligned}I(x,y,z) &= \frac{W_0}{4\pi r_0{}^2} + \sum_{n=1}^{\infty} \sum_{|i|+|j|=n} \frac{W_{ij}}{4\pi r_{ij}{}^2} \\ &= \frac{W_0}{4\pi r_0{}^2} + \sum_{n=1}^{\infty} \frac{W_0(1-a)^n}{4\pi} \sum_{|i|+|j|=n} \frac{1}{r_{ij}{}^2}\end{aligned} \tag{12.5}$$

と表すこともできる。

12.1.2　イメージ拡散法 [4,5]

この方法は，上述の離散的な音源分布を平滑化し，総和を積分で置き換えることにより得られる。その際，どの範囲の音源を平滑化するかにより，各種の場合が生じる。ここでは，便宜上，次のように分類することにしよう。

0 次イメージ拡散法： 実音源をも含めすべての次数のイメージ音源を平滑化する場合で，受音強度は次式で与えられる（4.2.2 参照）。

$$\begin{aligned}I^{(0)}(x,y,z) &= I_{zR}(z;\,\infty) \\ &= -\frac{W_0}{2S}\{\cos\alpha z\,\text{Ci}(\alpha z) + \sin\alpha z\,\text{si}(\alpha z)\}\end{aligned} \tag{12.6}$$

1 次イメージ拡散法: 実音源は除外し,イメージ音源をすべて平滑化する場合には,受音強度は次式で与えられる(4.4.2 参照)。

$$I^{(1)}(x,y,z) = \frac{W_0}{4\pi r_0{}^2} + I_{zR}(z;\ \infty) - I_{zR}(z;\ \rho_0) \tag{12.7}$$

N 次イメージ拡散法 ($N = 1, 2, \cdots$): $N\ (=|i|+|j|)$ 次以上のイメージ音源を平滑化する場合で,受音強度は次式で与えられる。

$$I^{(N)}(x,y,z) = \frac{W_0}{4\pi r_0{}^2} + \sum_{n=1}^{N-1} \sum_{|i|+|j|=n} \frac{W_{ij}}{4\pi r_{ij}{}^2}$$
$$+ I_{zR}(z;\ \infty) - I_{zR}(z;\ \rho_{N-1}) \tag{12.8}$$

ただし

$S = l_x\, l_y$: 廊下の断面積

$L = 2(l_x + l_y)$: 廊下断面の周長

$\rho_0 = \sqrt{S/\pi}$: 廊下断面の等価半径(実音源の等価半径)

$\rho_N = \sqrt{1 + 2N(N+1)}\,\rho_0$: N 次以下のイメージ音源に対する等価半径

$\alpha = -\dfrac{L}{\pi S}\log(1-a)$: イメージ音源出力の減衰係数

$\mathrm{Ci}(x) = -\displaystyle\int_x^\infty \frac{\cos\xi}{\xi}d\xi$: 積分余弦関数 [6]

$\mathrm{si}(x) = -\displaystyle\int_x^\infty \frac{\sin\xi}{\xi}d\xi$: 積分正弦関数 [6]

$$I_{zR}(z:\rho_N) = \frac{W_0}{2S}\int_0^{\rho_N} \frac{\exp(-\alpha\,\rho)}{\rho^2 + z^2}\rho d\rho \tag{12.9}$$

である。

なお,上式において,$I_{zR}(z:\rho_N)$ は,N 次以下のイメージシェル(鏡像空間)を平滑化した音源分布による寄与を表す。従って,$I_{zR}(z:\infty) - I_{zR}(z:\rho_{N-1})$ は,N 次以上のイメージシェルを平滑化した音源分布の寄与を表している。

イメージ拡散法に関する上記の分類に従えば,通常のイメージ法は,$N \to \infty$ なる極限の場合,すなわち,$I^{(\infty)}(x,y,z)$ に相当する。

12.1.3 計算結果の比較

ここでは,通常のイメージ法を用いた計算結果と,0次及び1次のイメージ拡散法による計算結果との比較を行う。図12.2は,次節における実測例を考慮して,$l_x = 2.0$m,$l_y = 2.6$m なる方形断面の廊下に,点音源が置かれた場合の放射場の距離減衰を計算したものである。ただし,横断面 $z = 0$ における音源位置 (x_0, y_0) はその中心付近 $(1.0, 1.0)$ にあり,受音点は音源を起点とする z 軸上に設定している。図には,壁面等の平均吸音率 a を,0.5,0.05 及び 0.005 とした場合の結果が示されている。

全体的に各計算法による結果は,よく一致していると言える。ただし,近距離場(音源近傍)において,0次イメージ拡散法の結果は平均吸音率の大きい場合にイメージ法よりも小さ目に,それに対して,平均吸音率がごく小さい場合(図(c))にはイメージ法による結果の方が若干小さ目になっている。前者の原因としては,0次イメージ拡散法では実音源をも含めて平滑化が行われていることにあり [5],後者は,計算機による打ち切り操作(計算処理上,高次のイメージ音源の寄与を無視すること)に起因するものである。なお,図12.2を見る限り,いずれの計算結果も実用的には差はないと考えられよう。

なお,図12.2の結果を算出するのに要した各方法による計算時間は以下の通りである。演算プログラムはFORTRANで記述し,16ビットパーソナルコンピュータ(PC-9801E)で実施した。

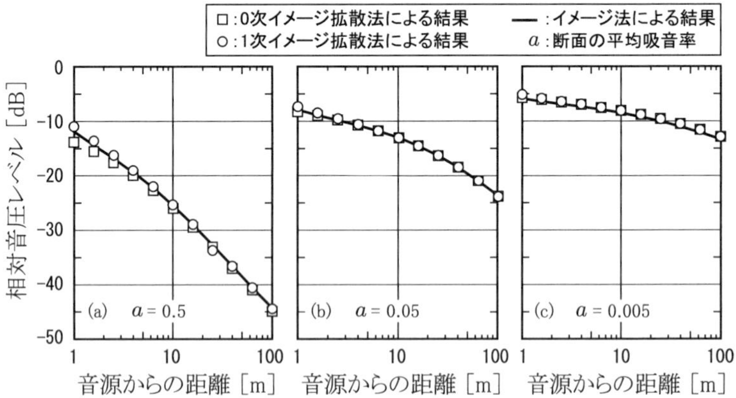

図 12.2 イメージ法とイメージ拡散法による計算結果の比較

0 次イメージ拡散法: 1 分 49 秒
1 次イメージ拡散法: 2 分 01 秒
通常のイメージ法: 4 時間 34 分 32 秒

イメージ拡散法は，平均吸音率の変化に対し，計算時間は不変であるが，イメージ法では平均吸音率の値が小さくなるに従い，考慮すべきイメージ音源数が急激に増加し，計算時間が長くなる。そのため，平均吸音率が小さい場合には，イメージ拡散法を用いることにより，通常のイメージ法に比し，計算時間の大幅な短縮が実現されることになる。

12.2 実測との対応

幅 2.0m，高さ 2.6m，長さ 57m の廊下の中央（又は片端）に，無指向性音源（B&K 4241）を置き，軸方向の音圧レベルを測定した。定常的なバンドノイズにより音源を駆動すると共に，廊下の両端にはグラスウールを設置し反射音を防止した。測定のブロック図を図 12.3 に示す。

廊下中央に音源を置き，中心周波数が各々 (a) 1kHz，(b) 2kHz，(c) 4kHz のオクターブバンドノイズを発生させた場合の測定結果を図 12.4 に示す。図には，音源からの前方および後方に向かって測定された 2 種類の結果がプロットされている。また，図中の実線は，0 次イメージ拡散法による計算結果である。ただし，廊下の吸音率は，計算値と実測値との誤差平均が最小となるように設定した。実線（計算値）は実測値とよく一致しており，0 次イメージ拡散法により騒音伝搬の推定が可能であることを示している。

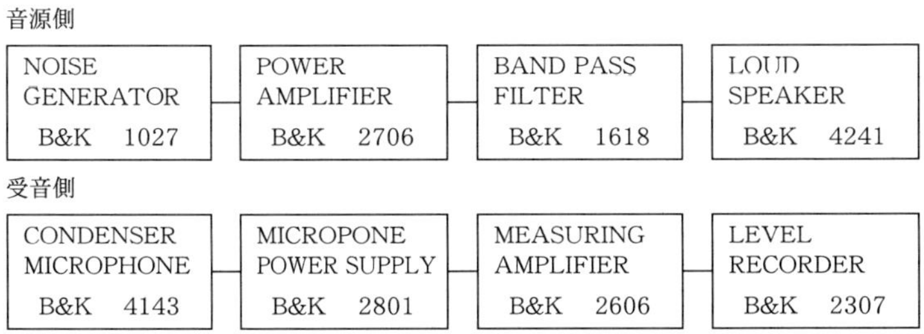

音源側

NOISE GENERATOR B&K 1027	POWER AMPLIFIER B&K 2706	BAND PASS FILTER B&K 1618	LOUD SPEAKER B&K 4241

受音側

CONDENSER MICROPHONE B&K 4143	MICROPONE POWER SUPPLY B&K 2801	MEASURING AMPLIFIER B&K 2606	LEVEL RECORDER B&K 2307

図 12.3 音圧測定のブロック図

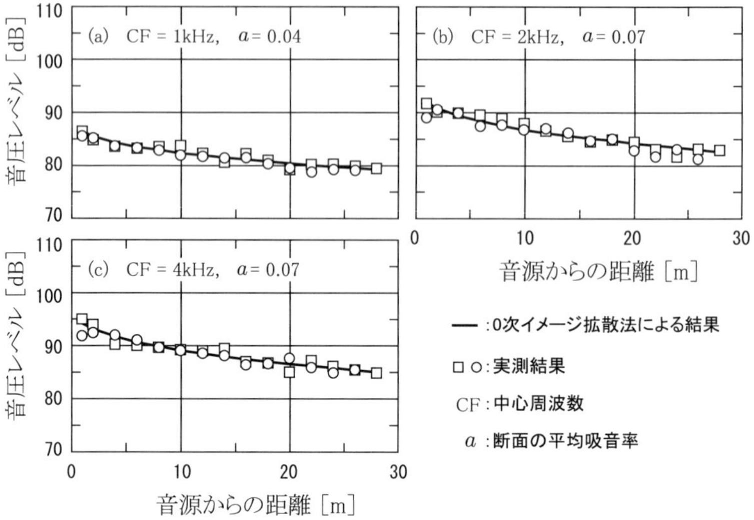

第 12 章 廊下にそっての騒音伝搬

図 12.4 実測結果と 0 次イメージ拡散法による計算結果との比較

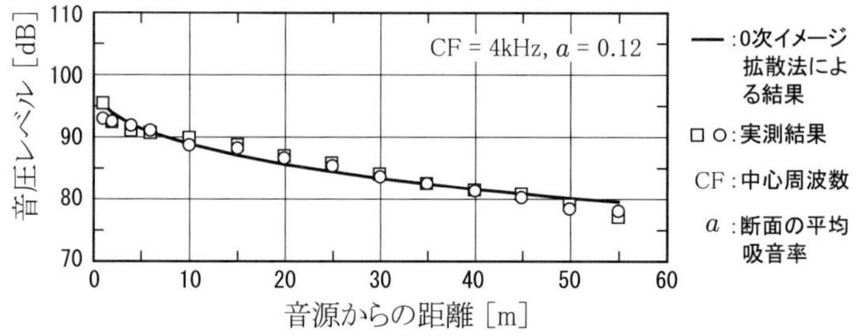

図 12.5 実測結果と 0 次イメージ拡散法による計算結果との比較

　次に，長距離伝搬の例として，音源を廊下の片端に置き，中心周波数 4kHz のバンドノイズを発生させた場合の測定結果を図 12.5 に示す。0 次イメージ拡散法による計算結果（図中の実線）は，この場合も実測結果をよくとらえているが，30m 以遠の遠距離場では，実測値が徐々に計算値を下回る過剰減衰傾向が見られる。これに対し理論曲線をフィッティングさせることは，結果的に吸音率の増大をもたらす。同一のバンドノイズを対象としているにもかかわらず図 12.4(c) に比し，図 12.5 の理論曲線の吸音率がやや高いのは，このためである。遠距離伝搬に関する理論的扱いについては，空気の音響吸収等をも考慮した更に詳細な検討

が必要と思われる。

12.3 まとめ及び課題

　本章では，方形断面を有する廊下にそっての騒音伝搬について，イメージ法及びイメージ拡散法を用いた計算結果の比較検討を行うと共に，実測との対応状況について述べた。

　0次イメージ拡散法（実音源も含め平滑化を実施）を用いた音場の計算結果では，近距離場においてやや過小評価となるが，通常のイメージ法の結果を全体的によく捕らえており，かつ計算時間が大幅に短縮されることを示した。また，廊下の平均吸音率を適切に定めることにより，この計算結果は，騒音の距離減衰特性の実測とよく一致することを確認した。

　なお，今後の検討事項としては，長距離伝搬に対する過剰減衰の取扱いがあり，トンネル内の騒音予測に本手法を適用する場合等に重要な課題となろう。

文献

1) A.Galaitsis and W. Patterson, "Prediction of noise distribution in various enclosures from free-field measurements", J. Acoust. Soc. Am. **60** (1976) pp.848–856

2) 山本照二, "廊下に沿っての音圧分布について", 日本音響学会誌 **17**,4 (1961) pp.286–292

3) H. Kuttruff, *Room Acoustics, Second Edition* (Applied Science Publishers, 1979) chaps. III& IV

4) 久野和宏, 倉田勤, 野呂雄一, 井研治, "廊下にそっての騒音伝播", 日本音響学会誌 **46**,8 (1990) pp.628–632

5) 久野和宏, 野呂雄一, 井研治, "イメージ拡散法による閉空間の音場解析 ——音源分布の平滑化法と近距離場に対する補正——", 日本音響学会誌 **44**,12 (1988) pp.893–899

6) 森口繁一, 宇田川銈久, 一松信, 数学公式 III（岩波書店, 1960） pp.21–24

第13章 トンネル内における衝撃音の伝搬

閉空間における音のインパルス応答を知ることは，その空間の残響特性の解明や，任意の音源動作に対する音場を解析する上で極めて大切である。更に衝撃音の伝搬特性自体にも興味が持たれる。室内や廊下，トンネルや地下道，地下街などの閉空間において，爆発等により衝撃音が発生した場合，そこに居合わせた人々に恐怖感を与え，いわゆるパニック状態を誘発することがある。衝撃音の伝搬特性を把握することは，これらの空間における保安対策上からも重要である。近年，道路，鉄道等の建設において多くの長大トンネルが出現している。

本章では，イメージ拡散法を用い，衝撃音（エネルギーインパルス）に対するトンネルの応答を求め，坑内における衝撃音の伝搬特性や残響特性について述べる[1]。また，衝撃音に対する室や平行壁面の応答についても言及する。

13.1 イメージ拡散法による音源分布の平滑化

任意の横断面を有し，z 軸方向に無限に延びるトンネル内に置かれた無指向性点音源を考える。トンネルの横断面積 $S[\mathrm{m}^2]$ は一定とし，点音源位置を座標原点 0 に選ぶ。トンネル壁面による反射音の寄与は鏡像理論によれば，平面 $z=0$ 上の原点（実音源）のまわりのイメージ音源群からの音響放射により表される[2]。4.1 では，この実音源及びイメージ音源群からなる平面状の離散的な音源分布を適切に平滑化し連続分布に置き換えることにより，坑内の音場の解析が容易になることを示した（イメージ拡散法）[3,4]。それによれば，平滑化された上記音源分布の出力強度 $w(\rho,t)$ は，中心 0 からの距離 ρ $(=\sqrt{x^2+y^2})$ の関数として径

方向に次式のごとく指数減衰するものとして取り扱われる[4]。

$$w(\rho, t) = \frac{W_0(t)}{S} e^{-\alpha \rho} \quad (\rho \geq 0) \tag{13.1}$$

ただし，$W_0(t)$ は実音源の音響出力，S はトンネルの断面積である．また，α は壁面の反射吸音過程に基づく減衰係数であり，トンネルの断面形状及び吸音特性により

$$\alpha = -\frac{l}{\pi S} \log(1 - \overline{a}) \tag{13.2}$$

l：トンネル断面の周長

$\overline{a}$：内表面の平均吸音率

と表される．

13.2　エネルギーインパルスの伝搬特性

トンネル内の爆発や衝突等により発生する衝撃音の伝搬特性について考える．簡単のため音源として，音響出力が高さ W_0，幅 $\Delta\tau$ の方形パルス

$$W_0(t) = \begin{cases} W_0 & (0 \leq t \leq \Delta\tau) \\ 0 & (その他) \end{cases} \tag{13.3}$$

で与えられる点音源を考える（図 13.1）．

パルス波形の面積 $W_0 \Delta\tau$ を一定のまま，幅 $\Delta\tau$ を零に近づけることにより，音響エネルギーインパルスが得られる．まず，このエネルギーインパルスの形状が，坑内を伝搬するに従ってどのようにひずむか（変形するか），特にピーク値はどのような減衰を受けるかなどについて調べることにしよう．

そこで，坑軸上の観測点 z における受音強度の時間変化を $i(z,t)$，時刻 t までの音の暴露量を $e(z,t)$ とおけば，両者の間には

$$e(z,t) = \int_{-\infty}^{t} i(z,\tau) d\tau \tag{13.4}$$

なる関係がある．また，この積分は，イメージ拡散法に基づく音源分布から時刻

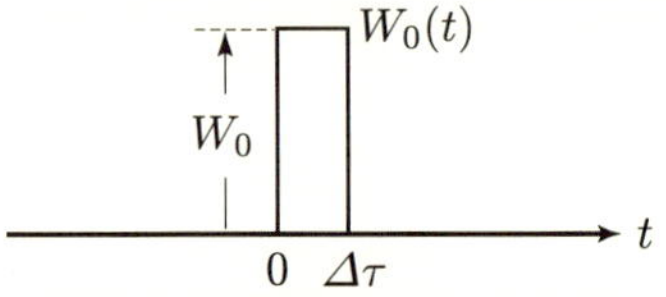

図 13.1 点音源からの方形出力波形

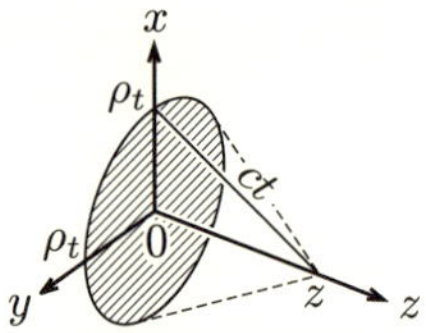

図 13.2 時刻 t までに受音点 z に影響を及ぼす音源領域（斜線部分）

t までに，受音点 z に到達する音響エネルギーの和として

$$\begin{aligned}e(z,t) &= \int_{-\infty}^{t} d\tau \int_{0}^{\rho_{t-\tau}} \frac{w(\rho,\tau)2\pi\rho d\rho}{4\pi(\rho^2+z^2)} \\ &= \frac{W_0 \Delta\tau}{2S} \int_{0}^{\rho_t} \frac{e^{-\alpha\rho}}{\rho^2+z^2}\rho d\rho \end{aligned} \quad (13.5)$$

と表される。ここに，ρ_t は，音源分布のうち時刻 t までに受音点 z に影響を及ぼす部分の半径であり

$$\rho_t = \sqrt{(ct)^2 - z^2} \quad (13.6)$$

で与えられる（図 13.2）。時刻 t までの暴露量には，受音点 z を中心とする半径 ct の球面内にある音源分布のみが関係するからである。

さて，この場合の受音強度 $i(z,t)$ は，式 (13.4) 及び式 (13.5) を時間 t に関し微分することにより

$$\begin{aligned}i(z,t) &= \frac{\partial}{\partial t}e(z,t) \\ &= \frac{W_0 \Delta\tau}{2S} \frac{\partial \rho_t}{\partial t} \frac{\partial}{\partial \rho_t} \int_{0}^{\rho_t} \frac{e^{-\alpha\rho}}{\rho^2+z^2}\rho d\rho \\ &= \begin{cases} 0 & (t < z/c) \\ \left(\dfrac{W_0 \Delta\tau}{2S}\right) \dfrac{2c^2 t}{2\rho_t} \dfrac{e^{-\alpha\rho_t}}{\rho_t^2+z^2}\rho_t & (t \geq z/c) \end{cases} \\ &= \begin{cases} 0 & (t < z/c) \\ \left(\dfrac{cW_0 \Delta\tau}{2S}\right) \dfrac{e^{-\alpha\rho_t}}{ct} & (t \geq z/c) \end{cases}\end{aligned} \quad (13.7)$$

と表される。この受音強度は，音源から放射されたエネルギーインパルス $W_0 \Delta\tau$ に対するトンネルの応答波形であり，図 13.3 には，受音点 z におけるこの衝撃

13.2. エネルギーインパルスの伝搬特性

音の時間変化の様子を，減衰係数 α をパラメータとして示した。α すなわち，トンネル内表面の平均吸音率 $\bar{a}$（式 (13.2) 参照）が大きいほど衝撃音の時間減衰は急峻であることが分かる。しかしながら，各受音点 z における衝撃音のピーク値は，式 (13.7) より明らかなとおり，時刻 $t = z/c$（$\equiv t_z$）に現れ，減衰係数 α にはよらず

$$i_p(z) = \left(\frac{cW_0 \Delta\tau}{2S}\right)\frac{1}{z} \tag{13.8}$$

と表され，断面積 S 及び音源からの距離 z に逆比例して（容積 $2Sz$ に逆比例し，倍距離 3dB で）減衰することが知られる。従って，衝撃音の時間減衰はトンネル内表面の吸音率 $\bar{a}$ の影響を大きく受けるが，ピーク値 $i_p(z)$ 自体は容積 $2Sz$ で薄められ $\bar{a}$ に依存しないという興味ある結果が導かれた。

また，この衝撃音通過に伴う受音点 z における総暴露量は，式 (13.4)，式 (13.5) より

$$\begin{aligned}
e(z,\infty) &= \int_{-\infty}^{\infty} i(z,t)dt \\
&= \frac{W_0 \Delta\tau}{2S} \int_0^{\infty} \frac{e^{-\alpha\rho}}{\rho^2 + z^2}\rho d\rho \\
&= -\frac{W_0 \Delta\tau}{2S}\{\cos\alpha z \,\text{Ci}(\alpha z) + \sin\alpha z \,\text{si}(\alpha z)\}
\end{aligned} \tag{13.9}$$

で与えられる[5]。この距離減衰の様子を図 13.4 に示した。

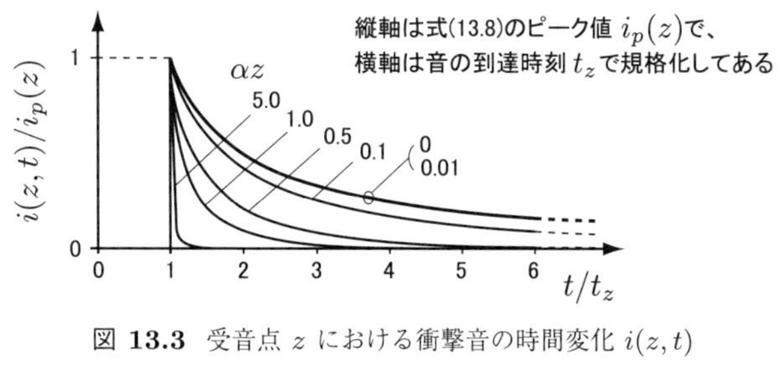

図 13.3 受音点 z における衝撃音の時間変化 $i(z,t)$

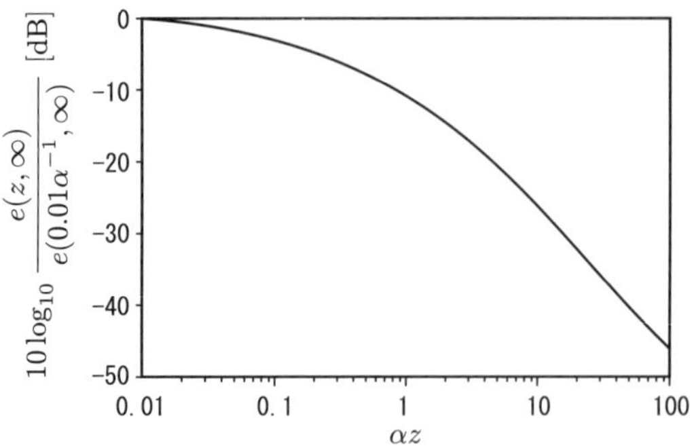

図 13.4 衝撃音による暴露量の距離減衰

13.3 坑内における一般の音響伝搬

トンネル内にある点音源の音響出力 $W_0(t)$ が任意の時間変化に従う一般的な場合を取扱うには，次の 2 点に留意すればよい．

1) 点音源からのエネルギー放射は，微小なエネルギーインパルス $W_0(\tau)\Delta\tau$ の重ね合わせで表される．
2) このエネルギーインパルスに対する坑内の受音強度は，前節の式 (13.7) から

$$i(z,t) = \begin{cases} 0 & (t-\tau < z/c) \\ \dfrac{cW_0(\tau)\Delta\tau}{2S}\dfrac{e^{-\alpha\rho_{t-\tau}}}{c(t-\tau)} & (t-\tau \geq z/c) \end{cases} \quad (13.10)$$

で与えられる．

従って音響出力 $W_0(t)$ の点音源による受音強度 $I(z,t)$ は，微小なエネルギーインパルス $W_0(\tau)\Delta\tau$ に対する上記受音強度 $i(z,t)$ の和として

$$\begin{aligned} I(z,t) &= \int_{-\infty}^{t-z/c} \frac{cW_0(\tau)}{2S}\frac{e^{-\alpha\rho_{t-\tau}}}{c(t-\tau)}d\tau \\ &= \frac{1}{2S}\int_{z/c}^{\infty} W_0(t-\tau)\frac{e^{-\alpha\rho_\tau}}{\tau}d\tau \end{aligned} \quad (13.11)$$

と表される．すなわち受音強度（受音点における応答）は音源出力 $W_0(t)$ と単位

エネルギーインパルスに対する応答

$$i_1(z,t) = \begin{cases} 0 & (t < z/c) \\ \dfrac{1}{2S} \dfrac{e^{-\alpha \rho_t}}{t} & (t \geq z/c) \end{cases} \quad (13.12)$$

とのたたみ込み積分で与えられる。

13.4　坑内の残響特性

さて，上記の単位エネルギーインパルスに対する応答 $i_1(z,t)$ 自体が，受音点 z における残響特性と考えられるわけであるが，前節の結果を基に坑内の残響曲線を求めてみよう。通常の意味での残響曲線というのは，定常状態にある音場の音源駆動停止後の減衰過程をいう。従って，音響出力 W_0 で定常駆動されていた音源を時刻 $t = 0$ で停止した場合

$$W_0(t) = \begin{cases} W_0 & (t \leq 0) \\ 0 & (t > 0) \end{cases}$$

について考える。上式を式 (13.11) に代入し，受音強度の時間減衰を求めれば，坑内における残響曲線として

$$I(z,t) = \begin{cases} -\dfrac{W_0}{2S}\{\cos \alpha z \operatorname{Ci}(\alpha z) + \sin \alpha z \operatorname{si}(\alpha z)\} & (t \leq z/c) \\ \dfrac{W_0}{2S} \displaystyle\int_{\rho_t}^{\infty} \dfrac{e^{-\alpha \rho}}{\rho^2 + z^2} \rho d\rho & (t > z/c) \end{cases} \quad (13.13)$$

が得られる。これは，先に 4.3.2 で導いた坑内の残響式と一致している。

13.5　総暴露量

音源の出力 $W_0(t)$ が任意の時間変化に従う一般の場合について考える。坑軸上の点 z における総暴露量 $E(z)$ は，式 (13.11) の受音強度 $I(z,t)$ を全時間にわ

たって積分することにより

$$E(z) = \int_{-\infty}^{\infty} I(z,t)dt$$
$$= \frac{1}{2S} \int_{z/c}^{\infty} d\tau \frac{e^{-\alpha \rho_\tau}}{\tau} \int_{-\infty}^{\infty} W_0(t-\tau)dt$$
$$= -\frac{\mathcal{E}_0}{2S}\{\cos\alpha z \, \text{Ci}(\alpha z) + \sin\alpha z \, \text{si}(\alpha z)\} \quad (13.14)$$

で表される。ここに $\mathcal{E}_0$ は，音源の放射エネルギー

$$\mathcal{E}_0 = \int_{-\infty}^{\infty} W_0(t)dt \quad (13.15)$$

である。

当然のことながら，この結果は，各インパルスに対する式 (13.9) を加算したものとなっており，距離減衰特性は，式 (13.9) と同じく図 13.4 で示される。

13.6　室及び平行壁面の応答

以上，エネルギーインパルスに対するトンネルの応答（衝撃音の伝搬特性）をイメージ拡散法を用い導出する方法を示した。同様の手順に従えば，エネルギーインパルスに対する室空間の応答は

$$i_1(t) = \frac{c}{V} e^{-\alpha ct} \quad (t \geq 0) \quad (13.16)$$

また，出力 $W_0(t)$ の点音源に対する応答は

$$I(t) = \int_0^{\infty} W_0(t-\tau) i_1(\tau) d\tau$$
$$= \int_0^{\infty} W_0\left(t - \frac{r}{c}\right) \frac{e^{-\alpha r}}{V} dr \quad (13.17)$$

で与えられる。ここに V は室容積，α は室表面における反射吸音過程による減衰係数である。

エネルギーインパルスに対する平行壁面の応答についても同様に

$$i_1(\rho_x, t) = \begin{cases} 0 & (t < \rho_x/c) \\ \dfrac{1}{2\pi l_x} \dfrac{e^{-\alpha \sqrt{(ct)^2 - \rho_x^2}}}{t\sqrt{(ct)^2 - \rho_x^2}} & (t \geq \rho_x/c) \end{cases} \quad (13.18)$$

また，出力 $W_0(t)$ の点音源に対する応答（距離 ρ_x における受音強度）は

$$\begin{aligned}I(\rho_x, t) &= \int_0^\infty W_0(t-\tau)\, i_1(\rho_x, \tau) d\tau \\ &= \frac{1}{2\pi l_x} \int_0^\infty W_0 \left(t - \frac{\sqrt{\xi^2+\rho_x{}^2}}{c} \right) \frac{e^{-\alpha\xi}}{\xi^2+\rho_x{}^2} d\xi \end{aligned} \quad (13.19)$$

で与えられる。ここに l_x は平行壁面の間隔を，α は壁面における反射吸音過程による減衰係数を，ρ_x は音源・受音点間の水平距離である。

これらの結果は，容易に知られるごとく，音源出力 $W_0(t)$ に関し，4.2 及び 4.3 の結果を一般化したものになっている。即ち，$W_0(t)$ を適当に設定すれば，4.2 及び 4.3 の結果が得られる。

文献

1) 久野和宏, 野呂雄一, "トンネル内における衝撃音の伝搬特性について ―エネルギーインパルスに対する応答とその応用―", 日本音響学会誌 **49**,6 (1993) pp.397–400

2) H. Kuttruff, *Room Acoustics, Second Edition* (Applied Science Publishers, 1979) chap. IV

3) 久野和宏, 今井兼範, "イメージ拡散法に基づく残響場の理論的考察", 日本音響学会誌 **41**,10 (1985) pp.684–689

4) 久野和宏, 野呂雄一, 井研治, "イメージ拡散法による閉空間内の音場解析 ―音源分布の平滑化法と近距離場に対する補正―", 日本音響学会誌 **44**,12 (1988) pp.893–899

5) 森口繁一, 宇田川銈久, 一松信, 数学公式 II（岩波書店, 1957）p.289

第14章　吸音ルーバーによる騒音対策

　11章では窓から室内に侵入する音を取上げ，我が国における建物の防音性能の実態を示すとともに，簡便なモデルを用いて建物の防音性能を算定する方法を紹介した。また，このモデルにより窓の開閉に伴う防音性能の変化を説明し得ることを示した。

　本章では工場の建屋や掘割道路等の開口部からの音響放射を抑制する吸音ルーバーについて解説し，その設置効果を算定する方法を述べる。この問題は建物の防音性能の算定方法と類似しているが，音源と受音点との位置関係が反転している。

14.1　吸音ルーバーとは？

　ルーバーとは元来，トンネルの出入口部に設置され，坑内と坑外の明るさ（照度）の不連続を調整し，ドライバーの目が明るさの変化にスムーズに追随できるようにするための調光施設（直射光を遮り，適度な反射光を誘導する装置）である。あるいは掘割道路の開口部に設置し，直射日光を遮り，適度な間接光が路面に届く様にするとともに，道路内の排気ガスが停滞しないように換気機能にも配慮している（図 14.1）[1]。調光機能及び換気機能に加え，ルーバーに吸音（遮音）機能を付与することが出来れば騒音対策上からも有意義である。図 14.2 はその様な吸音機能を持ったルーバーの設置例である[1]。昨今の道路建設では都市内やその近郊においては騒音対策上，半地下道路（掘割道路）が企画されるケースが増えている。さらに開口部に対しては吸音ルーバーの設置が検討されるケースも増えつつある。以下，吸音ルーバーの音響的側面に焦点を当て話を進める。

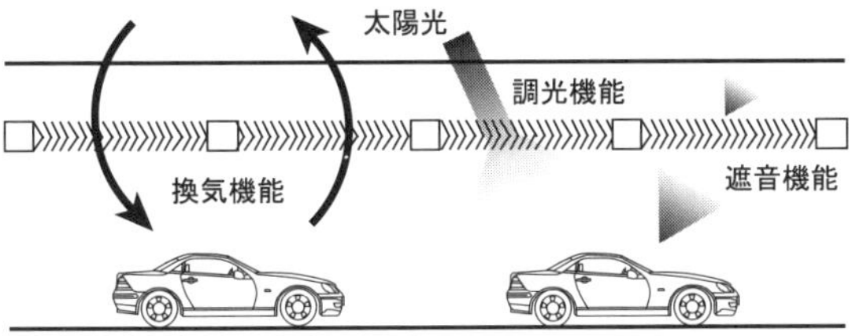

図 14.1 吸音ルーバーの機能 [1]

図 14.2 吸音ルーバーの設置例 [1]

14.2 吸音ルーバーの実状

　都市部や郊外において高層集合住宅の建設が進む昨今，沿道に建てられた高層住宅の上層階からは掘割・半地下道路内を走行する自動車を直接見通すことができるため，道路内部の吸音対策や開口部への遮音壁設置だけでは，十分な騒音低減効果が得られない場合がある。この様な場合に有効な方法が吸音ルーバーによる対策である。吸音ルーバーは，トンネル坑口部や掘割・半地下道路の開口部からの騒音低減を目的として開発された道路施設の一つで，ブレードと呼ばれる羽根材から構成される格子状の構造物である。調光，換気の機能に加え，ブレードを吸音性にすることで隙間があるにも係わらず，道路開口部から放射される騒音を一様に低減することができる。既に実際の道路に設置され，道路交通騒音に対して10dBを超える高い遮音性能が得られている。平成10年以前は1種類であったが，平成11年に愛知県内の半地下道路に対する騒音対策に際し，新しい形状の吸音ルーバーが開発，設置された。現在までの設置面積は $50,000m^2$ を超えている。図14.3に代表的な吸音ルーバーの形状（縦断図）を示す [2]。

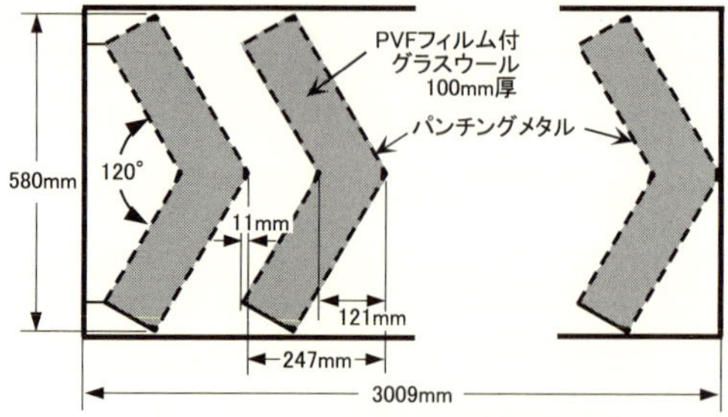

158　第 14 章　吸音ルーバーによる騒音対策

図 14.3　吸音ルーバーの縦断面形状 [2]

14.3　吸音ルーバーの音響特性

吸音ルーバーは掘割道路の開口部や工場建屋の開口部等に設置されることが多い。これらの場合，音はルーバーに通常ランダムに入射し，内部の音場に対してはルーバーの吸音特性が，また外部の音場に対してはルーバーの遮音特性が重要である。従って吸音ルーバーの音響特性としてはランダム入射における吸音率と透過損失に興味が持たれる。図 14.4 は吸音ルーバーの残響室法吸音率の測定結果の一例である[2]。また，図 14.5 は同一の吸音ルーバーに対する透過損失（残響室法及び音響インテンシティ法）の結果である[2]。

14.4　挿入損失

さて，開口部にルーバーを設置することによる受音レベルの変化について考えよう。図 14.6 の様に容積 V，表面積 S の室内に出力 W の点音源があり，室内の音場は拡散的であるとする。開口部の面積 S_0，そこに設置するルーバーの吸音率を a_0，透過係数を τ_0，また開口部以外の室表面（面積 $S_r = S - S_0$）の吸音率を a_r，透過係数は 0 とする。即ち屋外への音の透過は主として開口部に依存し，他の室表面からの透過は無視できるものとしよう。

まず室内の受音強度は開口部にルーバーを設置しない場合には

$$I_1 = \frac{4W}{S_r a_r + S_0 \cdot 1} \tag{14.1}$$

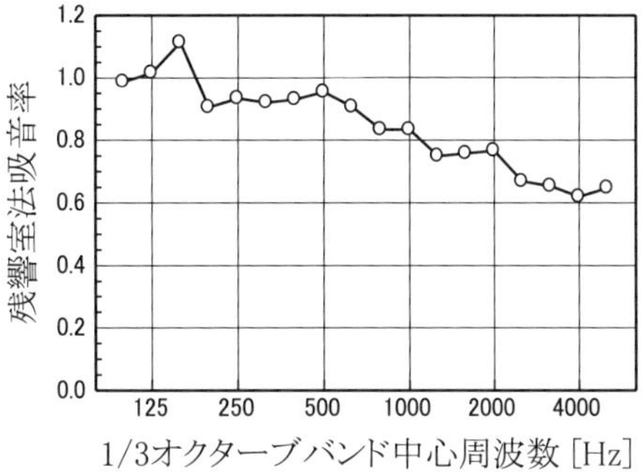

14.4. 挿入損失

図 14.4 吸音ルーバーの残響室法吸音率測定結果 [2)]

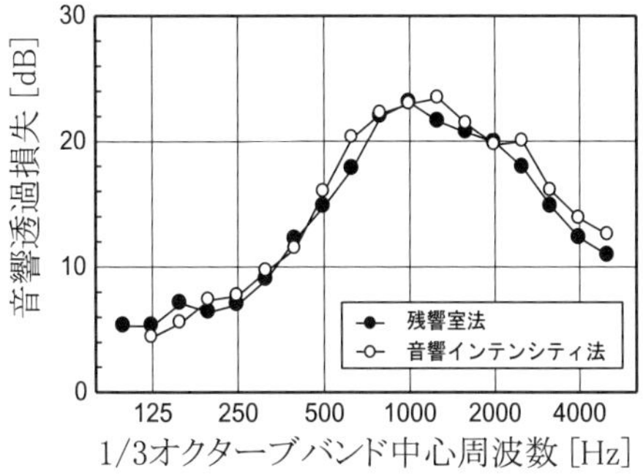

図 14.5 吸音ルーバーの透過損失測定結果 [2)]

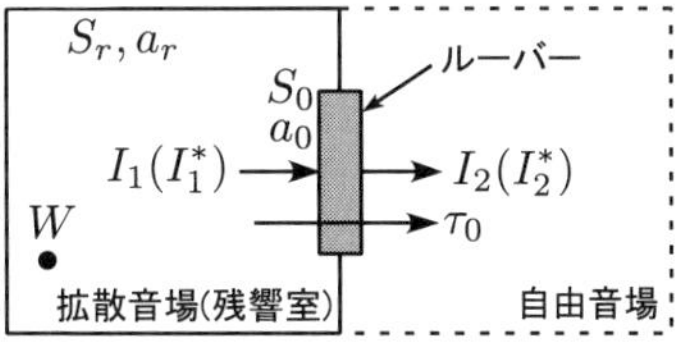

図 14.6 残響室開口からの音の放射

設置した場合には

$$I_1^* = \frac{4W}{S_r a_r + S_0 a_0} \tag{14.2}$$

となり，ルーバーの設置により室内の受音レベルは

$$
\begin{aligned}
\Delta L_1 &= 10\log_{10}\frac{I_1^*}{I_1} \\
&= 10\log_{10}\frac{S_r a_r + S_0 \cdot 1}{S_r a_r + S_0 a_0} \\
&= 10\log_{10}\left(1 + \frac{\sigma(1-a_0)}{(1-\sigma)a_r + \sigma a_0}\right) \\
&\simeq 10\log_{10}\left(1 + \frac{\sigma(1-a_0)}{a_r + \sigma a_0}\right)
\end{aligned}
\tag{14.3}
$$

だけ上昇する。ここで，$\sigma = S_0/S$ は室の開口率である。

一方，屋外の受音強度はルーバーを設置しない場合には

$$
I_2 \propto S_0 I_1 = \frac{4WS_0}{S_r a_r + S_0 \cdot 1} \tag{14.4}
$$

設置した場合には

$$
I_2^* \propto S_0 I_1^* \tau_0 = \frac{4WS_0 \tau}{S_r a_r + S_0 a_0} \tag{14.5}
$$

と表され，ルーバーを設置することにより受音レベルは

$$
\begin{aligned}
-\Delta L_2 &= 10\log_{10}\frac{I_2}{I_2^*} \\
&= 10\log_{10}\left(\frac{1}{\tau_0}\cdot\frac{S_r a_r + S_0 a_0}{S_r a_r + S_0 \cdot 1}\right) \\
&= 10\log_{10}\frac{1}{\tau_0} - \Delta L_1 \\
&= TL - \Delta L_1 \\
&= IL
\end{aligned}
\tag{14.6}
$$

だけ減少する。この屋外における減音量 $-\Delta L_2$ をルーバーの挿入損失 IL という。上式よりルーバーの挿入損失はルーバーの透過損失

$$
TL = 10\log_{10}\frac{1}{\tau_0} \tag{14.7}
$$

から室内における受音レベルの上昇分 ΔL_1 を差し引くことにより求められる。換言すればルーバーの透過損失 TL は室内における受音レベル上昇分 ΔL_1 とルーバーの挿入損失 IL の和で与えられることになる。

14.5　吸音ルーバーの遮音性能

吸音ルーバーの遮音性能を評価するには，

(1) 開口部にルーバーを設置することにより達成される受音レベルの低減量，即ち挿入損失 IL を用いる方法

または，

(2) ルーバーの透過損失 TL を用いる方法

がある。

室開口部にルーバーを設置する場合には前節のごとく両者の間に単純な関係

$$TL - IL = \Delta L_1 \simeq 10\log_{10}\left(1 + \frac{\sigma(1-a_0)}{a_r + \sigma a_0}\right) \tag{14.8}$$

が成立し，相互に変換が可能である。しかし，以下の点に留意する必要がある。

- 挿入損失 IL はルーバーの遮音性能として直観的で分かり易いが，ルーバーの音響特性のみならず室の特性（吸音力）にも依存する。従って室の吸音力により挿入損失は変化する。
- 一方，透過損失 TL はルーバー固有の量であり，室の特性に依存しないが，ルーバーの設置に伴う減音量を直接表示するものではない。

なお式 (14.8) より，

- 挿入損失は透過損失を超えない（$TL \geq IL$）。
- ルーバーの吸音率 a_0 が 1 に近い場合，または室表面の吸音率 a_r が開口率 σ より大きい場合には挿入損失は透過損失とほぼ等しくなる（$TL \simeq IL$）。
- 室表面の吸音率 a_r が小さい場合には両者の差は $\Delta L_1 \simeq 10\log_{10}(1/a_0)$ となる。

ことなどが知られる。

ルーバーの遮音性能としては室内に対しては吸音率 a_0 を高め，騒音レベルの上昇 ΔL_1 を抑え，屋外に対しては透過損失 TL を大きくし，放射音レベルを極力下げることが肝要である。従ってルーバーの音響特性としては，a_0 は 1 に，τ_0 は 0 に近いことが望まれる。

14.6 透過損失 TL の算定方法

吸音ルーバーの遮音性能として重要な透過損失 TL の算定方法について考えることにしよう。吸音ルーバーは図 14.3 の縦断面形状からも分るように音響的には内部のブレード（羽根材）などに吸音材を貼り，表面の吸音率を高めたダクトと見なすことが出来る。

この様な吸音性の内表面（吸音率 a_d）を有するダクト内（横断面積 S, 周長 ℓ_ϕ）をランダムな進行方向を有する音が伝搬する場合の x 軸（縦方向）に沿っての受音強度を $I(x)$ とすれば，ダクトの微小区間 $[x, x+\Delta x]$ に対するエネルギーバランスの関係は

$$S \cdot I_n(x) = S \cdot I_n(x+\Delta x) + a_d \ell_\phi \Delta x \cdot I_n^{(w)}\left(x + \frac{1}{2}\Delta x\right) \tag{14.9}$$

と表される。ここに $I_n(x)$ は x 軸に沿っての横断面 S 上の音の強さ，$I_n^{(w)}(x)$ は内表面上の音の強さであり，受音強度 $I(x)$ との間にそれぞれ次の関係がある。

$$I_n(x) = \frac{1}{2}I(x) \tag{14.10}$$

$$I_n^{(w)} = \frac{1}{4}I(x) \tag{14.11}$$

従って上記のエネルギーバランスの関係式は $I(x)$ を用いれば

$$I(x+\Delta x) - I(x) + \frac{a_d \ell_\phi}{2S}\Delta x I\left(x + \frac{1}{2}\Delta x\right) = 0$$

即ち，

$$\frac{d}{dx}I(x) + \frac{a_d \ell_\phi}{2S}I(x) = 0 \tag{14.12}$$

なる常微分方程式で表される。ただし上式の導出においては

$$I(x+\Delta x) = I(x) + \frac{dI(x)}{dx}\Delta x + O(\Delta x) \tag{14.13}$$

なる関係（テーラー展開）を用いた。

微分方程式（14.12）の解は容易に求められ

$$I(x) = I(0)e^{-a_d \ell_\phi x / 2S} \quad (x \geq 0) \tag{14.14}$$

で与えられる。これよりダクト長 h に対する伝搬損失（透過損失）は

$$\begin{aligned} TL(h) &= 10 \log_{10} \frac{I(0)}{I(h)} \\ &= 4.34 \frac{a_d \ell_\phi h}{2S} \\ &= 2.17 \frac{A_d}{S} \end{aligned} \quad (14.15)$$

となる。ただし $A_d = a_d \ell_\phi h$ はダクト内表面の吸音力であり，

$$\frac{A_d}{S} = a_d \left(\frac{\ell_\phi h}{S} \right)$$

はダクト横断面 $1\mathrm{m}^2$ 当りの吸音力である。因みに吸音ルーバーの IL は開口単位面積当りに投影されるブレード吸音面積に比例することが実測により知られており [3]，式 (14.15) の結果と符合している。

14.7 検討

最後に吸音ルーバーの興味ある性質として，相反性及びルーバーを掘割道路開口部に設置した場合の挿入損失について検討することにしよう。

14.7.1 音源が屋外，受音点が室内にある場合

図 14.7 に示すように屋外からの侵入音に対し，ルーバー設置による受音レベルの変化（挿入損失）を求めてみよう。ルーバーを設置しない場合，開口部から侵入する音響パワーは

$$P_0 = I_0 S_0 \cos \theta \quad (14.16)$$

であり，室内における受音強度は拡散場を仮定すれば

$$I_1 = \frac{4 P_0}{S_r a_r + S_0 \cdot 1} \quad (14.17)$$

と表される。またルーバーを設置した場合における侵入音の音響パワーは

$$P_0^* = I_0 S_0 \tau_0 \cos\theta = P_0 \tau_0 \tag{14.18}$$

であり，室内の受音強度は

$$I_1^* = \frac{4P_0^*}{S_r a_r + S_0 a_0} = \frac{4P_0 \tau_0}{S_r a_r + S_0 a_0} \tag{14.19}$$

で与えられる。従ってルーバー設置による室内の受音レベルの低減量（挿入損失 IL）は

$$\begin{aligned}
-\Delta L_1 &= 10\log_{10}\frac{I_1}{I_1^*} \\
&= 10\log_{10}\left(\frac{1}{\tau_0}\cdot\frac{S_r a_r + S_0 a_0}{S_r a_r + S_0}\right) \\
&= 10\log_{10}\frac{1}{\tau_0} - 10\log_{10}\frac{S_r a_r + S_0}{S_r a_r + S_0 a_0}
\end{aligned} \tag{14.20}$$

となる。この結果は式 (14.6) に示したルーバー設置による屋外への放射音レベルの減少量（挿入損失 IL）と等しく，ルーバーの挿入損失に関し，相反性が成り立つことを表している。また，容易に知られるごとく，上述の議論は窓の開閉に伴う建物の防音性能の変化に関する 11 章の議論と同じである。

14.7.2 掘割道路に対する吸音ルーバーの挿入損失

吸音ルーバーの挿入損失は 14.5 節で述べた様に設置条件により変化する。従って部屋の開口部と掘割道路の開口部に設置した場合の挿入損失は通常異なる。ここでは図 14.8 に示す掘割道路開口部に吸音ルーバーを設置した場合の挿入損失を求めてみよう。

掘割横断面の周長を ℓ，そのうち開口部を ℓ_0，他を ℓ_r とし，道路には単位長さ当り平均 μ 台の車両（音響出力 W）が存在するものとしよう。いま等価騒音レベル L_{Aeq} を念頭に置けば，掘割内の音場は拡散的であると見なしても差し支えないであろう。この場合，掘割内の受音強度はルーバーを設置しない時

$$I_1 = \frac{4\mu W}{\ell_r a_r + \ell_0 \cdot 1} \tag{14.21}$$

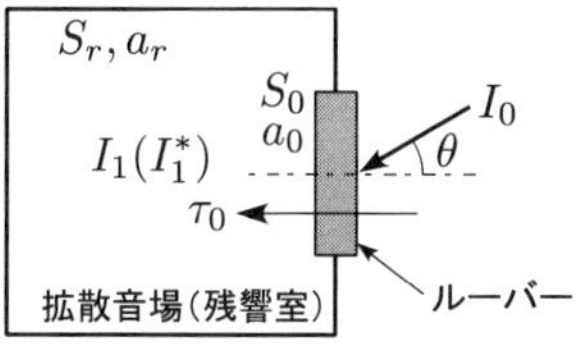

図 14.7 室開口からの音の入射

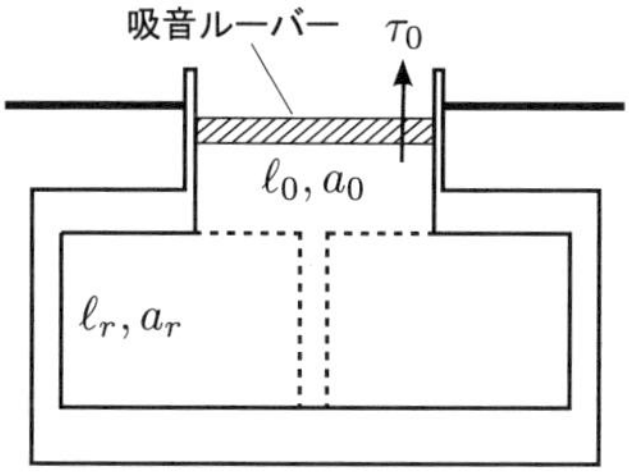

図 14.8 掘割道路開口部にルーバーを設置した場合

設置した時

$$I_1^* = \frac{4\mu W}{\ell_r a_r + \ell_0 a_0} \tag{14.22}$$

となる。従ってルーバーを設置することにより掘割内の受音レベルは

$$\begin{aligned}
\Delta L_1 &= 10 \log_{10} \frac{I_1^*}{I_1} \\
&= 10 \log_{10} \frac{\ell_r a_r + \ell_0}{\ell_r a_r + \ell_0 a_0} \\
&= 10 \log_{10} \left(1 + \frac{(1-a_0)\sigma}{a_r(1-\sigma) + a_0 \sigma} \right) \\
&\simeq 10 \log_{10} \left(1 + \frac{(1-a_0)\sigma}{a_r + a_0 \sigma} \right)
\end{aligned} \tag{14.23}$$

だけ上昇する。ここに $\sigma = \ell_0/\ell$ は掘割の開口率である。

一方，掘割外部の受音強度はルーバーを設置しない時には

$$I_2 \propto I_1$$

設置した時には

$$I_2^* \propto \tau_0 I_1^*$$

となり，ルーバーの設置により受音レベルは

$$\begin{aligned}
-\Delta L_2 &= 10\log_{10}\frac{I_2}{I_2^*} \\
&= 10\log_{10}\left(\frac{1}{\tau_0}\cdot\frac{I_1}{I_1^*}\right) \\
&= 10\log_{10}\frac{1}{\tau_0} - \Delta L_1 \\
&= TL - \Delta L_1 \tag{14.24}
\end{aligned}$$

だけ減少する．この減音量が掘割道路に対する吸音ルーバーの挿入損失 IL である．

ルーバーの設置による掘割内外における上述の受音レベルの増加 ΔL_1 及び減少 $-\Delta L_2$ は，残響室の開口部にルーバーを設置した場合（14.5 節）の結果と外見上は同じである．しかし通常，開口率 及び内壁の吸音率 a_r が両者（残響室と掘割道路）では異なり，従って挿入損失 IL も異なる値を取ることになる．

文献

1) 松本敏雄, "吸音ルーバーによる道路交通騒音対策", 騒音制御 **28**,5 (2004) pp.334–338
2) 松本敏雄, 山本貢平, 久野和宏, "吸音ルーバーの遮音性能の測定と評価", 日本音響学会誌 **60**,11 (2004) pp.646–654
3) 松本敏雄, 山本貢平, 鎌田義英, 久野和宏, "吸音ルーバーの遮音性能に係わる要因の実験的検討", 日本音響学会 騒音・振動研究会資料 **N-2004-33** (2004)

第15章　街路に沿っての騒音伝搬

市街地における道路周辺は，騒音伝搬のうえからは極めて複雑な状況にある。図 15.1 のように，(a) 一つは建物が密集する背後地への音の侵透であり，(b) もう一つは両側に建物が張り付いた道路に沿っての音の伝搬である。建物は，前者においては音の伝搬を妨げ，過剰な距離減衰を引き起こすのに対し，後者では音の伝搬を助長し増大させる効果がある。

本章では，市街地道路に沿っての音の伝搬モデルについて，種々検討すると共に，いわゆる canyon effect （ビルの谷間現象）と呼ばれる沿道建物群による反射音の効果について考察する。また，高架道路が併設されている場合の裏面反射音の影響についても検討する。

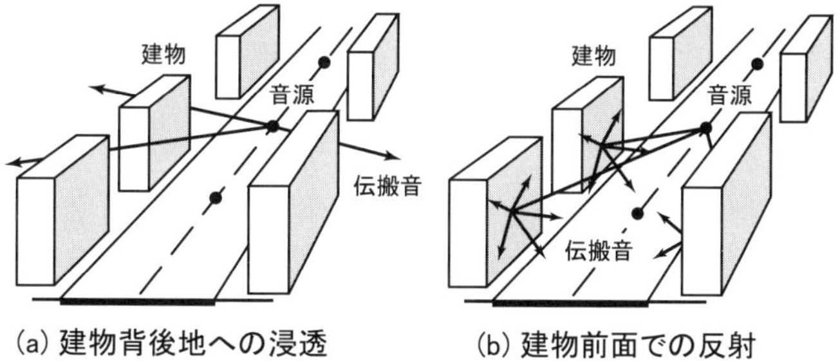
建物
音源
伝搬音
(a) 建物背後地への浸透
建物
音源
伝搬音
(b) 建物前面での反射

図 **15.1**　市街地道路における騒音伝搬の模式図

15.1　道路及び沿道建物に関するモデル

道路に沿っての騒音伝搬に関する研究では，スケールモデル（縮尺模型）を作製し測定調査[1,2]を行ったり，沿道の建物を障壁と見なし，音線理論を適用し個々に反射音を求め，直達音と合成する方法がとられる。反射音を求めるには，通常，

イメージ法が用いられている。これらの手法は，それぞれの道路に対し，具体的な騒音伝搬の様子を調べるのに適している。個別の場合に対する詳細な結果が得られ，時には興味ある特異な現象が導かれることがある。

しかしながら，個々の結果から市街地道路の騒音伝搬に関する一般的性質や法則性を抽出することは困難（至難の技）である。従って，ここではやや異なった視点（巨視的・概括的な視点）に立って，道路及び沿道建物のモデル化を行い，簡便で見通しの良い騒音伝搬式を導出し canyon effect について検討する。

図 15.2 に示すような x 軸に沿う幅 $2w$[m] の直線道路（路面の反射率 1 の平面街路）を考える。両側の建物の高さを h，間隙率を σ，建物表面の吸音率を a とする。これらは共に平均値を表すものとする。音源は x 軸上にあり各点音源の出力を P[W] とする。ここで，路面上の高さ h[m] までの領域を，側壁及び上面に間隙（又は開口）を有するダクトと見なし，道路上に並ぶ点音源群（線音源）から放射された音の伝搬特性について考察する。

この様なダクト内の音の伝搬に関しては，様々な取扱いが可能である。ダクト内の受音強度は，直達音と反射音により合成される。直達音は点音源からの音響放射が逆自乗則に従うものとすれば容易に求められる。一方，反射音は内表面（具体的には，沿道の建物表面や高架裏面等）の状況に依存し様々に変化する。例えば，規則的な鏡面反射を想定したり，あるいは不規則な乱反射（拡散反射）を想定する。以下では，まず各小区間における音のエネルギー収支を基に，受音強度に関する簡便な計算式を導く。

なお，路面の反射率は 1 とし，図 15.2 に示すように便宜上，鏡像空間を導入し議論を進める。そのため，音源の出力を $2P$[W] として取扱う。

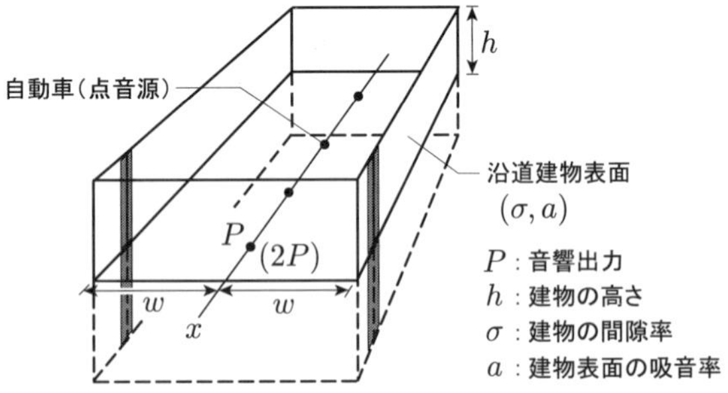

図 15.2　市街地道路に対するモデル

15.2 拡散場に基づく取扱い

前節のモデルを基に沿道騒音のエネルギーが反射により，どの程度増加するかを考える。簡単のため，まず図 15.2 のダクト内の音場は一様，等方（拡散的）であるとしよう。音源密度（x 軸上の単位長さ当たりの音源数）を μ，各音源の出力を $2P[\mathrm{W}]$，ダクト内の音の強さを $I_n\,[\mathrm{W/m^2}]$ とする。拡散場では I_n は場所に依らず一定であることに留意し，ダクトの単位区間（路面に関する鏡像を考慮した断面積 $S = 2w \cdot 2h[\mathrm{m^2}]$，長さ 1m の区間）に対し，エネルギーバランスの関係を適用すれば

$$\{4h\sigma \cdot 1 + 4h(1-\sigma)a + 4w \cdot 1\}I_n = 2\mu P \tag{15.1}$$

即ち

$$I_n = \frac{2\mu P}{\overline{a}\ell_\phi} \tag{15.2}$$

が得られる。従って受音強度 I は

$$I = 4I_n = \frac{8\mu P}{\overline{a}\ell_\phi} \tag{15.3}$$

で与えられる。ただし $\ell_\phi, \overline{a}$ はダクト断面の周長及び平均吸音率であり，それぞれ

$$\ell_\phi = 4(w+h) \tag{15.4}$$

$$\begin{aligned}\overline{a} &= \frac{4h\sigma \cdot 1 + 4h(1-\sigma)a + 4w \cdot 1}{\ell_\phi} \\ &= 1 - \frac{\widehat{h}}{1+\widehat{h}}(1-\sigma)(1-a) \\ &= 1 - \frac{\widehat{h}}{1+\widehat{h}}\gamma \end{aligned} \tag{15.5}$$

と表される。ここに

$$\widehat{h} = \frac{h}{w} \tag{15.6}$$

は道路幅に対する沿道建物高さの比である。また，

$$\gamma = (1-\sigma)(1-a) \tag{15.7}$$

は建物表面の実効反射率である。当然のことながら沿道建物の

- 高さが低い $(\widehat{h} \ll 1)$
- 間隙率が高い $(\sigma \simeq 1)$
- 吸音率が大きい $(a \simeq 1)$

場合には断面平均吸音率は

$$\overline{a} \simeq 1 \tag{15.8}$$

となり，直達音のみによる受音強度は式 (15.3) から

$$I_d = \frac{8\mu P}{\ell_\phi} \tag{15.9}$$

と表される。従って，式 (15.3) における反射音の寄与は

$$I_r = I - I_d = \frac{1-\overline{a}}{\overline{a}\ell_\phi}8\mu P = \frac{4}{D}2\mu P \tag{15.10}$$

となり，D はいわゆる室定数に対応し，ダクト定数

$$D = \frac{\overline{a}\ell_\phi}{1-\overline{a}} \tag{15.11}$$

とも言うべきパラメータである。これより，反射音による受音レベルの上昇は

$$\begin{aligned}\Delta L_0 &= 10\log_{10}\frac{I}{I_d} = 10\log_{10}\frac{1}{\overline{a}}\\ &= -10\log_{10}\left(1 - \frac{\widehat{h}}{1+\widehat{h}}\gamma\right) \quad [\mathrm{dB}]\end{aligned} \tag{15.12}$$

と見積もられ，断面平均吸音率 $\overline{a}$（沿道建物の高さ $\widehat{h}$，実効反射率 γ）から容易に算出される。図 15.3 は，建物からの反射による受音レベルの上昇分 ΔL_0 を建物高さ $\widehat{h}$ を関数として示した。建物表面の実効反射率 γ は 0.2, 0.4, 0.5, 0.6, 0.8, 1.0 としている。

例えば $\widehat{h} \simeq 1$ $(h \simeq w)$，$\gamma = 0.5$ であれば約 1dB の上昇となる。沿道に道路幅を超える高さの建物が連担するような場合 $(\widehat{h} > 2, \gamma > 0.8)$ には，ΔL_0 が 3dB を超えることもあり得るが，通常 $(\widehat{h} \leq 1, \gamma \leq 0.6)$ は 2dB 以下と考えられる。

ところで，上述の結果は，沿道建物の反射による音響エネルギーの増加に基づく，断面内の平均的なレベル上昇を表すものであり，個々の受音点におけるレベ

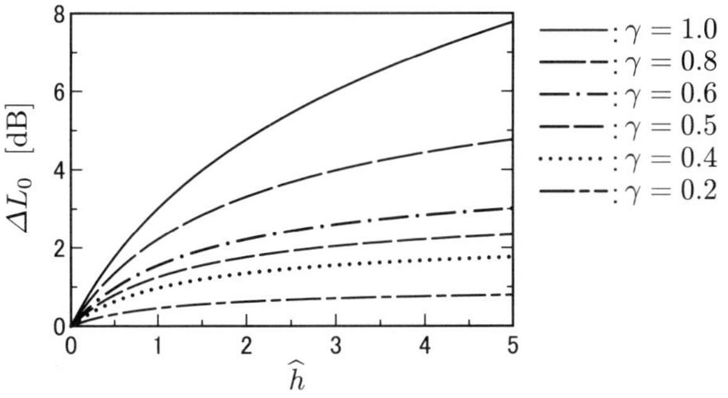

図 **15.3** 反射音による受音レベルの上昇 ΔL_0

ル上昇を示すものではない．特に関心の高い官民境界（道路端）については，直達音や反射音に関する更に詳細な検討が必要である．

上述の議論では直達音の強度を

$$I_d = \frac{8\mu P}{\ell_\phi}$$

と置き，反射音と同じく拡散状態にあるとしているが，x 軸上の出力 $2\mu P$ [W/m] の非干渉性線音源による自由空間への放射強度

$$I_d = \frac{\mu P}{2\rho} \tag{15.13}$$

を用いるのがより適切である．ρ[m] は道路中央（x 軸）から受音点までの距離である．なお，反射音は拡散しているものとして，上記の結果

$$I_r = \frac{8\mu P}{D}$$

を用いることにすれば，道路端（x 軸からの距離 ρ）における受音強度は

$$I(z) = I_d(z) + I_r = \frac{\mu P}{2\rho}\left(1 + \frac{16\rho}{D}\right)$$

$$I(\widehat{z}) = \frac{\mu P}{2\rho}\left(1 + 4\frac{1-\overline{a}}{\overline{a}}\frac{\widehat{\rho}}{1+\widehat{h}}\right) \tag{15.14}$$

で与えられる．ただし

$$\widehat{\rho} = \rho/w = \sqrt{1+\widehat{z}^2} \quad (\widehat{z} = z/w) \tag{15.15}$$

である．従って，沿道建物の反射による受音レベルの増加は道路端では

$$\Delta L_1(\widehat{z}) = 10\log_{10}\frac{I(\widehat{z})}{I_d(\widehat{z})}$$
$$= 10\log_{10}\left(1+4\frac{1-\overline{a}}{\overline{a}}\frac{\sqrt{1+\widehat{z}^2}}{1+\widehat{h}}\right) \quad [\text{dB}] \quad (15.16)$$

と見積もられる．受音点が低い場合（$\widehat{z} \ll 1$）には

$$\Delta L_1(0) = 10\log_{10}\left(1+4\frac{1-\overline{a}}{\overline{a}}\frac{1}{1+\widehat{h}}\right)$$
$$= 10\log_{10}\left(1+\frac{4}{1+\widehat{h}}\frac{\gamma\widehat{h}}{1+\widehat{h}}\frac{1}{1-\gamma\widehat{h}/(1+\widehat{h})}\right) \quad [\text{dB}] \quad (15.17)$$

と書かれる．上式の結果を建物表面の実効反射率 γ をパラメータとし，建物高さ $\widehat{h}$ の関数として図 15.4 に示す．$\Delta L_1(0)$ は建物高さ $\widehat{h}$ と共に急激に上昇し，$\widehat{h} \geq 1$ ではほぼ飽和傾向にある．$\widehat{h} \leq 2$ においては $\Delta L_1(0)$ は，前述の ΔL_0 に比し 1～2dB 程度高くなっている．これは，ΔL_0 が断面内の平均的なレベル上昇を表すのに対し，$\Delta L_1(0)$ は道路端におけるレベル上昇であることによる．

図 15.4 によると，道路端での騒音レベルの上昇は，沿道建物の実効反射率が高い（$\gamma > 0.8$）場合には 4dB を超えることもあるが，通常（$\gamma \leq 0.6$）は 2～3dB 以下と考えられる．

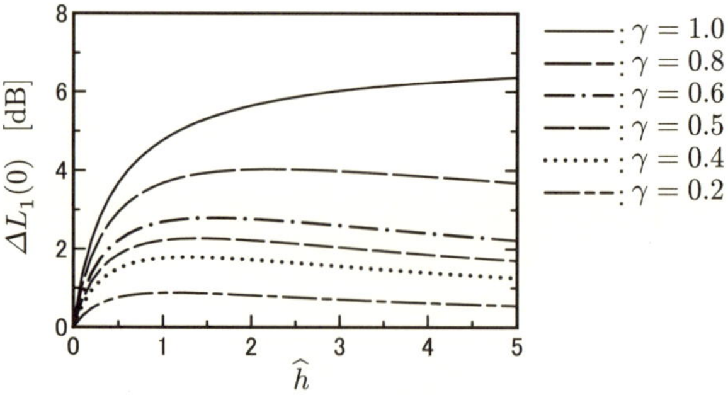

図 **15.4** 反射音による受音レベルの上昇 $\Delta L_1(0)$（道路端）

15.3 反射場に対する修正及びその影響

沿道の建物群による反射音について，さらに詳しく検討することにしよう。図 15.5 に示すように，路面の反射率を 1 とし，鏡像空間をも考慮すれば音源出力のうち単位長さ当たり建物表面（見込み角 2θ）に入射するエネルギーは

$$\frac{4\theta}{2\pi}2\mu P \quad [\mathrm{W/m}]$$

である。これに建物表面の実効反射率 $\gamma\ (=(1-\sigma)(1-a))$ を乗じた

$$P_r = \gamma\frac{4\theta}{2\pi}2\mu P \quad [\mathrm{W/m}] \tag{15.18}$$

が実際に反射音の生成に寄与するパワーである。

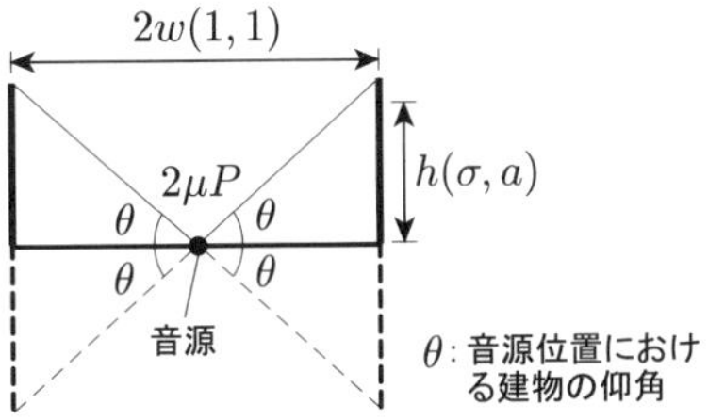

図 15.5 市街地道路の横断面

従って，反射音が拡散的であるとすれば，その受音強度は

$$I_r = \frac{4P_r}{\overline{a}\ell_\phi} = \frac{8\theta\gamma}{\pi\overline{a}\ell_\phi}2\mu P \tag{15.19}$$

で与えられる。ただし，$\ell_\phi, \overline{a}, \theta$ は断面の周長，平均吸音率及び建物の見込み角であり，それぞれ

$$\ell_\phi = 4(w+h) \tag{15.20}$$

$$\overline{a} = 1 - \frac{\widehat{h}}{1+\widehat{h}}\gamma = 1 - \frac{\tan\theta}{1+\tan\theta}\gamma \tag{15.21}$$

$$\theta = \tan^{-1}\widehat{h} \tag{15.22}$$

である。道路端 $\rho(=\sqrt{w^2+z^2})$ における受音強度は，この I_r に直達音強度 I_d

第 15 章 街路に沿っての騒音伝搬

を加算することにより

$$I(\widehat{z}) = I_d(\widehat{z}) + I_r = \frac{\mu P}{2\rho} + \frac{4P_r}{\overline{a}\ell_\phi}$$

$$= \frac{\mu P}{2\rho}\left(1 + \frac{8\theta}{\pi}\frac{1-\overline{a}}{\overline{a}}\frac{\widehat{\rho}}{\widehat{h}}\right)$$

$$= \frac{\mu P}{2\rho}\left(1 + \frac{8\theta}{\pi}\frac{1-\overline{a}}{\overline{a}}\frac{\sqrt{1+\widehat{z}^2}}{\widehat{h}}\right) \tag{15.23}$$

と表される。従って反射音による沿道騒音のレベル上昇は

$$\Delta L_2(\widehat{z}) = 10\log_{10}\frac{I(\widehat{z})}{I_d(\widehat{z})}$$

$$= 10\log_{10}\left(1 + \frac{8\theta}{\pi}\frac{1-\overline{a}}{\overline{a}}\frac{\sqrt{1+\widehat{z}^2}}{\widehat{h}}\right)$$

$$= 10\log_{10}\left(1 + \frac{8\theta}{\pi}\frac{\gamma}{1+\widehat{h}}\frac{\sqrt{1+\widehat{z}^2}}{1-\gamma\widehat{h}/(1+\widehat{h})}\right) \quad [\text{dB}] \tag{15.24}$$

と見積もられる。さらに $0 \leq \widehat{z} \ll 1$ なる通常の受音高さに対しては，上式は

$$\Delta L_2(0) = 10\log_{10}\left(1 + \frac{8\theta}{\pi}\frac{\gamma}{1+\widehat{h}}\frac{1}{1-\gamma\widehat{h}/(1+\widehat{h})}\right) \quad [\text{dB}] \tag{15.25}$$

と書かれる。いま建物高さを $\widehat{h} \simeq 1$ $(h \simeq w)$ とすれば，$\theta \simeq \pi/4$ となり

$$\Delta L_2(0) = 10\log_{10}\left(1 + \frac{2\gamma}{2-\gamma}\right) \quad [\text{dB}] \tag{15.26}$$

が得られる。これより建物表面の実効反射率 γ が 1 の場合には道路端で 5dB，0.5 の場合には約 2dB のレベル増加が見込まれる。図 15.6 には，沿道建物による道路端でのレベル上昇 $\Delta L_2(0)$ を γ をパラメータとして $\widehat{h}$ の関数として示した。

一方，高さ方向 $\widehat{z}$ に対する受音強度 $I(\widehat{z})$ の変化は，地表面付近（$\widehat{z}=0$）における強度 $I(0)$ を基準にとれば

$$10\log_{10}\frac{I(\widehat{z})}{I(0)} = 10\log_{10}\frac{I(\widehat{z})/I_d(\widehat{z})}{I(0)/I_d(0)}\cdot\frac{I_d(\widehat{z})}{I_d(0)}$$

$$= \Delta L_2(\widehat{z}) - \Delta L_2(0) + 10\log_{10}\frac{1}{\sqrt{1+\widehat{z}^2}} \quad [\text{dB}] \tag{15.27}$$

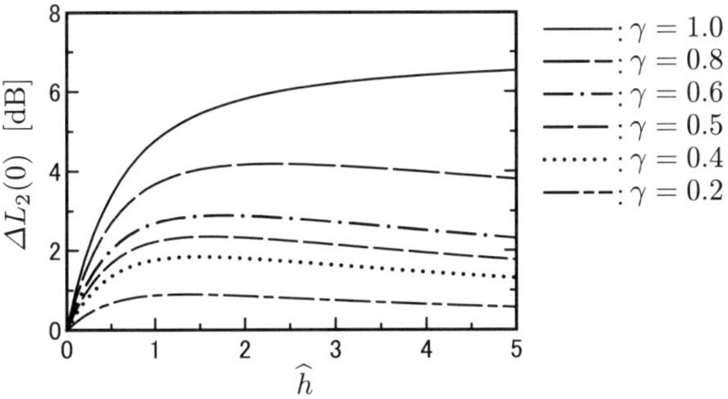

図 15.6 反射音による受音レベルの上昇 $\Delta L_2(0)$（道路端）

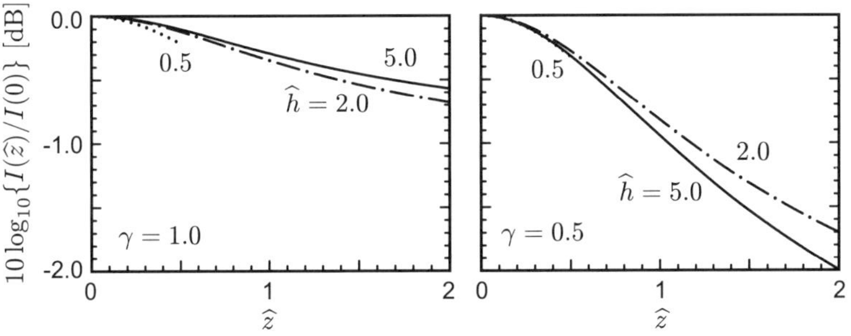

図 15.7 高さ方向に対する受音レベルの変化（道路端）

と表される。図 15.7 は γ を 1 及び 0.5 とし，高さ方向 $\widehat{z}$ に対する受音レベルの変化を求めたものであるが上方での減少は比較的小さい。上述の $\Delta L_2(\widehat{z})$ の関係式（式 (15.24)）や図から次のことが知られる。

- 上方ほど $\Delta L_2(\widehat{z})$ が大きい（建物上階では，直達音が減少し反射音の影響が相対的に増加し，より残響的になる）。
- 騒音レベルの高さ $\widehat{z}$ 方向の変化は比較的小さい。
- これらの傾向は，実効反射率 γ が高い場合（建物が連担している場合 $\sigma \simeq 0$，表面が反射性の場合 $a \simeq 0$）ほど顕著である。

このように，市街地沿道では建物表面における反射の影響により，上階ほど残響的になると共に騒音レベル自体は地表近くと余り変わらない。これも興味ある canyon effect の一つと言えよう。また，図 15.4 及び図 15.6 から明らかなように，$\Delta L_2(0)$ は前節の $\Delta L_1(0)$ とほぼ一致しており，実質的な差は無いことが知

られる。

15.4 高架道路併設の影響

市街地では，平面道路の上に高架道路が併設されることがある。この場合には沿道建物による反射以外に，高架裏面による反射も加わり，沿道の音環境は一層悪化する。高架裏面の反射の影響を考慮するには，図 15.5 の断面図において，上面を高架裏面と見なし間隙率（開放率）τ，吸音率 c を導入することにより対処できる（図 15.8）。

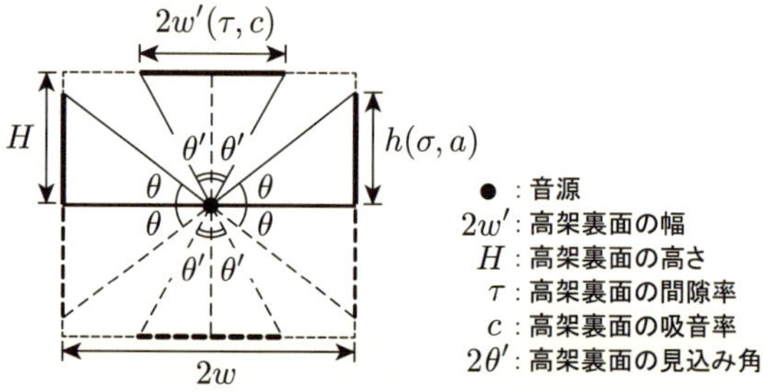

図 **15.8** 高架道路併設部の横断面

- ● : 音源
- $2w'$: 高架裏面の幅
- H : 高架裏面の高さ
- τ : 高架裏面の間隙率
- c : 高架裏面の吸音率
- $2\theta'$: 高架裏面の見込み角

路面に対する鏡像空間をも考慮し，x 軸上に出力 $2\mu P[\mathrm{W/m}]$ の非干渉性線音源があるものとする。高架裏面の影響を加え，前節の議論を繰り返せば，反射音による騒音レベルの増分を同様に導くことができる。その結果，前述の ΔL_0, $\Delta L_1(\widehat{z})$, $\Delta L_2(\widehat{z})$ は容易に知られるごとく，それぞれ

$$\Delta L_0^* = 10 \log_{10} \frac{1}{\overline{a}^*} \qquad [\mathrm{dB}] \qquad (15.28)$$

$$\Delta L_1^*(\widehat{z}) = 10 \log_{10} \left(1 + 4 \frac{1-\overline{a}^*}{\overline{a}^*} \frac{\sqrt{1+\widehat{z}^2}}{1+\widehat{H}} \right) \qquad [\mathrm{dB}] \qquad (15.29)$$

$$\Delta L_2^*(\widehat{z}) = 10 \log_{10} \left(1 + \frac{8\sqrt{1+\widehat{z}^2}}{\pi(1+\widehat{H})\overline{a}^*}(\gamma\theta + \gamma'\theta') \right) \qquad [\mathrm{dB}] \qquad (15.30)$$

と書き改められる。ここに $\overline{a}^*, \gamma, \gamma'$ は，断面平均吸音率，沿道建物の実効反射率

及び高架裏面の実効反射率であり，それぞれ

$$\bar{a}^* = \frac{w - \gamma'w' + H - \gamma h}{w + H}$$
$$= 1 - \frac{\gamma'w' + \gamma h}{w + H} = 1 - \frac{\gamma'\widehat{w}' + \gamma\widehat{h}}{1 + \widehat{H}} \quad (15.31)$$
$$\gamma = (1-\sigma)(1-a) \quad (15.32)$$
$$\gamma' = (1-\tau)(1-c) \quad (15.33)$$

で与えられる．なお，沿道建物が高架道路より高い場合（$h \geq H$）には，上式において$h = H$と置き

$$\bar{a}^* = 1 - \frac{\gamma'\widehat{w}' + \gamma\widehat{H}}{1 + \widehat{H}} \quad (15.34)$$

を用いることにする．さらに$\widehat{w}' = 0$（又は$\gamma' = 0$）と置けば

$$\bar{a}^* = 1 - \frac{\gamma\widehat{H}}{1 + \widehat{H}} = \bar{a} \quad (15.35)$$

となり，当然のことながら高架道路の無い場合の結果（前節の結果）と一致する．

具体例として沿道建物が高架道路より高く（$h \geq H$），$\widehat{H} = 1$ かつ $\gamma = 0.6$ なる場合を取り上げることにしよう．高架裏面の実効反射率γ'をパラメータとして高架道路幅$\widehat{w}'$の関数として，$\Delta L_0^*, \Delta L_1^*(\widehat{z})$ 及び $\Delta L_2^*(\widehat{z})$ を算出し，それぞれ図15.9に示した．ただし，$\Delta L_1^*(\widehat{z}), \Delta L_2^*(\widehat{z})$においては受音高さを$\widehat{z} \simeq 0$とした．

これらより，受音レベルの上昇 $\Delta L_0^*, \Delta L_1^*(0), \Delta L_2^*(0)$ は，当然のことながら高架道路の幅$\widehat{w}'$が広く，高架裏面の実効反射率γ'が高い場合に増大することが知られる．例えば，道路端における受音レベルの上昇 $\Delta L_1^*(0), \Delta L_2^*(0)$ は，高架道路幅が広く反射性の裏面の場合（$\widehat{w}' > 0.8, \gamma' > 0.8$）には6dBを超えることも起こり得るが，通常（$\widehat{w}' \leq 0.6, \gamma' \leq 0.8$）は5dB以下と推測される．

また，$\Delta L_1^*(0)$ 及び $\Delta L_2^*(0)$ はほぼ等しく，ΔL_0^* に比し1〜2dB程度高くなっている．これは道路端での増分（$\Delta L_1^*(0), \Delta L_2^*(0)$）と断面内の平均的な増分（$\Delta L_0^*$）との差と考えられる．さらに，これらの図から裏面吸音処理による騒音の低減効果を見積もることができる．

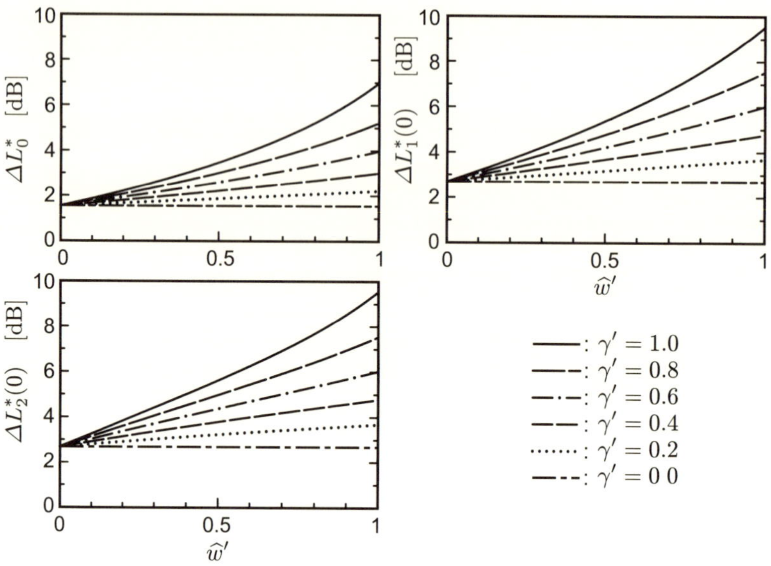

図 15.9 高架道路が併設されている場合の受音レベルの上昇（高架道路の高さ $\widehat{H} = 1$，建物表面の実効反射率 $\gamma = 0.6$）

15.5 イメージ法に基づく検討

以上，本章では反射場の拡散性を仮定しエネルギーバランスを基に沿道騒音の定式化を行った．これは建物表面や高架裏面を乱反射面として取扱うことに相当する．一方，鏡面反射に対する結果はどうであろうか．その場合には，通常，イメージ法（鏡像法）を用いて音場の解析が行われるが，離散的な鏡像音源群を平滑化する手法（4.2.2 参照）を適用すれば反射音による沿道での騒音レベルの上昇は

$$\Delta L_3^* \simeq 10 \log_{10} \left(1 - \pi \frac{\sqrt{w^2 + z^2}}{\rho_0} \frac{(1-\overline{a}^*)^{2/\pi}}{\ln(1-\overline{a}^*)}\right)$$

$$\simeq 10 \log_{10} \left(1 - \pi \frac{(1-\overline{a}^*)^{2/\pi}}{\ln(1-\overline{a}^*)}\right) \quad [\text{dB}] \qquad (15.36)$$

と見積もられる [付録 15.1]．ここに ρ_0 は断面積 $S\ (=4wH)$ の等価半径

$$\rho_0 = \sqrt{S/\pi} = \sqrt{4wH/\pi} \qquad (15.37)$$

である。$H \simeq w$ なる場合には $\rho_0 \simeq w$ であり，受音高さ z が w に比し十分小さい（$\sqrt{w^2+z^2} \simeq w$）とすれば，上式が得られる。

図 15.10 には ΔL_3^* を $\bar{a}^*$ の関数として示す．図には前節の $\Delta L_1^*(0)$ も併記されているが，両者は比較的良く一致している．これより沿道建物表面や高架裏面に対し，鏡面反射（整反射）を仮定しても乱反射（拡散反射）を仮定した場合とほぼ同じ結果が得られることが知られる．なお，これは非干渉性線音源に関する結果であり，点音源に関しては幾分異った結果が得られている[8,9]．

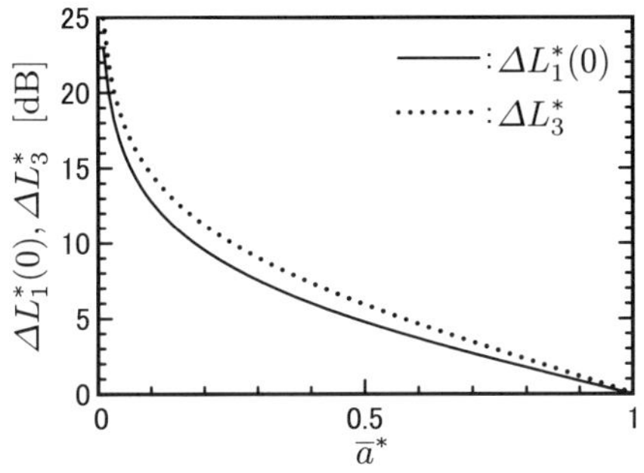

図 15.10 高架道路併設部における受音レベルの上昇（道路端，$\Delta L_1^*(0)$：乱反射，ΔL_3^*：鏡面反射）

15.6 まとめ及び課題

市街地における沿道騒音は，両側に立地する建物からの反射の影響を受ける．本章では，拡散反射（乱反射）を想定し，音響エネルギーの収支を基に市街地沿道における canyon effect について種々検討を行った．その結果

- 反射音による騒音レベルの上昇は，高層の建物が連担しているような場合（表面の実効反射率 $\gamma > 0.8$）には 4dB を超えることもあり得るが，建物の通常の立地状況（$\gamma \le 0.6$）では 2〜3dB 以下と推測される
- 沿道の建物が疎らな場合（$\gamma \le 0.2$）には，レベルの増分は 1dB 以下であり反射の影響は殆ど無視できる
- 建物上階では下階に比し反射音の影響が強いが，騒音レベルは地表近くと余り変わらない

ことなどが導かれた。

さらに，市街地道路（平面道路）に高架道路が併設されている場合について，高架裏面からの反射の影響を考慮することにより

- 道路端における騒音レベルの上昇は，高架道路の幅が広く，裏面が反射性の場合（高架道路幅 $\widehat{w}' > 0.8$, 裏面の実効反射率 $\gamma' > 0.8$）には 6dB を超えることもあり得るが，通常（$\widehat{w}' \leq 0.6, \gamma' \leq 0.8$）は 5dB 以下と推測される
- 鏡面反射についても，拡散反射を仮定した場合とほぼ同じ結果が得られる

ことなどを示した。

なお，本章で導出した canyon effect についての関係式は極めて単純であり，市街地沿道における騒音問題への適用が期待されるが，純理論的に導かれたものであり模型実験や実測調査による検証が望まれる。

付録 15.1：イメージ拡散法による沿道騒音の推定

図 15.11 に示すごとく，幅 $2w$ の道路の両側に高さ h の建物が間隙率 σ で連担し，上面に幅 $2w'$ の高架道路（高さ H，間隙率 τ）が併設されているものとする。

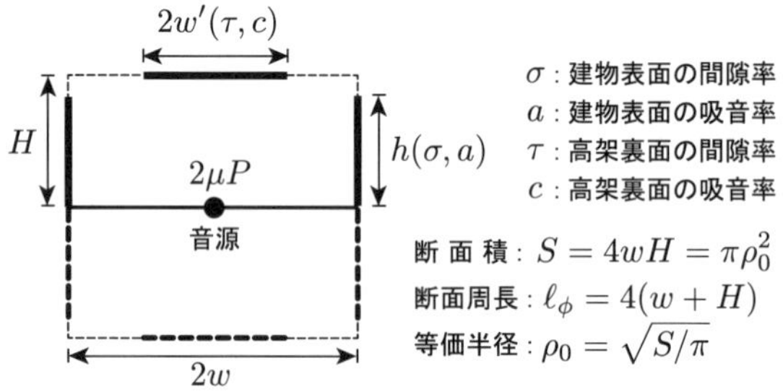

図 **15.11** 高架道路併設部の横断面

建物と高架道路間のスペースは間隙率 σ 及び τ に含めるものとする。道路中央（x 軸）上の原点に出力 $2\mu P[\text{W}]$ の点音源を設置し，イメージ音源群を考え，平滑化処理を行えば原点を中心とする横断面（2次元）の音源分布が得られる。半径

ρ におけるその出力は，イメージ拡散法によれば，4.2.2 で述べたごとく

$$P(\rho) = \frac{2\mu P}{S} e^{-\overline{\alpha}^* \rho} \qquad (\rho \geq 0) \tag{15.38}$$

$$\overline{\alpha}^* = -(\ell_\phi/\pi S) \ln(1 - \overline{a}^*) \tag{15.39}$$

で近似される。ここに $\overline{a}^*$ は断面（図 15.11）の平均吸音率である。反射音による受音強度は式 (15.38) の $\rho \geq \rho_0$ なる音源分布に依存し，道路上の点 x においては

$$I_r^*(x) = \int_{\rho_0}^\infty \frac{P(\rho)}{4\pi(x^2 + \rho^2)} 2\pi \rho d\rho = \frac{2\mu P}{2S} \int_{\rho_0}^\infty \frac{e^{-\overline{\alpha}^* \rho}}{x^2 + \rho^2} \rho d\rho \tag{15.40}$$

と表される。容易に想像されるごとく上式を x 軸に沿って積分すれば単位長さ当たり $2\mu P [\mathrm{W/m}]$ の出力を有する非干渉性線音源による反射音の寄与（受音強度）

$$\begin{aligned} I_r^* &= \int_{-\infty}^\infty I_r^*(x) dx = \frac{\mu P}{S} \int_{-\infty}^\infty dx \int_{\rho_0}^\infty \frac{e^{-\overline{\alpha}^* \rho}}{x^2 + \rho^2} \rho d\rho \\ &= \frac{\pi \mu P}{S \overline{\alpha}^*} e^{-\overline{\alpha}^* \rho_0} \end{aligned} \tag{15.41}$$

が求められる。一方，沿道における直達音強度は

$$I_d^*(z) = \frac{\mu P}{2\sqrt{w^2 + z^2}} \tag{15.42}$$

であることから，全受音強度は

$$I^*(z) = I_d^*(z) + I_r^* = I_d^* \left(1 + \frac{2\pi \sqrt{w^2 + z^2}}{S \overline{\alpha}^*} e^{-\overline{\alpha}^* \rho_0} \right) \tag{15.43}$$

で与えられる。ここで

$$S\overline{\alpha}^* = -\frac{\ell_\phi}{\pi} \ln(1 - \overline{a}^*) \simeq -2\rho_0 \ln(1 - \overline{a}^*) \tag{15.44}$$

$$\overline{\alpha}^* \rho_0 \simeq -\frac{\ell_\phi \rho_0}{\pi S} \ln(1 - \overline{a}^*) = -\frac{2}{\pi} \ln(1 - \overline{a}^*) \tag{15.45}$$

$$\rho_0 \simeq \sqrt{w^2 + z^2} \tag{15.46}$$

なる関係に留意すれば上式は

$$I^* \simeq I_d^* \left(1 - \pi \frac{(1 - \overline{a}^*)^{2/\pi}}{\ln(1 - \overline{a}^*)} \right) \tag{15.47}$$

と書かれる。これより反射音による沿道での受音レベルの増加は大略次式で見積もられる。

$$10\log_{10}\frac{I^*}{I_d^*} \simeq 10\log_{10}\left(1-\pi\frac{(1-\overline{a}^*)^{2/\pi}}{\ln(1-\overline{a}^*)}\right) \quad [\text{dB}] \qquad (15.48)$$

文献

1) K.V.Horoshenkov, D.C.Hothersall and S.E.Mercy, "Scale modelling of sound propagation in a city street canyon", J. Sound Vib. **223**,5 (1999) pp.795–819

2) D.C.Hothersall, K.V.Horoshenkov and S.E.Mercy, "Numerical modelling of the sound field near a tall building with balconies near a road", J. Sound Vib. **198**,4 (1996) pp.507–525

3) 久野和宏, 野呂雄一, 井研治, "イメージ拡散法による閉空間内の音場解析 ―音源分布の平滑化法と近距離場に対する補正―", 日本音響学会誌 **44**,12 (1988) pp.893–899

4) 田辺輝俊, 坂本慎一, 橘秀樹, "建物連担場所における道路交通騒音の伝搬・対策に関する検討", 日本騒音制御工学会 研究発表会講演論文集 (2001) pp.337–340

5) 福島昭則, 小西一生, "高架裏面反射の騒音低減対策", 騒音制御 **21**,3 (1997) pp.165–169

6) 上坂克巳, 大西博文, 千葉隆, 高木興一, "道路に面した市街地における区間平均等価騒音レベルの計算方法", 騒音制御 **23**,6 (1999) pp.441–451

7) 野呂雄一, 久野和宏, 木村和則, "市街地道路周辺の騒音予測", 日本音響学会 騒音・振動研究会資料 **N-2001-49** (2001)

8) 岡田恭明, 吉久光一, 久野和宏, "街路に沿っての騒音伝搬 ― いわゆる Canyon Effect(ビルの谷間現象) について ―", 日本音響学会 騒音・振動研究会資料 **N-2001-50** (2001)

9) 岡田恭明, 吉久光一, 久野和宏, "街路に沿っての騒音伝搬 その2 ― Canyon Effect に関する検討 ―", 日本音響学会 騒音・振動研究会資料 **N-2003-28** (2003)

10) 岡田恭明, 吉久光一, 久野和宏, "建物が連担する市街地沿道における騒音伝搬 ― 沿道建物および高架裏面による反射の影響 ―", 日本音響学会 騒音・振動研究会資料 **N-2004-10** (2004)

第16章　道路背後地への騒音の伝搬
－ 建物による減音効果 －

　建物が密集する市街地の騒音伝搬には前章の canyon effect とは別のもう一つの側面がある。道路端とは異なり騒音は背後地では大きく減衰する。この建物による減音効果をモデル化し，定式化することは沿道背後地における音環境を予測する上で興味深い問題である。本章では建物の密集度（面積率）と寸法（等価半径，高さ）及び吸音率を用いて，建物による減音量（過剰減衰）を簡単に算定する方法を示す。また，縮尺模型による実測結果と比較検討を行う。

16.1　建物群のモデル

　便宜上，建物を円柱で置き換え，市街地を等面積の円柱が林立する障害物空間と見なすことにしよう。建物の断面積を S_0，密度（単位面積あたりの戸数）を ν，等価半径を ρ_0，面積率を β とすれば

$$S_0 = \pi \rho_0^2 \tag{16.1}$$

$$\beta = \nu S_0 = \nu \pi \rho_0^2 \tag{16.2}$$

が成り立つ。また建物表面の吸音率を a とする。ただし S_0 や a は対象地域における平均値を用いるものとする。

　さて，道路から背後地への騒音の伝搬については，建物密度が疎である（面積率 β が小さい）場合には，道路が部分的に見通せることから，受音強度は主として直達音により決定される。この様な場合には途中の建物の妨害を受けずに到達できる直達音の割合（同じことであるが建物により遮へいされる直達音の割合）が得られれば，建物による減音効果の大要を知ることができる。このような考えに

基づく減音量の算定式がいくつか提案され，その有効性が示されている[1-4]。

しかし面積率 β が大きく，建物の密集度が高い場合には，受音点から道路が見通せず，直達音に基づく上述の計算式は適用できない[5]。音線は受音点に到達するまでに建物と何度も衝突を繰り返し，ジグザグの経路（軌跡）を描く。建物による音の吸音と散乱のプロセスを適切にモデル化し，定式化することが必要となる[6]。ここでは直達音は消え，反射音が主流となり，残響場が支配的である。

16.2　伝搬過程の定式化

まず受音点高さが建物に比し低い（例えば地上高さ 1.2m）とし，地表に沿っての 2 次元平面内での音線（音響エネルギー流）の振る舞いについて考える。道路端を $x=0$ とする。周辺地域の建物は面積率 β で一様に分布しており，各点の音響エネルギー密度は道路端からの距離 x に依存し $\varepsilon(x)$ で表されるものとする。図 16.1 に示す様に直線道路に直交する任意の幅 w の領域を考え，区間 $[x, x+\Delta x]$ に対し音響エネルギーの収支を x 軸の正方向への流れに着目し求めることにしよう。x 軸方向のエネルギー流は音速 c と音響エネルギー密度 $\varepsilon(x)$ の積に比例し $kc\varepsilon(x)$ と表されるものとすれば，区間 $[x, x+\Delta x]$ に単位時間当たり流入するエネルギー量は

$$kc\varepsilon(x) \cdot w \left(1 - \sqrt{\beta}\right) \tag{16.3}$$

一方，流出するエネルギー量は

$$kc\varepsilon(x+\Delta x) \cdot w \left(1 - \sqrt{\beta}\right) \tag{16.4}$$

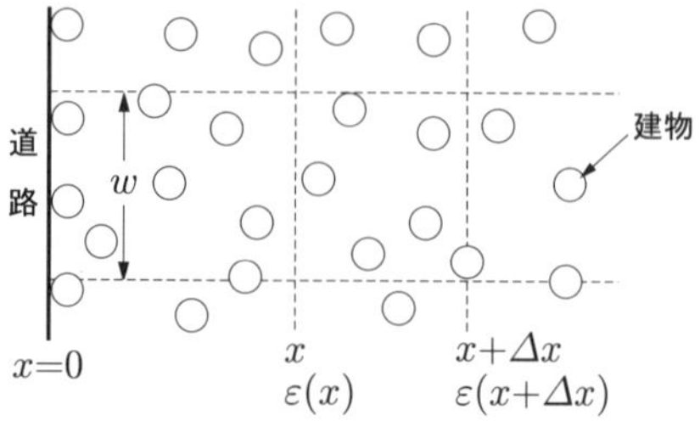

図 16.1　道路及び周辺の建物配置

で与えられる。ここに $1-\sqrt{\beta}$ は建物の間隙率である。両者の差は区間内の建物との衝突により単位時間内に吸収されるエネルギーに等しく

$$kc\varepsilon(x)w\left(1-\sqrt{\beta}\right) - kc\varepsilon(x+\Delta x)w\left(1-\sqrt{\beta}\right)$$
$$= kc\varepsilon\left(x+\frac{1}{2}\Delta x\right) \cdot \nu w\Delta x \cdot \pi\rho_0 \cdot a \qquad (16.5)$$

と置くことができる。

なお，側方（区間の上面及び下面）におけるエネルギーの流入，流出はバランスしており，0であるとした。

さて，上式を x のまわりに Taylor 展開すれば

$$kcw\left(1-\sqrt{\beta}\right)\frac{d\varepsilon(x)}{dx}\Delta x + kc\nu w\pi\rho_0 a\varepsilon(x)\Delta x + 0(\Delta x) = 0 \qquad (16.6)$$

となり，さらに Δx で除し，$\Delta x \to 0$ とすれば音響エネルギー密度 $\varepsilon(x)$ に関する 1 階の常微分方程式

$$\left(1-\sqrt{\beta}\right)\frac{d\varepsilon(x)}{dx} + \nu\pi\rho_0 a\varepsilon(x) = 0 \qquad (16.7)$$

が得られる。また式 (16.2) に留意すれば，上式は

$$\frac{d\varepsilon(x)}{dx} + \frac{a\beta}{1-\sqrt{\beta}}\frac{\varepsilon(x)}{\rho_0} = 0 \qquad (16.8)$$

と書かれる。この方程式の解は容易に求められ

$$\varepsilon(x) = \varepsilon(0)e^{-\frac{a\beta}{1-\sqrt{\beta}}\frac{x}{\rho_0}} \quad (x \geq 0) \qquad (16.9)$$

と表される。従って周辺の建物群による道路交通騒音の距離減衰特性（過剰減衰量）は

$$TL = 10\log_{10}\frac{\varepsilon(x)}{\varepsilon(0)} = -4.34\frac{a\beta}{1-\sqrt{\beta}}\widehat{x}$$
$$= -4.34\frac{a\beta\left(1+\sqrt{\beta}\right)}{1-\beta}\widehat{x} \qquad (16.10)$$

と見積もられ，道路端からの距離

$$\hat{x} = x/\rho_0 \tag{16.11}$$

及び建物の吸音率 a に比例し，かつ建物の面積率 β が高くなるにつれて，急激に増大することが分かる。

16.3 建物高さの影響

前節では簡単のため，2次元平面内の音響エネルギー流（音線）について建物による減音量を求めた。鉛直方向へのエネルギーの流れを考慮し，3次元的に取扱った場合，結果はどうなるであろうか。建物の高さ（平均値）を h とし，道路に直角に幅 w，高さ h の空間を考える（図 16.2）。この空間内の音響エネルギー密度は道路端からの距離 x に依存し $\varepsilon^*(x)$ で表されるものとし，区間 $[x, x+\Delta x]$ に対し，x 軸の正方向へのエネルギー流に着目する。エネルギーの流入量は

$$kc\varepsilon^*(x) \cdot wh \cdot \left(1 - \sqrt{\beta}\right) \tag{16.12}$$

流出量は

$$kc\varepsilon^*(x+\Delta x) \cdot wh \cdot \left(1 - \sqrt{\beta}\right) + \frac{1}{2}kc\varepsilon^*\left(x + \frac{1}{2}\Delta x\right) \cdot w\Delta x \cdot (1-\beta)(1+b) \tag{16.13}$$

と表される。流出量の第 2 項は区間の上面及び下面での吸音（上空及び地面への流出）を表す。ただし b は地面の吸音率である。上記流入，流出量の差は区間内

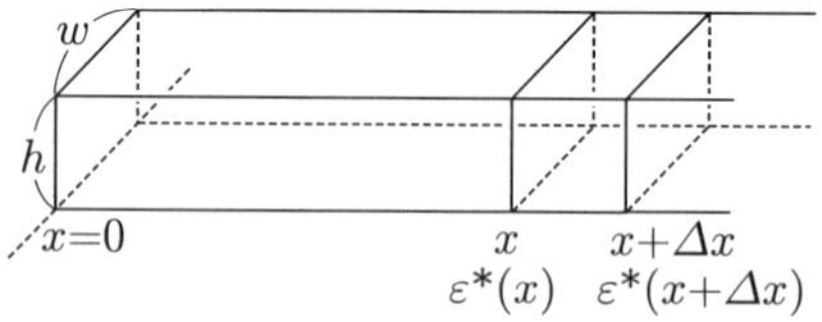

図 16.2 道路に直角な幅 w，高さ h の空間

16.3. 建物高さの影響

の建物により吸収されるエネルギー量に等しいことから

$$kc\varepsilon^*(x)wh\left(1-\sqrt{\beta}\right) - kc\varepsilon^*(x+\Delta x)wh\left(1-\sqrt{\beta}\right)$$
$$-\frac{1}{2}kc\varepsilon^*\left(x+\frac{1}{2}\Delta x\right)w\Delta x(1-\beta)(1+b)$$
$$= kc\varepsilon^*\left(x+\frac{1}{2}\Delta x\right)\nu w\Delta x \cdot \pi\rho_0 ha \quad (16.14)$$

と書かれる。なお区間 $[x, x+\Delta x]$ の側面におけるエネルギーの出入りはバランスしているものとした。上式を x の周りに Taylor 展開し，$\Delta x \to 0$ なる極限を取れば，エネルギー密度 $\varepsilon^*(x)$ に関する 1 階の常微分方程式

$$\frac{d\varepsilon^*(x)}{dx} + \frac{1}{\left(1-\sqrt{\beta}\right)\rho_0}\left\{a\beta + \frac{1}{2\widehat{h}}(1+b)(1-\beta)\right\}\varepsilon^*(x) = 0 \quad (16.15)$$

が得られる。この方程式の解は容易に求められ

$$\varepsilon^*(x) = \varepsilon^*(0)\exp\left\{-\left(1+\sqrt{\beta}\right)\left(\frac{a\beta}{1-\beta} + \frac{1+b}{2\widehat{h}}\right)\widehat{x}\right\}$$
$$(\widehat{x} \geq 0) \quad (16.16)$$

と表される。ただし

$$\widehat{x} = x/\rho_0 \ , \ \widehat{h} = h/\rho_0 \quad (16.17)$$

とする。従って道路周辺の高さ h の建物郡による減音量

$$TL^* = 10\log_{10}\frac{\varepsilon^*(x)}{\varepsilon^*(0)}$$
$$= -4.34\left(1+\sqrt{\beta}\right)\left\{\frac{a\beta}{1-\beta} + \frac{1+b}{2\widehat{h}}\right\}\widehat{x} \quad [\text{dB}] \quad (16.18)$$

で与えられる。右辺第 1 項は前節と同じく建物表面における吸音による減衰

$$TL = -4.34\frac{a\beta\left(1+\sqrt{\beta}\right)}{1-\beta}\widehat{x} \quad [\text{dB}] \quad (16.19)$$

を，また第 2 項は領域内の建物に捕捉された音響エネルギーの上空及び地面からの離脱（放出）による減衰

$$TL' = -4.34\frac{(1+b)\left(1+\sqrt{\beta}\right)}{2\widehat{h}}\widehat{x} \quad [\text{dB}] \quad (16.20)$$

を表し，両者の和が全体の減音量（距離減衰）

$$TL^* = TL + TL' \tag{16.21}$$

を与える。

例えば建物の面積率 50%（$\beta = 0.5$）の場合，道路から 2〜3 棟入った $\hat{x} \cong 6$ の地点では $b \cong 0$, $\hat{h} \cong 2$ とすれば

$$TL \cong -40a \quad [\text{dB}]$$
$$TL' \cong -10 \quad [\text{dB}] \tag{16.22}$$

と見積もられる。従って建物表面が固く反射性（$a \cong 0$）の時には減音量は 10dB 程度であるのに対し，建物の吸音率 a が 0.2 で約 8dB，0.4 では約 16dB の減音量の増加が見込まれる。この様に建物が密集している場合には，表面を若干吸音処理することにより比較的大きな減音効果が期待される。

16.4 模型実験との比較

ここでは縮尺模型実験の結果をもとに上述の計算式の有効性について検討する。

16.4.1 模型実験の手法 [5]

実験は 1/20 の縮尺模型を製作し半無響室で行った。音源には，圧縮空気を利用した非干渉性の線音源を用いた。道路，地面および建物は，アクリル板により製作した。建物の大きさは，縦 8m，横 8m，高さ 16m（縮尺寸法 40cm×40cm×80cm）とした。建物吸音での測定では，建物の側面全てに吸音材を設置した。吸音性能の異なる布あるいはフェルトの 4 種類を吸音材として用いた。アクリル板及びこれら吸音材の平均斜入射吸音率を表 16.1 に示す。この平均斜入射吸音率は，自動車走行騒音が吸音材に入射した場合の反射音を測定し，その減音量から算定したものである。

測定を行った建物配置（面積率 40%の場合）を図 16.3 に示す。線音源を車線に相当する場所に配置した。建物は，道路と平行に 3 列に並べ，道路と平行方向

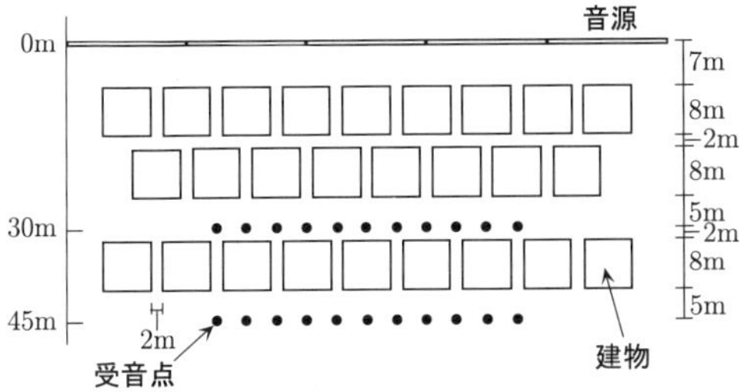

図 16.3 建物配置図

の建物間隔を変えて面積率 40％，30％，20％の 3 種類，それぞれの面積率で道路に対して直角方向に「交互」に並べた条件で測定を行った．測定点は，道路（音源）から 30m（縮尺寸法 1.5m）および 45m（縮尺寸法 2.25m）の位置に，高さ 1.2m（縮尺寸法 0.06m）で道路平行方向に 5m（縮尺寸法 0.25m）間隔の 11 点とした．予測計算と縮尺模型実験との比較検討では，音源中心から 30m 地点あるいは 45m 地点の 11 点で得られた測定結果のエネルギー平均値を各々の条件で算出し，建物なしの結果から建物配置後の結果を差し引いた挿入損失を用いる．

なお，実験では音源から放射された広帯域雑音を自動車騒音の A 特性スペクトルと等価となるように補正して測定値を算出した．

16.4.2　予測値と実験結果の比較

建物配置と吸音材設置による対策効果[6]

図 16.4 に建物配置による予測計算および実験結果から得られた減衰量を示す．建物が設置された場合の予測値と縮尺模型実験の測定結果とを比較する．予測

表 **16.1**　模型実験に用いる吸音材

建築表面に使用する吸音材	平均斜入射吸音率
なし（アクリル板のみ）	0.02
布 1（オックスの生地）	0.34
布 2（ネル生地）	0.58
フェルト＋表面保護材	0.86
フェルト	0.88

式は，建物による吸音と散乱のプロセスを基に音源からの直達音ではなく，反射音が支配的な条件で導かれている。

建物表面が無対策の場合では，予測値と模型実験値は，良い一致を示している。

建物表面に吸音材を設置した場合については，30m 地点では予測値と実験値はほぼ一致した値が得られているが，45m 地点では吸音性能が高くなるにつれ差が大きくなる傾向が見られる。

建物の挿入損失及び吸音による対策減音量を表 16.2 示す。また，図 16.5(a) および図 16.5(b) に建物表面における吸音 (TL)，図 16.5(c) および図 16.5(d) に建物表面における吸音と上空および地面からの離脱による減衰の和 ($TL^* = TL + TL'$) についての予測値との相関図を示す。実測と予測が一致する場合には対角線（図中の点線）上にプロットされる。建物表面での吸音 (TL) に関する比較では面積率 30%（□），40%（△）の場合は対応が良い。20%（○）の場合には直線から離れて不一致が目立つが，建物以外の部分，つまり隙間が多く直達音の影響がでているためと考えられる。また，30m 地点に比し 45m 地点において予測値との差の方が大きくなっている。なお建物の高さを考慮し，$TL + TL'$ を求めることにより実測との対応がより良くなることが知られる（図 16.5(a) →図 16.5(c)，図 16.5(b) →図 16.5(d)）。

表 16.2 建物配置による減衰量

( ) 内は吸音材による対策効果量　単位：dB

30m 地点	20%交互	30%交互	40%交互
アクリル	5.2	10.2	11.2
布 1	6.8　(1.6)	14.5　(4.4)	18.4　(7.2)
布 2	7.1　(1.9)	16.7　(6.6)	23.3　(12.1)
フェルト＋表面保護材	7.8　(2.6)	27.2　(17.1)	37.0　(25.8)
フェルト	7.1　(1.9)	27.6　(17.4)	34.6　(23.4)
45m 地点	20%交互	30%交互	40%交互
アクリル	8.5	11.7	13.4
布 1	10.8　(2.2)	16.8　(5.1)	21.6　(8.2)
布 2	11.4　(2.9)	20.1　(8.4)	28.5　(15.1)
フェルト＋表面保護材	12.9　(4.5)	31.7　(20.0)	41.5　(28.1)
フェルト	11.7　(3.3)	32.1　(20.4)	37.3　(23.9)

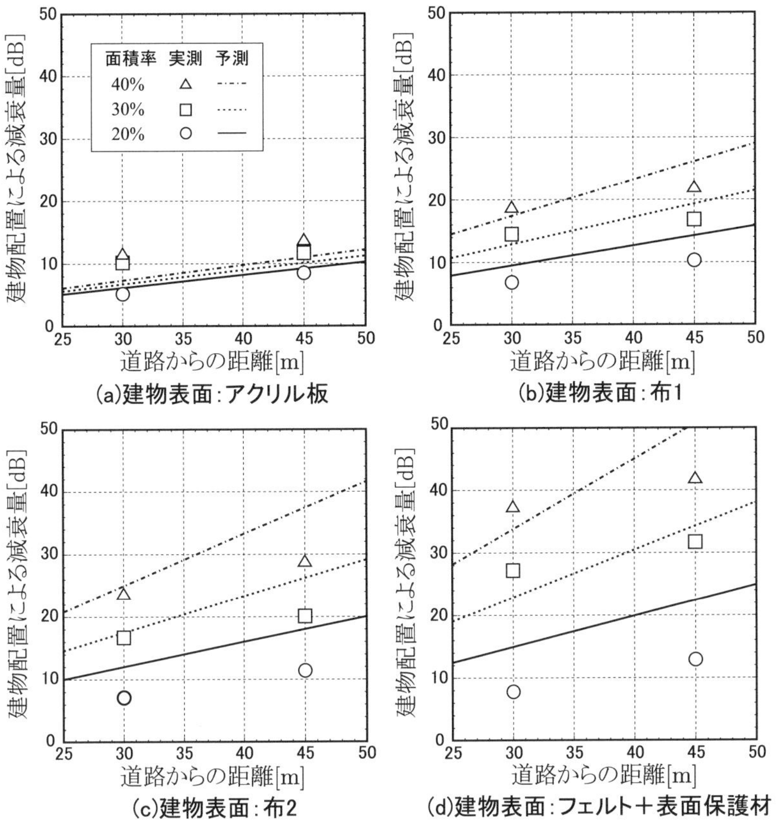

図 16.4 建物配置による距離減衰（実測との対応）

斜入射吸音率と吸音材設置による減衰量との関係[6]

次に，建物表面の斜入射吸音率と減衰量との関係を検討する。縮尺模型実験では，4種類の吸音材を用いて測定を行っているため，平均斜入射吸音率で整理した場合，得られるデータは限られてしまう。ここでは，データ数を増すため1/3オクターブバンド毎の結果を用いて整理した。吸音材なし（アクリル板）の条件と吸音材設置による測定結果の差（減音量）を対策効果量とした。図16.6に，各測定で得られた周波数毎の斜入射吸音率と減衰量を示す。図中の直線は予測結果である。

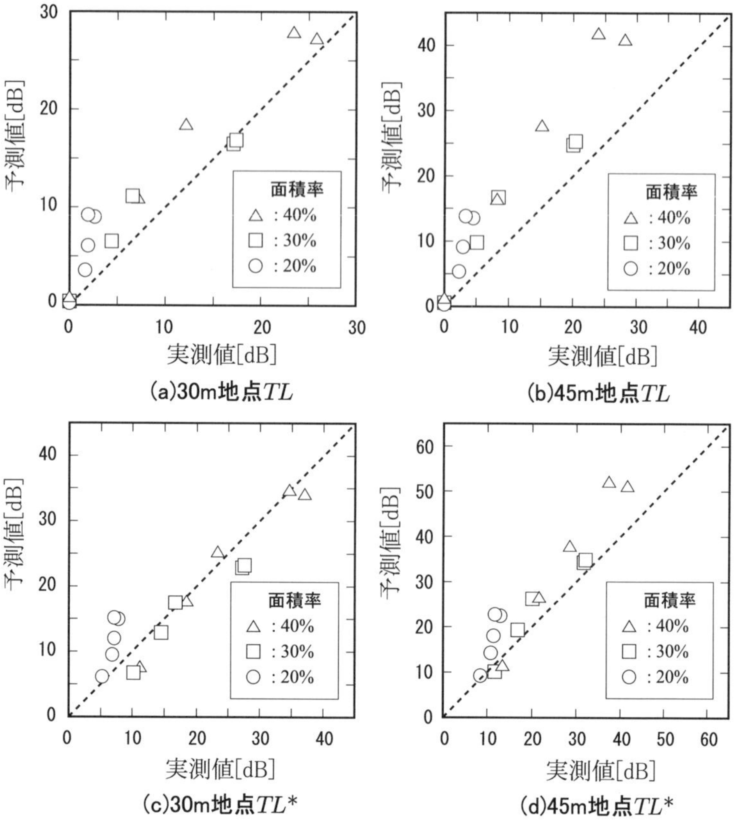

第 16 章 道路背後地への騒音の伝搬 － 建物による減音効果 －

(a)30m地点 TL

(b)45m地点 TL

(c)30m地点 TL^*

(d)45m地点 TL^*

図 16.5 減衰量の相関

　面積率 40％と 30％では全ての斜入射吸音率において良好な予測が得られている。しかし，20％の場合では斜入射吸音率が 0.5 を越えると，予測値と実測値の差が大きくなっている。実験では斜入射吸音率が 0.5 以上では減衰量の増加が頭打ちになっている。面積率が小さいと平均自由行程が長くなり衝突周波数が減少し，吸音材の影響が小さくなるためと考えられる。

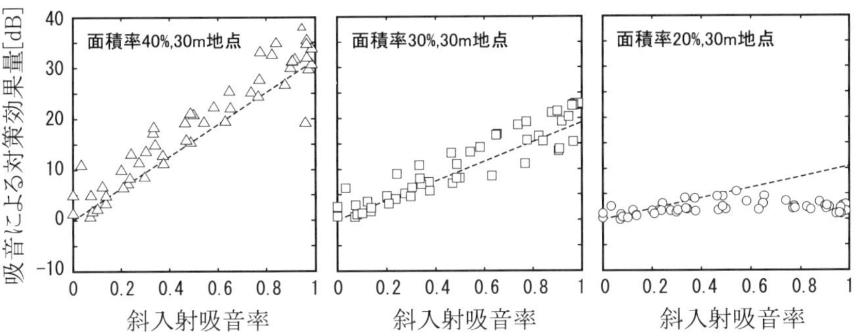

図 **16.6** 斜入射吸音率と吸音材設置による対策効果量の関係

16.5 まとめ

本章では建物が密集する市街地において音が建物による衝突と吸収を繰り返しながらジグザグに進むプロセスをエネルギー収支の観点からモデル化し，簡便な距離減衰式を導出した．計算結果は縮尺模型による実測値と概ね良い対応を示した．この問題は障害物空間に放射された音響エネルギー流（音速 c で直進する音線）の衝突・散乱過程として一般化される．なお，音線と障害物とのランダムな衝突による音響エネルギーの拡散・減衰過程のモデル化及び定式化は 20 章で取上げることにする．

文献

1) 加来治郎, 山下充康, "騒音の市街地浸透に関する研究", 日本音響学会誌 **35**,5 (1979) pp.257–261
2) 上坂克己, 大西博文, 千葉隆, 高木興一, "道路に面した市街地における区間平均等価騒音レベルの計算法", 騒音制御 **23**,6 (1999) pp.441–451
3) 藤本一寿, 安永和憲, 江崎克浩, 大森寛樹, "戸建て住宅群による道路交通騒音の減衰", 日本音響学会誌 **56**,12 (2000) pp.815–824
4) 久野和宏, 野呂雄一, 木村和則, "障害物空間における音線の衝突・減衰過程について", 日本音響学会 応用音響研究会資料 **EA-2000-6** (2000)
5) 木村和則, 鎌田義英, 久野和宏, "道路交通騒音に対する建物群の吸音対策効果", 日本音響学会 騒音・振動研究会資料 **N-2003-17** (2003)
6) 平井厚志, 野呂雄一, 久野和宏, 木村和則, "市街地における騒音の距離減衰", 日本音響学会 騒音・振動研究会資料 **N-2004-24** (2004)

第17章 高架構造物音の発生メカニズム

　本章及び次章では興味ある残響現象として，構造物の一時加振とその後の自由振動に伴う音響放射の問題について考えることにしよう。

　自動車専用道路や都市内の高速道路などでは，高架道路が多く建設され供用されている。自動車の走行により床版などの構造物が加振され，周囲に低周波音や可聴音を放射する。この放射音が高架構造物音であるが，通常後者の可聴音を高架構造物音と言う。

　従来，自動車から直接放射される，エンジン系音やタイヤ系音（以下自動車音という）と比較して小さい[1]として無視されてきたが，高架近傍（特に路面より下の領域）では自動車音よりも影響が大きくなることがある。また，高架，平面併設道路においても，平面道路端に遮音壁が設置される場合には，高架構造物音の影響が無視できないケースが増えているものと考えられる。

　道路騒音予測においてもその重要性が認識され，実測調査に基づく計算式（経験式）[2]が提案されているが，高架構造物音発生のメカニズムについては，未知の部分が多い。

　この発生機構を解明するためには，現場での実測の他[3-5]，模型実験，FEM やBEM など数値解析を用いる方法等が考えられている。

　本章では，構造物（高架道路）を1自由度を基本とした単純な振動体によりモデル化し，その加振力と音響放射のメカニズムを解析し，その特質について述べる[6]。

17.1 高架構造物音の発生の概要

高架構造物音の発生の概要は図 17.1 及び以下に示すように，大きく 3 つの部分に分けることができよう．

(1) 加振力（自動車の運動エネルギー）　　車両の運動エネルギーが接触面（タイヤと路面）の凹凸により，加振力に変換される

↓

(2) 構造物の振動（振動エネルギー）　　構造物に減衰振動が生ずる

↓

(3) 音響放射（音響エネルギー）　　構造物の周囲に音が放射される

しかしながら，(1) 加振力，(2) 構造物の振動及び (3) 音響放射の各メカニズムについては，未解明な点が多い．

これらのメカニズムは，複雑で様々な要因が考えられるが，以下では極力単純なモデルに置き換え，検討を行う．

図 17.1 高架構造物音発生のメカニズム

17.2 構造物の運動方程式

質量 m[kg] の車両が路面上を速度 v[m/s] で走行しているものとし，路面とタイヤの接触面の曲率（凹凸）を

$$\rho(x) = \rho(vt) \tag{17.1}$$

とすれば，車両による路面の鉛直方向の加振力は

$$f(t) = mv^2\rho(vt) \tag{17.2}$$

で与えられる $^{付録\ 17.1)}$。車両はこの加振力で床版内に局所的に縦波を励振しながら（床版をたたきながら）x 軸（自動車進行方向）に沿って移動するものとする。自動車を等価的に質量 m，速度 v の運動体，床版を局所的な振動系（質量 M，バネ定数 K，機械抵抗 R）の集合体と見なし図 17.2 のごとくモデル化する。

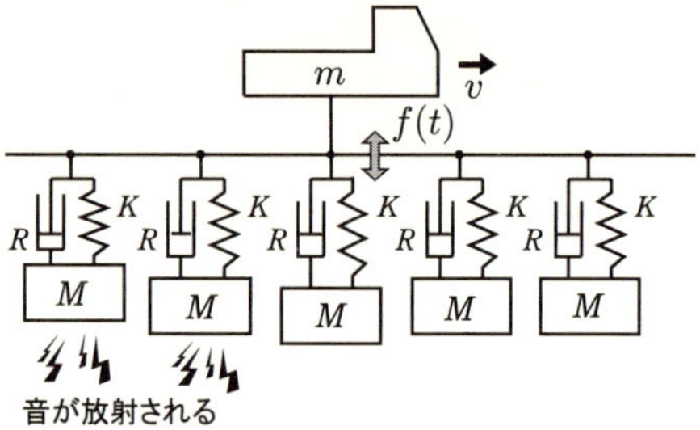

図 17.2 車両走行による縦波の駆動（概念図）

これにより，地点 x における局所的な床板の厚み方向の変位を η_x とすれば縦振動の方程式は

$$M\ddot{\eta}_x + R\dot{\eta}_x + K\eta_x = f_x(t) = mv^2\rho_x(vt)$$
$$= mv^2\rho_x\delta(vt-x) \tag{17.3}$$

と表すことができる。ここに

$$f_x(t) = mv^2\rho_x(vt)$$
$$\rho_x(vt) = \rho_x\delta(vt-x) \tag{17.4}$$

は地点 x における加振力及び路面とタイヤとの接触面の曲率を表す。また，ρ_x は地点 x における路面の粗さとタイヤのトレッド等に依存する等価的な曲率であり，平均値 0，分散 σ_ρ^2 の確率変数に従うものとする。

17.3　床版の縦振動の解析

式 (17.3) のインパルスレスポンスを $h_x(t)$ とすれば，x' における床版の厚み方向の振動速度 $\dot{\eta}_{x'}(t)$ は，

$$\begin{aligned}
\dot{\eta}_{x'}(t) &= \int_{-\infty}^{t} \dot{h}_{x'}(t-\tau) f_{x'}(\tau) d\tau \\
&= mv^2 \int_{-\infty}^{t} \dot{h}_{x'}(t-\tau) \rho_{x'} \delta(v\tau - x') d\tau \\
&= mv\rho_{x'} \dot{h}_{x'}(t - x'/v)
\end{aligned} \qquad (17.5)$$

で与えられる。従って $\dot{\eta}_{x'}(t)$ の 2 乗期待値は

$$\begin{aligned}
\langle \dot{\eta}_{x'}^2(t) \rangle &= (mv)^2 \dot{h}_{x'}^2(t-t') \langle \rho_{x'}^2 \rangle \\
&= (mv\sigma_\rho)^2 \dot{h}_{x'}^2(t-t') \\
&= (mv\sigma_\rho)^2 \frac{\omega_0^2 + \alpha}{MK} e^{-2\alpha(t-t')} \sin^2\{\omega_0(t-t') - \phi\} \\
&\qquad\qquad\qquad\qquad (t \geq t' = x'/v)
\end{aligned} \qquad (17.6)$$

と表される。ここに

$$\begin{aligned}
\sigma_\rho^2 &= \langle \rho_x^2 \rangle \\
\dot{h}_{x'}(t) &= \frac{\sqrt{\omega_0^2 + \alpha^2}}{\sqrt{MK}} e^{-\alpha t} \sin(\omega_0 t - \phi) \\
\omega_0 &= \sqrt{\frac{K}{M}} \\
\alpha &= \frac{R}{2M} \\
\phi &= \tan^{-1}\left(\frac{\omega_0}{\alpha}\right)
\end{aligned} \qquad (17.7)$$

である。通常

$$\omega_0^2 \gg \alpha^2 \qquad (17.8)$$

であることから，式 (17.6) は

$$\begin{aligned}
\langle \dot{\eta}_{x'}^2(t) \rangle &\simeq \frac{(mv\sigma_\rho)^2}{M^2} e^{-2\alpha(t-t')} \sin^2\left\{\omega_0(t-t') - \frac{\pi}{2}\right\} \\
&= \frac{(mv\sigma_\rho)^2}{2M^2} e^{-2\alpha(t-t')} \{1 + \cos 2\omega_0(t-t')\}
\end{aligned} \qquad (17.9)$$

となり，周期
$$\frac{T}{2} = \frac{\pi}{\omega_0} \tag{17.10}$$
の減衰振動を示す。再び式 (17.8) を考慮して上記周期にわたり平均をとれば，
$$\langle \overline{\eta_{x'}^2}(t) \rangle \simeq \frac{(mv\sigma_\rho)^2}{2M^2} e^{-2\alpha(t-t')} \qquad (t \geq t') \tag{17.11}$$
が得られる。これは車両走行により励振された床版の局所的な残響特性（x' における縦振動の時間減衰特性）と見なされる。

17.4 床版の音響放射

x' を中心とする床版（高架道路）の局所振動領域 $\Delta A_{x'}$ は車両の大きさと同程度と考えられ，音波の波長と比べ大きいと仮定すれば，床版の縦振動による x' 近傍からの音響放射出力は単位面積あたりの出力を $w_{x'}(t)$，空気の特性インピーダンスを Z，局所的な振動領域の実効面積を $\Delta A_{x'}$ とすれば

$$\begin{aligned} w_{x'}(t)\Delta A_{x'} &= Z\langle \overline{\eta_{x'}^2}(t) \rangle \Delta A_{x'} \\ &= \frac{Z(mv\sigma_\rho)^2}{2M^2} \Delta A_{x'} e^{-2\alpha(t-t')} \qquad (t \geq t') \end{aligned} \tag{17.12}$$

と表される。

従って，x' を中心とする局所的振動領域からの音響放射エネルギーは

$$\begin{aligned} \Delta \mathcal{E}(x') &= \int_t^\infty w_{x'}(t)\Delta A_{x'} dt \\ &= \frac{Z(mv\sigma_\rho)^2}{2M^2} \Delta A_{x'} \int_{t'}^\infty e^{-2\alpha(t-t')} dt \\ &= \frac{Z(mv\sigma_\rho)^2}{2M^2 \cdot 2\alpha} \Delta A_{x'} = \frac{Z(mv\sigma_\rho)^2}{2MR} \Delta A_{x'} \end{aligned} \tag{17.13}$$

で与えられる。これより床版からの音響放射エネルギー（高架構造物音）は

(1) 車両の運動量 mv の 2 乗（運動エネルギーと質量の積）に比例する，
(2) 接触面（タイヤと路面間）の凹凸を示す曲率の分散 σ_ρ^2 に比例する，
(3) 構造物の局所的な質量 M 及び機械損失 R に反比例する，

ことなどが知られる。

17.5 高架構造物音による単発騒音暴露量

1台の車両走行に伴い発生する高架構造物音による騒音暴露量は図 17.3 を参照すれば

$$e(d) = \int_{-\infty}^{\infty} \frac{\Delta \mathcal{E}(x')}{2\pi(d^2 + x'^2)}$$
$$= \frac{Z(mv\sigma_\rho)^2}{2MR} a \frac{1}{2\pi} \int_{-\infty}^{\infty} \frac{dx'}{d^2 + x'^2} = \frac{Z(mv\sigma_\rho)^2}{2MR} \frac{a}{2d} \quad (17.14)$$

で与えられる。ただし高架構造物音は無指向性であるとして逆自乗則を適用した。また，d は高架裏面中心からの距離を，a は実効的な面積を

$$\Delta A_{x'} = a dx' \quad (17.15)$$

とおいた場合の幅を示す。従って高架構造物音による単発騒音暴露量は車両の運動量と接触面の実効的な凹凸の積 $mv\sigma_\rho$ の 2 乗に比例し，床版の局所的質量と損失の積 MR 及び高架裏面からの距離 d に反比例することがわかる。

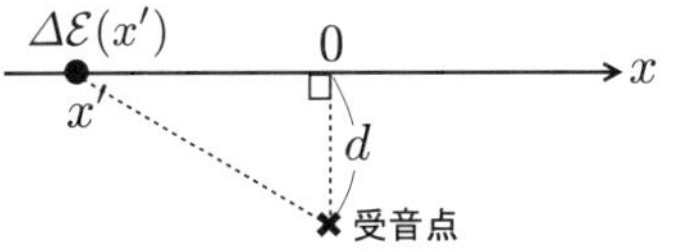

図 17.3 音源・受音点配置

17.6 ユニットパターン

1台の車両走行に伴う高架構造物音による受音強度の時間変化（ユニットパターン）は騒音評価量を算出する場合の基礎となることから，予測計算式の構築においてしばしば重要な役割を演ずる。高架構造物音によるユニットパターンは領域

$x' \leq x = vt$ からの放射パワー $w_{x'}(t)\Delta A_{x'}$ の影響を加算することにより

$$
\begin{aligned}
i(t) &= \frac{1}{2\pi} \int_{-\infty}^{x} \frac{w_{x'}(t)\Delta A_{x'}}{d^2 + x'^2} \\
&= \frac{Z(mv\sigma_\rho)^2}{2M^2} \frac{a}{2\pi} \int_{-\infty}^{x} \frac{e^{-2\alpha(t-t')}}{d^2 + x'^2} dx' \\
&= \frac{Z(mv\sigma_\rho)^2}{2M^2} \frac{a}{2\pi} \int_{-\infty}^{x} \frac{e^{-2(\alpha/v)(x-x')}}{d^2 + x'^2} dx' \\
&\simeq \frac{Z(mv\sigma_\rho)^2}{2M^2} \frac{a}{2\pi d} \Delta\theta_\ell\left(\frac{x}{d}\right)
\end{aligned}
\tag{17.16}
$$

で与えられる^{付録 17.2)}。

ここに

$$
\Delta\theta_\ell\left(\frac{x}{d}\right) = \tan^{-1}\left(\frac{x}{d}\right) - \tan^{-1}\left(\frac{x-\ell}{d}\right)
$$

$$
\ell = \frac{v}{2\alpha} = \frac{Mv}{R} \tag{17.17}
$$

は x 軸上の長さ ℓ の線分を受音点が見込む角度を表し，従って式 (17.16) は単位長さあたりの出力を

$$
P_1 = \frac{Z(mv\sigma_\rho)^2 a}{2M^2} \tag{17.18}
$$

とする長さ ℓ の線音源の周りの受音強度と等価である．さらに図 17.4 を参照し，

$$
\Delta\theta_\ell\left(\frac{x}{d}\right) \simeq \frac{\ell\cos\theta}{\sqrt{d^2+x^2}} = \frac{\ell d}{d^2+x^2} \tag{17.19}
$$

なる近似式を適用すれば，式 (17.16) のユニットパターンは

$$
i(t) \simeq \frac{P_1\ell}{2\pi}\frac{1}{d^2+x^2} = \frac{Z(mv\sigma_\rho)^2}{2MR}\frac{av}{2\pi}\frac{1}{d^2+x^2} \tag{17.20}
$$

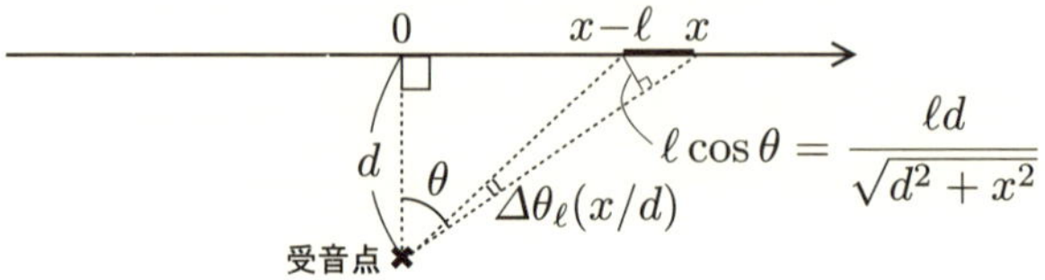

図 **17.4** ユニットパターン算定に関する模式図

と書かれる。上式は，軸上を速度 v で移動する音響出力

$$P = \frac{Z(mv\sigma_\rho)^2}{2MR}av \qquad (17.21)$$

の点音源によるユニットパターンと等価であることがわかる。また，このユニットパターン $i(t)$ を積分して得られる単発騒音暴露量は

$$e(d) = \int_{-\infty}^{\infty} i(t)dt = \frac{Z(mv\sigma_\rho)^2}{2MR}\frac{a}{2d} \qquad (17.22)$$

となり，式 (17.14) と一致する。

なお，式 (17.21) で示される等価点音源の出力は車速 v の 3 乗に比例しており，経験的な事実[2]とも符合している。

17.7　高架構造物音による等価騒音レベル L_{Aeq}

式 (17.14) によれば，高架構造物音に由来する単発騒音暴露量は走行車両の運動量 mv の 2 乗及びタイヤと路面間の凹凸の分散 σ_ρ^2 に比例することを示している。大型車の重量は小型車類の重量の平均 13 倍であること，また接触面の凹凸 σ_ρ も大型車の方が大であると想定されることから，大型車による単発騒音暴露量に対し，小型車のそれは通常無視することができよう。今，大型車の時間交通量を $N[\text{台/h}]$ とすれば，高架構造物音による等価受音強度は

$$\begin{aligned} I_{\text{Aeq}} &\simeq \frac{e_1 + e_2 + e_3 + \cdots + e_N}{T} \\ &\simeq \frac{N}{T}\langle e \rangle \\ &= \frac{N}{3600}\langle e \rangle \end{aligned} \qquad (17.23)$$

で近似されよう。ここに e_j は大型車 j による単発騒音暴露量

$$e_j = \frac{Z(mv\sigma_\rho)_j^2}{2MR}\frac{a}{2d} \qquad (17.24)$$

を $\langle e \rangle$ はその期待値（集合平均）

$$\langle e \rangle = \frac{Z}{2MR}\frac{a}{2d}\langle (mv\sigma_\rho)_j^2 \rangle \qquad (17.25)$$

である。さらに m, v, σ_ρ が互いに独立であるとすれば $\langle e \rangle$ は

$$\begin{aligned}\langle e \rangle &= \frac{Z}{2MR}\frac{a}{2d}\langle m^2\rangle\langle v^2\rangle\langle \sigma_\rho^2\rangle \\ &= \frac{Z}{2MR}\frac{a}{2d}\langle m\rangle^2\langle v\rangle^2\langle \sigma_\rho\rangle^2(1+\delta_m^2)(1+\delta_v^2)(1+\delta_\rho^2)\end{aligned} \qquad (17.26)$$

となる。ただし $\langle m \rangle, \langle v \rangle, \langle \sigma_\rho \rangle$ は大型車の質量 m,車速 v 及び接触面の実効的な凹凸 σ_ρ の期待値、また $\delta_m, \delta_v, \delta_\rho$ はそれぞれに対する変動率である。

従って、上式を式 (17.23) に代入すれば

$$I_{\text{Aeq}} = \frac{N}{3600}\frac{Za}{2MR}\frac{1}{2d}\langle m\rangle^2\langle v\rangle^2\langle \sigma_\rho\rangle^2(1+\delta_m^2)(1+\delta_v^2)(1+\delta_\rho^2) \qquad (17.27)$$

が得られる。これより、高架構造物音による等価騒音レベル L_{Aeq} は

$$\begin{aligned}L_{\text{Aeq}} &= 10\log_{10}\frac{I_{\text{Aeq}}}{10^{-12}} \\ &= 10\log_{10}N + 10\log_{10}\frac{a}{d} - 10\log_{10}(MR) \\ &\quad + 20\log_{10}(\langle m\rangle\langle v\rangle\langle \sigma_\rho\rangle) \\ &\quad + 10\log_{10}(1+\delta_m^2) + 10\log_{10}(1+\delta_v^2) + 10\log_{10}(1+\delta_\rho^2) \\ &\quad + 104 \qquad [\text{dB}]\end{aligned} \qquad (17.28)$$

と表される。ただし空気の特性インピーダンスを

$$Z = 400$$

とおいた。

17.8 まとめ及び課題

1自由度を基本とした簡単な振動系のモデルを用い、高架構造物音の発生メカニズムについて検討した。

自動車の走行に伴い高架道路の床版が局所的に順次加振され、厚み方向の減衰振動が励起され、周囲に音が放射されるものと考え、加振力、床版の振動及び音響放射について順次解析を行い高架構造物音は

(1) 車両の運動量 mv の 2 乗に（運動エネルギーと質量の積）比例する
(2) 接触面（タイヤと路面間）の凹凸を示す曲率の分散 σ_ρ^2 に比例する
(3) 構造物の局所的な質量 M 及び機械損失 R に反比例する

ことなどを導いた。

また，高架構造物音による単発騒音暴露量及びユニットパターンを求め，前者は車速の 2 乗，後者は車速の 3 乗に比例することを示した。

高架構造物音とは，車両の運動エネルギーが接触面（タイヤと路面）の凹凸により構造物の振動エネルギーに変換され，さらに放射インピーダンスを介し，音響エネルギーに変換されたものと解される。従って，その低減対策としては

(1) 車両の運動量を減少させる
(2) 接触面の凹凸を小さくする
(3) 構造物の質量と機械損失を増す

ことなどが効果的であると考えられる。

なお，課題としては実測による検証をはじめ

- パラメーター値 σ_ρ, M, K, R の設定方法
- 構造物と車両の連成振動の考慮 [7]
- 構造物の多自由度振動系としての取り扱い [7]
- 構造物（床版）のたわみ振動と音響放射特性

などがあげられるが，床版のたわみ振動と音響放射（低周波音の発生）の問題については次章で取り上げる。

付録 17.1：車両に働く鉛直方向の加振力

タイヤと路面の接触面は微少な凹凸を形成する。車線（x 軸）に沿っての凹凸を $y(x)$ とする。質量 m，速度 v の質点（重心系でみた車両）が凹凸 $y(x)$ 上を移動する場合に質点に働く鉛直方向の力 $f(t)$ を考える。運動量の鉛直方向成分を

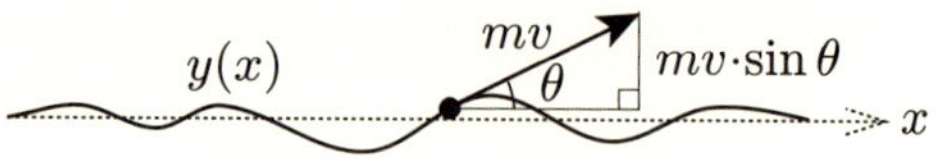

図 17.5 凹凸面上を移動する質点

$p_\perp(t)$ とすれば図 17.5 より

$$p_\perp(t) = mv\sin\theta$$
$$\simeq mv\theta$$
$$\simeq mv\tan\theta$$
$$= mv\frac{dy}{dx} \qquad (17.29)$$

と表される。また質点 m に働く鉛直方向の力 $f(t)$ は上式を時間で微分することにより

$$f(t) = \frac{d}{dt}p_\perp(t)$$
$$= mv\frac{d}{dt}\frac{dy}{dx}$$
$$= mv^2\frac{d^2y}{dx^2}$$
$$= mv^2\rho(x)\bigm|_{x=vt} \qquad (17.30)$$

で与えられる。ただし

$$\rho(x) = \left.\frac{d^2y}{dx^2}\right|_{x=vt} \qquad (17.31)$$

は座標 x における凹凸の曲率である。

従って接触面の凹凸によって質点（車両）が受ける鉛直方向の加振力は質点の運動エネルギーと接触面の曲率に比例することがわかる。この力は，また車両が路面を鉛直方向に加振する力でもある。

付録 17.2：式 (17.16) の導出

$$\int_{-\infty}^{x} \frac{e^{-2(\alpha/v)(x-x')}}{d^2 + x'^2} dx' = \int_{-\infty}^{x} \frac{e^{-(x-x')/\ell}}{d^2 + x'^2} dx'$$

$$\simeq \int_{x-\ell}^{x} \frac{1}{d^2 + x'^2} dx'$$

$$= \frac{1}{d} \left\{ \tan^{-1}\left(\frac{x}{d}\right) - \tan^{-1}\left(\frac{x-\ell}{d}\right) \right\}$$

$$= \frac{1}{d} \Delta\theta_\ell \left(\frac{x}{d}\right) \qquad (17.32)$$

ここに

$$\ell = \frac{v}{2\alpha} = \int_{-\infty}^{x} e^{-(x-x')/\ell} dx' \qquad (17.33)$$

$$\Delta\theta_\ell \left(\frac{x}{d}\right) = \tan^{-1}\left(\frac{x}{d}\right) - \tan^{-1}\left(\frac{x-\ell}{d}\right) \qquad (17.34)$$

である。

文献

1) （社）日本自動車タイヤ協会編, タイヤ道路振動について 第 4 版（日本自動車タイヤ協会,1991）
2) 日本音響学会道路交通騒音調査研究委員会, "日本音響学会道路交通騒音予測モデル ASJ RTN-Model 2003," 日本音響学会誌 **60**,4 (2004) pp.219–220
3) 福島昭則, 一木智之, 森善仁, "高架道路から放射される構造物音の調査結果", 日本音響学会 騒音・振動研究会資料 **N-99-49** (1999)
4) 池谷公一, 紺野義人, 山本稔, 飯森英哲, 石渡俊吾, "試験車を用いた PC 中空床板における高架構造物音の測定結果", 日本音響学会 騒音・振動研究会資料 **N-2001-03** (2001)
5) 紺野義人, 山本稔, 池谷公一, 飯森英哲, 石川賢一, 石渡俊吾, 山本貢平, "橋梁床板直下から発生する高架構造物音の発生メカニズムに関する検討（その 2）", 日本音響学会 騒音・振動研究会資料 **N-2001-16** (2001)
6) 佐野泰之, 久野和宏, 成瀬治興, "道路交通による高架構造物音の発生メカニズム", 日本音響学会 騒音・振動研究会資料 **N-2002-12** (2002)
7) 中井博, 小林治俊, 土木構造物の振動解析（森北出版,1999）

第18章　高架橋における車両走行と低周波音の発生

　山間部の橋梁や都市内の高架道路周辺において，大型車による低周波音が住民に圧迫感や不快感を与えたり，建具をガタつかせ問題となることがある[1]。車両走行に伴い高架橋が励振され，周囲に音を放射することが原因と考えられている。

　高架橋を振動させる原因（加振力）としては

(1) タイヤと路面間（接触面）の凹凸
(2) ジョイント部における段差 Δ
(3) 車両の加重

が挙げられる。

　これら加振力による床版全体としてのたわみ振動（長さ方向の横波）が低周波音の発生に関係しているものと考えられる。上記 (1) による床版の局所的な減衰振動（厚み方向の縦波）に基づく可聴周波数域の音響放射（いわゆる高架構造物音）[2-5] については前章で取り扱ったが，ここでは高架橋のたわみ振動による低周波音の発生機構について，単純なモデルを用い概説する。

18.1　床版のたわみ振動の方程式

　スパン長（支点間の長さ）ℓ の床版上を質量 m の車両が速度 v で走行しているものとしよう（図 18.1）。言うまでもなく床版は，複雑な多自由度の振動系であるが，低周波音の発生には主に最低次の固有振動数を有する基本モードが関与する。そこで床版のたわみ振動をこの基本モードで近似し，質量 M_b，スティフネス $K_b = 1/C_b$，機械抵抗 R_b の 1 自由度系で表すことにする。従って床版の運動方

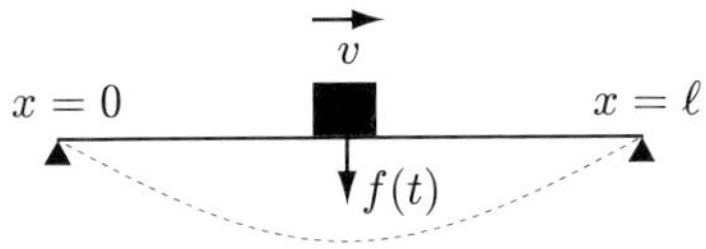

18.2. 加振力 $f(t)$

図 **18.1** 車両走行に伴うたわみ振動

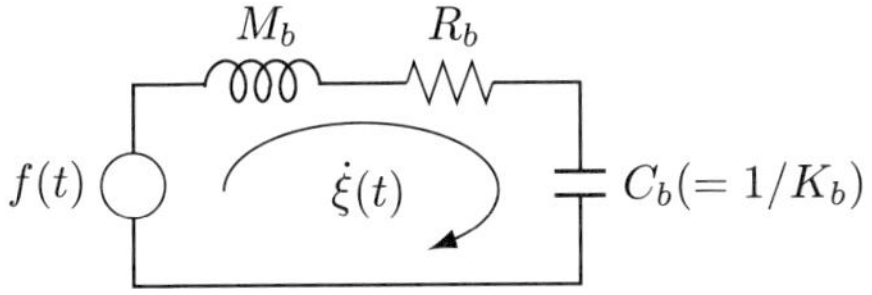

図 **18.2** 床版のたわみ振動に対する等価回路

程式（たわみ振動の方程式）は，加振力を $f(t)$，鉛直方向の変位を $\xi(t)$ とすれば

$$M_b \ddot{\xi}(t) + R_b \dot{\xi}(t) + K_b \xi(t) = f(t) \tag{18.1}$$

と書かれる。

図 18.2 はこのたわみ振動の等価回路である。加振力 $f(t)$ が与えられれば回路の解析手法を用いることによりたわみ振動（変位，速度，加速度等）を求めることができる。

18.2　加振力 $f(t)$

車両の通過に伴い，床版にたわみ振動が発生する主な原因としては

(1) タイヤと路面間（接触面）の凹凸
(2) ジョイント部における段差 Δ
(3) 車両の加重

が挙げられる。

さて，車両は時刻 $t=0$ で床版の左端 $x=0$（ジョイント）に進入し，右端 $x=\ell$ を時刻

$$t = T = \frac{\ell}{v} \tag{18.2}$$

に通過するものとする。

質量 m，速度 v の車両による上記 (1) の加振力は前章の付録 17.1 より

$$f_q(t) = mv^2\rho(x)|_{x=vt} = mv^2 q(t) \quad (0 \le t \le T) \tag{18.3}$$

と表される。ここに $q(t)$ は時々刻々変化する接触面の曲率であり，不規則な時間関数と見なされる。

次に床版の接合部（ジョイント部）でしばしばみられる段差 Δ は (1) の特別な場合であり，接触面の曲率がインパルス

$$q(t) = q_0 \Delta(t) \tag{18.4}$$

で表され，衝撃的な加振力

$$f_\Delta(t) = mv^2 q_0 \Delta(t) \tag{18.5}$$

を発生する。また床版には走行車両の加重

$$f_0(t) = mg \quad (0 \le t \le T) \tag{18.6}$$

が作用する。これらの総和

$$f(t) = f_q(t) + f_\Delta(t) + f_0(t) \tag{18.7}$$

が 1 台の車両により床版（質量 M_b，スティフネス K_b，機械損失 R_b，長さ ℓ）が受ける加振力となる。従ってたわみ振動の方程式（式 (18.1)）は

$$M_b \ddot{\xi}(t) + R_b \dot{\xi}(t) + K_b \xi(t) = f_q(t) + f_\Delta(t) + f_0(t) \tag{18.8}$$

と書かれる。線形常微分方程式に関する重ね合わせの定理から上式の解 $\xi(t)$ は各加振力 $f_q(t)$，$f_\Delta(t), f_0(t)$ に対する解 $\xi_q(t)$，$\xi_\Delta(t)$，$\xi_0(t)$ の和で与えられる。

$$\xi(t) = \xi_q(t) + \xi_\Delta(t) + \xi_0(t) \tag{18.9}$$

まず各加振力に対する解（応答）を求めることから始める。

18.3 接触面の凹凸によるたわみ振動

接触面の凹凸は車両走行に伴い不規則（ランダム）に変化し，時刻 t における接触面の曲率を $q(t)$ とすれば床版には鉛直方向の加振力

$$f_q(t) = mv^2 q(t) \qquad (0 \leq t \leq T)$$
$$= mv^2 q(t) \mathcal{U}_T(t)$$

が働き，この場合のたわみ振動 $\xi_q(t)$ は

$$M_b \ddot{\xi}_q(t) + R_b \dot{\xi}_q(t) + K_b \xi_q(t) = mv^2 q(t) \mathcal{U}_T(t) \tag{18.10}$$

を解くことにより求められる。ここに時間窓

$$\mathcal{U}_T(t) = \begin{cases} 0 & (t < 0) \\ 1 & (0 \leq t \leq T) \\ 0 & (t > T) \end{cases} \tag{18.11}$$

は上記加振力が時刻 $0 \sim T$ の間（床版上を車両が走行する間）働くことを表す。まず式 (18.10) をフーリエ変換することにより

$$\dot{X}_q(\omega) = \frac{mv^2 Q_T(\omega)}{Z_b(\omega)} \simeq \frac{mv^2}{2M_b} \frac{Q_T(\omega_0)}{\beta + j(\omega - \omega_0)} \tag{18.12}$$

が得られる。ここに $\dot{X}_q(\omega)$, $Q_T(\omega)$ はそれぞれ $\dot{\xi}_q(t)$ 及び $q(t)\mathcal{U}_T(t)$ のフーリエ変換を，また $Z_b(\omega)$ は床版（振動系）の機械インピーダンス

$$Z_b(\omega) = R_b + j(\omega M_b - \frac{K_b}{\omega})$$
$$\simeq 2M_b \{\beta + j(\omega - \omega_0)\} \qquad (\omega_0^2 \gg \beta^2) \tag{18.13}$$

を表す。ただし

$$\beta = \frac{R_b}{2M_b}$$
$$\omega_0 = \sqrt{\frac{K_b}{M_b}} \tag{18.14}$$

は床版の損失係数及び固有振動数(基本振動数)である。

これより振動速度 $\dot{\xi}_q(t)$ のエネルギースペクトルは

$$\left|\dot{X}_q(\omega)\right|^2 = \frac{(mv^2)^2 |Q_T(\omega)|^2}{|Z_q(\omega)|^2}$$

$$\simeq \frac{(mv^2)^2}{|Z_q(\omega)|^2} S_q(\omega)T$$

$$\simeq \left(\frac{mv^2}{2M_b}\right)^2 \frac{S_q(\omega_0)T}{\beta^2 + (\omega - \omega_0)^2} \tag{18.15}$$

と表される。ただし $S_q(\omega)$ はランダムに変化する接触面の曲率 $q(t)$ のパワースペクトルである。

同様にたわみ振動の加速度 $\ddot{\xi}_q(t)$ 及び加加速度 $\dddot{\xi}_q(t)$ のエネルギースペクトルはそれぞれ

$$\left|\ddot{X}_q(\omega)\right|^2 \simeq \left(\frac{mv^2}{2M_b}\right)^2 \frac{\omega_0^2 S_q(\omega_0)T}{\beta^2 + (\omega - \omega_0)^2} \tag{18.16}$$

$$\left|\dddot{X}_q(\omega)\right|^2 \simeq \left(\frac{mv^2}{2M_b}\right)^2 \frac{\omega_0^4 S_q(\omega_0)T}{\beta^2 + (\omega - \omega_0)^2} \tag{18.17}$$

で与えられる。ただし損失係数 β は小さく

$$\omega_0^2 \gg \beta^2 \tag{18.18}$$

が成り立つものとする。

18.4 ジョイント段差によるたわみ振動

段差箇所では接触面の曲率がインパルスで与えられ,衝撃的な加振力

$$f_\Delta(t) = mv^2 q_0 \Delta(t)$$

が作用し,たわみ振動の運動方程式は

$$M_b \ddot{\xi}_\Delta(t) + R_b \dot{\xi}_\Delta(t) + K_b \xi_\Delta(t) = mv^2 q_0 \Delta(t) \tag{18.19}$$

と書かれる。ただし車両は時刻 $t=0$ でジョイント部（段差）に進入するものとした。

上式をフーリエ変換することにより，$\dot{\xi}_\Delta(t)$ のフーリエスペクトル $\dot{X}_\Delta(\omega)$ は

$$\dot{X}_\Delta(\omega) = \frac{mv^2 q_0}{Z_b(\omega)} \simeq \frac{mv^2}{2M_b} \frac{q_0}{\beta + j(\omega - \omega_0)} \quad (\omega_0^2 \gg \beta^2) \tag{18.20}$$

で与えられる。従って $\dot{\xi}_\Delta(t)$ のエネルギースペクトルは

$$\left|\dot{X}_\Delta(\omega)\right|^2 \simeq \left(\frac{mv^2}{2M_b}\right)^2 \frac{q_0^2}{\beta^2 + (\omega - \omega_0)^2} \tag{18.21}$$

同様に $\ddot{\xi}_\Delta(t)$ 及び $\dddot{\xi}_\Delta(t)$ のエネルギースペクトルは

$$\left|\ddot{X}_\Delta(\omega)\right|^2 \simeq \left(\frac{mv^2}{2M_b}\right)^2 \frac{\omega_0^2 q_0^2}{\beta^2 + (\omega - \omega_0)^2} \tag{18.22}$$

$$\left|\dddot{X}_\Delta(\omega)\right|^2 \simeq \left(\frac{mv^2}{2M_b}\right)^2 \frac{\omega_0^4 q_0^2}{\beta^2 + (\omega - \omega_0)^2} \tag{18.23}$$

と表される。

18.5 車両の加重によるたわみ振動

次に高架橋を走行する車両の加重 mg による床版のたわみ振動

$$M_b \ddot{\xi}_0(t) + R_b \dot{\xi}_0(t) + K_b \xi_0(t) = mg\mathcal{U}_T(t) \tag{18.24}$$

について考える。$\dot{\xi}_0(t)$ のフーリエスペクトルを $\dot{X}_0(\omega)$ とすれば，上式より

$$\begin{aligned}\dot{X}_0(\omega) &= \frac{mg U_T(\omega)}{Z_b(\omega)} \\ &\simeq \frac{mg}{2M_b} \frac{U_T(\omega_0)}{\beta + j(\omega - \omega_0)} \\ &= \frac{mg}{2M_b} \frac{\sin(\omega_0 T/2)}{(\omega_0 T/2)} \frac{T e^{-j\omega_0 T/2}}{\beta + j(\omega - \omega_0)}\end{aligned} \tag{18.25}$$

が導かれる。ただし $U_T(\omega)$ は式 (18.11) 時間窓 $\mathcal{U}_T(t)$ に対するフーリエスペクトル

$$U_T(\omega) = \frac{\sin(\omega T/2)}{(\omega T/2)} T e^{-j\omega T/2} \tag{18.26}$$

である。従って、$\dot{\xi}_0(t)$ のエネルギースペクトルは

$$\left|\dot{X}_0(\omega)\right|^2 \simeq \left(\frac{mg}{2M_b}\right)^2 \left|\frac{\sin(\omega_0 T/2)}{(\omega_0 T/2)}\right|^2 \frac{T^2}{\beta^2 + (\omega - \omega_0)^2} \tag{18.27}$$

同様に $\ddot{\xi}_0(t)$ 及び $\dddot{\xi}_0(t)$ のエネルギースペクトルはそれぞれ

$$\left|\ddot{X}_0(\omega)\right|^2 \simeq \left(\frac{mg}{2M_b}\right)^2 \left|\frac{\sin(\omega_0 T/2)}{(\omega_0 T/2)}\right|^2 \frac{(\omega_0 T)^2}{\beta^2 + (\omega - \omega_0)^2} \tag{18.28}$$

$$\left|\dddot{X}_0(\omega)\right|^2 \simeq \left(\frac{mg}{2M_b}\right)^2 \left|\frac{\sin(\omega_0 T/2)}{(\omega_0 T/2)}\right|^2 \frac{(\omega_0^2 T)^2}{\beta^2 + (\omega - \omega_0)^2} \tag{18.29}$$

と表される。

18.6 たわみ振動に関する相互比較

18.3 節では接触面の不規則な凹凸によるたわみ振動を，18.4 節ではジョイント段差によるたわみ振動を，また 18.5 節では走行車両の加重によるたわみ振動について基本モードに着目し解析を行った。ここでは上述の結果を基に，まず各たわみ振動の大きさの程度を比較しよう。そのため，各たわみ振動の速度スペクトル（エネルギースペクトル）

$$\left|\dot{X}_q(\omega)\right|^2 \simeq \left(\frac{mv^2}{2M_b}\right)^2 \frac{S_q(\omega_0)T}{\beta^2 + (\omega - \omega_0)^2} \tag{18.15}$$

$$\left|\dot{X}_\Delta(\omega)\right|^2 \simeq \left(\frac{mv^2}{2M_b}\right)^2 \frac{q^2}{\beta^2 + (\omega - \omega_0)^2} \tag{18.21}$$

$$\left|\dot{X}_0(\omega)\right|^2 \simeq \left(\frac{mg}{2M_b}\right)^2 \left|\frac{\sin(\omega_0 T/2)}{(\omega_0 T/2)}\right|^2 \frac{T^2}{\beta^2 + (\omega - \omega_0)^2} \tag{18.27}$$

を取り上げ，加重によるたわみ振動 $\left|\dot{X}_0(\omega)\right|^2$ を基準にとれば

$$\left|\frac{\dot{X}_q(\omega)}{\dot{X}_0(\omega)}\right|^2 \simeq \left(\frac{v^2}{g}\right)^2 \frac{S_q(\omega)}{T} \left|\frac{\omega_0 T/2}{\sin(\omega_0 T/2)}\right|^2 \tag{18.30}$$

$$\left|\frac{\dot{X}_\Delta(\omega)}{\dot{X}_0(\omega)}\right|^2 \simeq \left(\frac{v^2}{g}\right)^2 \left(\frac{q_0}{T}\right)^2 \left|\frac{\omega_0 T/2}{\sin(\omega_0 T/2)}\right|^2 \tag{18.31}$$

が得られる。ここに

$$g = 9.8\cdots \simeq 10 [\mathrm{m/s^2}]$$

であり，また通常の高架道路では

$$v \simeq 20 [\mathrm{m/s}]$$
$$\omega_0 = 2\pi f_0 \simeq 10\pi \quad (f_0 \simeq 5 [\mathrm{Hz}])$$
$$T \simeq 2 [\mathrm{s}]$$

であることを考慮すればこれらの式は

$$\left|\frac{\dot{X}_q(\omega)}{\dot{X}_0(\omega)}\right|^2 = 1{,}600 \times 500 \times S_q(\omega_0)$$

$$\left|\frac{\dot{X}_\Delta(\omega)}{\dot{X}_0(\omega)}\right|^2 = 1{,}600 \times 500 \times \frac{q_0^2}{2}$$

となる。$S_q(\omega_0)$, q_0^2 の大きさにも依存するが

$$\left|\frac{\dot{X}_q(\omega)}{\dot{X}_0(\omega)}\right|^2 \gg 1$$

$$\left|\frac{\dot{X}_\Delta(\omega)}{\dot{X}_0(\omega)}\right|^2 \gg 1$$

と想定されることから，車両の加重による振動は路面の不規則な凹凸や段差による振動に比し無視できるものと考えられる。因に段差 Δ（図 18.3 参照）に対し

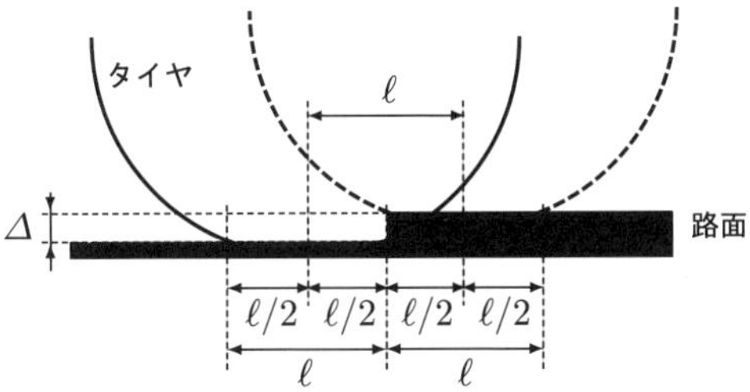

図 18.3 段差 Δ とタイヤの接触状況

ては

$$\Delta = 2[\text{cm}]$$
$$\ell_0 = 20[\text{cm}]$$
$$q_0 \simeq \frac{\Delta}{\ell_0} = \frac{2}{20} = 0.1$$

従って

$$\left|\frac{\dot{X}_\Delta(\omega)}{\dot{X}_0(\omega)}\right| \simeq 4000 \gg 1$$

と見積もられる。

また式 (18.15) 及び式 (18.21) よりたわみ振動のエネルギースペクトル $\left|\dot{X}_q(\omega)\right|^2$ 及び $\left|\dot{X}_\Delta(\omega)\right|^2$ は

- 車両の運動エネルギー $mv^2/2$ と床版質量 M_b の比の 2 乗に比例し，大型車に比し小型車の影響は無視できること
- 両者の比は

$$\left|\frac{\dot{X}_q(\omega)}{\dot{X}_\Delta(\omega)}\right|^2 = \frac{S_q(\omega_0)T}{q_0^2} \tag{18.32}$$

となり，基本振動数 ω_0 におけるランダム加振と衝撃加振のエネルギースペクトルの大小により，路面の凹凸と段差 Δ に基づくたわみ振動の優劣（寄与度）が定まることが知られる。

18.7 たわみ振動による音響放射

次に床版のたわみ振動と音響放射との関係について考える。低周波数域では支点間の床版は，概ね一体となってピストン的に振動することから，図 18.4 に示すごとく床版の上面と下面に逆位相の音源（双極子）があるのと等価である。

双極子ベクトルを $\boldsymbol{D}(t)$，観測点の位置ベクトルを $\boldsymbol{r}$，両者のなす角を θ とすれば，この場合放射音圧は $\cos\theta$ の指向性を有し

$$p = \frac{\rho_0}{c}\frac{\cos\theta}{4\pi r}\frac{d^2 D(t_e)}{dt^2}\bigg|_{t_e = t - r/c} \tag{18.33}$$

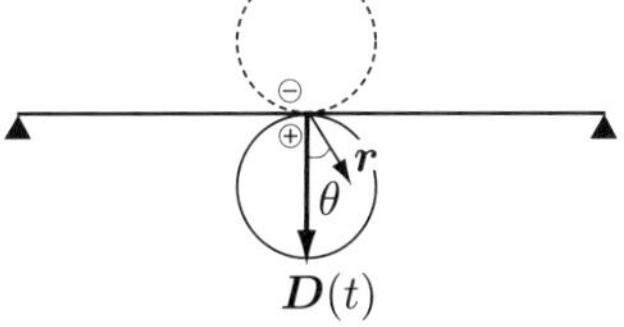

図 18.4 床版のピストン振動と双極子音源

と表される[8]。ただし ρ_0, c は空気の密度及び空気中の音速である。また，$D(t)$ は双極子ベクトルの大きさ，r は観測点までの距離であり，床版（ピストン振動板）の体積速度 $V(t)$ と床版の厚さ d（床版の表面と裏面に相当した逆位相の点音源間の距離）により

$$D(t) = dV(t) \tag{18.34}$$

で与えられる。さらに，$V(t)$ は床版のピストン振動板としての実効面積 A_b と振動速度 $\dot{\xi}(t)$ の積

$$V(t) = A_b \dot{\xi}(t) \tag{18.35}$$

で表されることから，式 (18.33) の受音点音圧は

$$\begin{aligned} p &= \frac{\rho_0}{c} \frac{d \cos\theta}{4\pi r} \ddot{V}(t_e) \\ &= \frac{\rho_0 d A_b}{c} \frac{\dddot{\xi}(t_e)}{4\pi r} \cos\theta \bigg|_{t_e = t - r/c} \end{aligned} \tag{18.36}$$

と書かれる。従って低周波音（床版からの放射音圧）の時間変化は床版の振動加加速度 $\dddot{\xi}(t_e)$ により定まる。

18.8　低周波音の時間・周波数特性

18.6 節では高架橋を走行する車両による床版のたわみ振動は接触面の不規則な凹凸やジョイントの段差の寄与が大きいことを述べた。前者のランダム加振による振動速度のスペクトルは

$$\dot{X}_q(\omega) \simeq \frac{mv^2}{2M_b} \frac{Q_T(\omega_0)}{\beta + j(\omega - \omega_0)} \qquad (\omega_0 \gg \beta^2) \tag{18.11}$$

また，後者の衝撃加振による振動速度のスペクトルは

$$\dot{X}_\Delta(\omega) \simeq \frac{mv^2}{2M_b} \frac{q_0}{\beta + j(\omega - \omega_0)} \qquad (\omega_0^2 \gg \beta^2) \tag{18.20}$$

で与えられることを示した。

一方，上記スペクトルに対する時間波形 $\dot{\xi}_q(t)$ 及び $\dot{\xi}_\Delta(t)$ はそれぞれ

$$\dot{\xi}_q(t) \simeq \frac{mv^2}{M_b} |Q_T(\omega_0)| e^{-\beta t} \cos(\omega_0 t + \varphi_0)(t \geq 0) \tag{18.37}$$

$$\dot{\xi}_\Delta(t) \simeq \frac{mv^2}{M_b} q_0 e^{-\beta t} \cos(\omega_0 t) \qquad (t \geq 0) \tag{18.38}$$

と表される。ただし φ_0 は複素数 $Q_T(\omega_0)$ の位相角である。

これより

$$\dddot{\xi}_q(t) \simeq -\frac{mv^2}{M_b} |Q_T(\omega_0)| \omega_0^2 e^{-\beta t} \cos(\omega_0 t + \varphi_0)(t \geq 0) \tag{18.39}$$

$$\dddot{\xi}_\Delta(t) \simeq -\frac{mv^2}{M_b} q_0 \omega_0^2 e^{-\beta t} \cos(\omega_0 t) \qquad (t \geq 0) \tag{18.40}$$

が得られる。従って上式を自乗し，1周期 $\tau\,(=2\pi/\omega_0)$ 毎に区切り平均し，平滑化を行えば

$$\begin{aligned}
\overline{\dddot{\xi}_q^2(t)} &\simeq \left(\frac{mv^2}{M_b}\right)^2 \frac{1}{2} |Q_T(\omega_0)| \omega_0^4 e^{-2\beta t} \\
&\simeq \begin{cases} \left(\frac{mv^2}{M_b}\right)^2 \frac{\omega_0^4}{2} S_q(\omega_0) t e^{-2\beta t} & (0 \leq t < T) \\ \left(\frac{mv^2}{M_b}\right)^2 \frac{\omega_0^4}{2} S_q(\omega_0) T e^{-2\beta t} & (t \geq T) \end{cases}
\end{aligned} \tag{18.41}$$

$$\overline{\dddot{\xi}_\Delta^2(t)} \simeq \left(\frac{mv^2}{M_b}\right)^2 \frac{\omega_0^4}{2} q_0^2 e^{-2\beta t} \qquad (t \geq 0) \tag{18.42}$$

が得られる。式 (18.41) は床版上を車両が通過することによる不規則な加振力の on-off に伴う振動エネルギーの増減の経過を表しており，車両が床版上にある間 $(0 \leq t \leq T)$ はほぼ時間に比例して増大するが，床版を離れた後 $(t \geq T)$ は指数関数的に減衰することを示している。

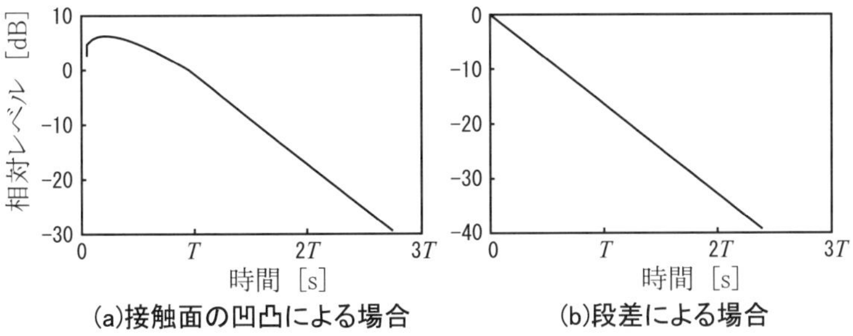

図 18.5 低周波音の時間波形 (ユニットパターン)

(a)接触面の凹凸による場合　(b)段差による場合

他方，式 (18.42) はジョイント段差による衝撃加振後 ($t \geq 0$) の振動エネルギーの時間減衰を表しており，同様に指数減衰に従うことを示している。

さて式 (18.36) より観測点 r の自乗音圧は

$$\overline{p^2} = \left(\frac{\rho_0 dA_b}{c}\right)^2 \frac{\cos^2\theta}{(4\pi r)^2} \overline{\dddot{\xi}^2(te)}\bigg|_{t_e=t-r/c} \tag{18.43}$$

と表されることから，1台の車両走行に伴う低周波音の時間波形 (ユニットパターン) は接触面の凹凸に関しては式 (18.41) に，ジョイント段差に関しては式 (18.42) に従うことが知られる。図 18.5(a) には前者の，また図 18.5(b) には後者のユニットパターン (相対音圧レベル) を示す。減衰過程は床版の残響特性を反映し，何れも指数関数 $e^{-2\beta t}$ に従いレベル的には直線的に減少する (勾配 -8.68β)。そして音圧暴露量 (ユニットパターンの積分値) はピーク値を1とすれば

$$\int_0^\infty e^{-2\beta t} dt = \frac{1}{2\beta} \tag{18.44}$$

となり，暴露レベルとピークレベルの差は

$$10\log_{10}\left(\frac{1}{2\beta}\right) \quad [\text{dB}] \tag{18.45}$$

と見積もられる。

18.9　まとめ及び課題

車両走行による高架橋のたわみ振動を床版の基本振動モードに着目し，質量，スティフネス，機械抵抗よりなる単純な1自由度の振動系でモデル化し，

(1) 接触面（タイヤ／路面間）の凹凸による不規則な加振力
(2) ジョイント段差による衝撃的な加振力
(3) 車両の加重による加振力

に対する応答について調べ，以下の結果を得た．

- 加振力は車両の質量に比例し，大型車に比し小型車の影響は無視できる．
- たわみ振動に対する各加振力の寄与度は床版の基本振動数におけるエネルギースペクトルの大小により定まる．
- 通常の高架道路では車両の加重による床版の振動は他に比し小さく無視できる．
- 接触面の不規則な凹凸及びジョイント段差による振動振幅は，車両の運動エネルギーと床版の質量の比に比例し，固有振動数（基本振動数）においてピークを有する同一の周波数特性に従う．

また，床版のたわみ振動による低周波音（音圧）の放射は，床版をピストン振動板とする双極子音源で近似され，

- 床版の振動加速度の時間微分（加加速度）に比例する，
- 鉛直方向に対し $\cos\theta$ の指向性を有する，
- 単独車走行による受音点波形（ユニットパターン）は床版の減衰振動に基づく残響特性に従う，

ことなどを導いた．なおこれらの結果は高架道路橋の振動及び低周波音に関する最近の測定，調査結果（試験車走行による知見）とも概ね符合している[9]．

このように本章のモデルは高架橋における低周波音の発生機構の概要を理解する上で有用であるが以下の諸点についてさらに検討を進めることが必要である．

- 接触面の不規則な凹凸（曲率）に対するパワースペクトルの具体化
- ジョイント段差における衝撃加振力の具体化
- 床版の高次振動モードの影響
- 床版振動及び音響放射に与える交通流（車群）の影響

文献

1) 村井逸朗, "道路事業と低周波音", 騒音制御 **23**,5 (1989) pp.319–323
2) 田近輝俊, 飯森英哲, 渡久地政樹, 上坂克巳, 山本貢平, 橘英俊, "高架構造物音の予測手法に関する検討", 日本音響学会 騒音・振動振動研究会資料 **N-99-16** (2001)
3) 福島昭則, 一木智之, 森善仁, "高架道路から放射される構造物音の調査結果", 日本音響学会 騒音・振動振動研究会資料 **N-99-49** (1999)
4) 紺野義人, 山本稔, 池谷公一, 飯森英哲, 石川賢一, 石渡俊吾, 山本貢平, "橋梁床板直下から発生する高架構造物音の発生メカニズムに関する検討（その２）", 日本音響学会 騒音・振動振動研究会資料 **N-2001-16** (2001)
5) 佐野泰之, 久野和宏, 成瀬治興, "高架構造物音の発生メカニズムに関する考察", 日本音響学会 騒音・振動振動研究会資料 **N-2002-12** (2002)
6) 中井博, 小林治俊, 土木構造物の振動解析（森北出版, 1999）
7) 日比野倫夫編, インターユニバーシティー 電気回路 B（オーム社, 1997）
8) P.M.Morse and K.Uno Ingard, *Theoretical Acoustics*(Mc-Graw Hill, 1968)
9) 鈴木信仁, 竹田和信, 佐野千裕, 大西博文, 米沢栄二, 石渡俊吾, 上田知孝, "道路橋の低周波音発生と伝搬特性", 騒音制御 **28**,4 (2004) pp.291–297

第19章　鏡面反射と乱反射

　戸外における騒音の伝搬を巨視的（幾何音響的）に取り扱う場合，地表面や建物等の障害物は簡単のため，鏡面反射体と仮定されることが多い。しかし，複雑な性状を有する地表面や沿道の建物等は入射波（特に波長の短い高周波音）に対しては，かなりの乱反射特性を示す。そのような乱反射特性を理想化したものとして，障害物上の各微小面素に入射する音響エネルギーの一部を吸収し，他をすべての可能な方向へ等確率で散乱する完全乱反射体なるものを考える。これは室内音響や照明工学における拡散反射体（diffuse reflector）に相当し[1-4]，入射波の位相をランダム化し，非干渉性（incoherent）の波をすべての可能な方向へ等確率で再放射するものである。そしてこの放射強度の指向特性は黒体表面からのランダムな熱放射の場合と同じく Lambert の法則に従う[5-7]。

　本章では，まず乱反射体の性質を規定し，完全乱反射特性を有する平面に，各種の音波（平面波，球面波，円筒波等）が入射した場合の散乱場を求め，鏡面反射特性を有する場合との相違について述べる。

19.1　完全乱反射体[8]

　ここでは，音の伝搬を巨視的に取り扱い，位相情報を無視し，音響エネルギーの流れにのみ注目する。障害物表面上の点 O （O を中心とする面素 dS）における入射波と反射波の関係が図 19.1 で表されるものとしよう。ここに θ_i, θ_r はそれぞれ入射角および反射角で，入射波および反射波と物体の外法線（点 O における）とのなす角度である。通常，反射波の方向 θ_r は，入射角 θ_i と障害物の音響的性質により定まる。表面上の任意の点 O で反射角 θ_r と入射角 θ_i との間に正反射の法則

$$\theta_r = \theta_i \tag{19.1}$$

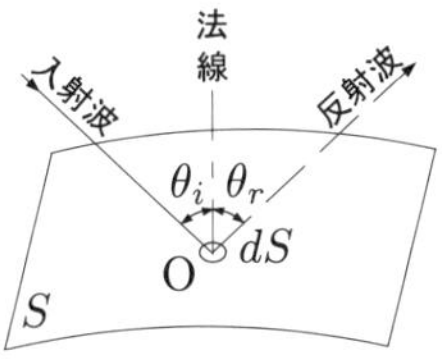

19.1. 完全乱反射体

図19.1 物体表面における音の反射

が成り立つ物体を鏡面反射体と呼ぶことにする。これに対し，上記の反射則が成り立たない一般の物体を乱反射体と呼ぶことにしよう。乱反射体では反射波の方向 θ_r が入射角 θ_i と物体の音響的性質により

1) 一義的に与えられる場合
2) 確率統計的に与えられる（いろいろな方向への反射の相対頻度が与えられる）場合

とが考えられる。上記2)のように物体表面の各微小面素において反射方向の相対頻度を指定することは，それら面素からの再放射の指向特性を与えることと等価である。反射方向の相対頻度としては，入射角と物体の性質によりさまざまな場合を考えることができるが，ここでは鏡面反射とはまったく対称的な以下の反射特性を有する場合について考える。

ア）入射角 θ_i と独立（無関係）である。
イ）反射方向はまったく不確定である。

これは入射角のいかんによらず全ての可能な方向への反射の確率（相対頻度）が等しいことを意味する。すなわち物体表面へのランダム入射と丁度逆のプロセスであるランダム反射（ランダム放射）に相当する。

そこで物体表面の各微小面素において，入射音響エネルギーの一部を吸収し，他を全ての可能な方向へ等確率で再放射する物体を完全乱反射体と呼ぶことにする。この物体による音響エネルギーの反射特性（再放射の指向特性）は拡散音場内の反射体や照明における拡散反射体と同じである[1,3,4]。さらにこれらは拡散音場開口部からの音響エネルギーの放射や黒体からのランダムな熱放射の指向特性とも一致する[5-10]。また物体表面におけるランダムな反射はいわゆるランダム入射波の進行方向を逆転させれば得られることから，上述の指向特性はランダム入

射波の指向性とも一致する。これらの推論により完全乱反射体の周囲の散乱場は，物体表面の各微小面素の放射強度の指向特性が

$$\cos\theta \quad (\theta:物体表面の外法線と受音点方向のなす角) \tag{19.2}$$

なるいわゆる Lambert の拡散反射の法則に従う音場と等価である。以下，このような完全乱反射特性を有する無限平面に，平面波，球面波，円筒波などが入射した場合の散乱場について具体的に述べる。

19.2 平面波の散乱 [8]

音の反射係数（入射音響エネルギーに対する反射音響エネルギーの比率）が $\Gamma(X,Y)$ である境界面 XY に平面波が入射しているものとする（図 19.2）。入射角を α とし，境界平面は完全乱反射特性を有するものとする。入射波（直達波）と散乱波（反射波）の間に干渉がないならば，観測点 (ξ,η,ζ) における受音強度 $I(\xi,\eta,\zeta)$ は一般に入射波および散乱波による強度 $I_d(\xi,\eta,\zeta)$, $I_r(\xi,\eta,\zeta)$ の和として

$$I(\xi,\eta,\zeta) = I_d(\xi,\eta,\zeta) + I_r(\xi,\eta,\zeta) \tag{19.3}$$

と表される。ただし入射平面波（直達波）の強度は一定

$$I_d(\xi,\eta,\zeta) = I_i(=\text{const.}) \tag{19.4}$$

であり，散乱波の強度は次式で与えられる。

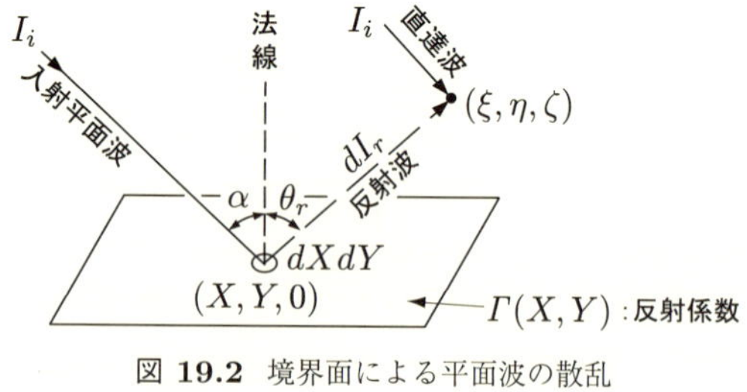

図 **19.2** 境界面による平面波の散乱

19.2. 平面波の散乱

$$I_r(\xi,\eta,\zeta) = \int_{-\infty}^{\infty}\int_{-\infty}^{\infty} \underbrace{\overbrace{dXdY \cdot I_i \cos\alpha}^{\text{境界面への入射パワ素}} \cdot \overbrace{\Gamma(X,Y)}^{\text{反射係数}}}_{\text{再放射のパワ素}}$$

$$\times \frac{1}{2\pi} \cdot \underbrace{\overbrace{\frac{2\cos\theta_r}{(X-\xi)^2+(Y-\eta)^2+\zeta^2}}^{\text{乱反射の指向性}}}_{\text{幾何学的拡散（伝達関数）}} \tag{19.5}$$

ただし

$$\cos\theta_r = \frac{\zeta}{\sqrt{(X-\xi)^2+(Y-\eta)^2+\zeta^2}} \tag{19.6}$$

である。いま反射係数 $\Gamma(X,Y)$ が境界面上のすべての点で同じ一定値をとるか，または確率統計的に一様等方であるとすれば，その平均値 $\langle\Gamma\rangle$ を用いることにより，散乱強度の期待値は

$$\begin{aligned}\langle I_r(\xi,\eta,\zeta)\rangle &= 2\langle\Gamma\rangle I_i\cos\alpha \cdot \frac{1}{2\pi}\int_{-\infty}^{\infty}\int_{-\infty}^{\infty}\frac{\zeta dXdY}{\{(X-\xi)^2+(Y-\eta)^2+\zeta^2\}^{3/2}} \\ &= 2\langle\Gamma\rangle I_i\cos\alpha\end{aligned} \tag{19.7}$$

で与えられる。ゆえに観測点 (ξ,η,ζ) における受音強度の期待値は一定

$$\langle I(\xi,\eta,\zeta)\rangle = (1+2\langle\Gamma\rangle\cos\alpha)I_i \tag{19.8}$$

となり，観測位置によらない。

一方，境界面が鏡面反射特性を有する場合には，容易に知られるごとく，反射強度の期待値は

$$\langle I_r^{(s)}(\xi,\eta,\zeta)\rangle = \langle\Gamma\rangle I_i \tag{19.9}$$

となり入射強度 I_i との和をとることにより観測点 (ξ,η,ζ) における音の強度の期待値は

$$\langle I^{(s)}(\xi,\eta,\zeta)\rangle = (1+\langle\Gamma\rangle)I_i \tag{19.10}$$

で与えられる。ここに上ツキ添字 (s) は鏡面反射を意味するものとする。したがって完全乱反射と鏡面反射による受音点における音の強さの相対比は式 (19.8)，式 (19.10) より次式で与えられる。

$$\frac{\langle I(\xi,\eta,\zeta)\rangle}{\langle I^{(s)}(\xi,\eta,\zeta)\rangle} = \frac{1+2\langle\Gamma\rangle\cos\alpha}{1+\langle\Gamma\rangle} \tag{19.11}$$

なお，入射角 α および反射係数 $\langle \Gamma \rangle$ の変域は

$$0 \leq \alpha \leq \pi/2, \quad 0 \leq \langle \Gamma \rangle \leq 1 \tag{19.12}$$

である。式 (19.11) より入射角が $60°$ ($\alpha = \pi/3$) のとき，完全乱反射面と鏡面反射面に対する受音強度は一致し，$60°$ 以下 ($0 \leq \alpha \leq \pi/3$) では前者（完全乱反射面）の $60°$ 以上 ($\pi/3 \leq \alpha \leq \pi/2$) では後者の場合の受音強度が大きくなることが知られる。図 19.3 には反射係数 $\langle \Gamma \rangle$ をパラメータとして，その様子を示した。

さらに乱反射に対する式 (19.7)，式 (19.8) を鏡面反射に対する式 (19.9)，式 (19.10) と比較することにより，次のことが知られる。すなわち入射方向をランダム化し，反射面に上半空間のあらゆる方向から等確率で（一様に）入射するものとし，式 (19.7)，式 (19.8) を入射方向 (α, φ) に関し平均すれば，それぞれ

$$\frac{1}{2\pi} \int_0^{2\pi} d\varphi \int_0^{\pi/2} d\alpha \sin\alpha \cdot \langle I_r(\xi, \eta, \zeta) \rangle = \langle \Gamma \rangle I_i$$

$$\frac{1}{2\pi} \int_0^{2\pi} d\varphi \int_0^{\pi/2} d\alpha \sin\alpha \cdot \langle I(\xi, \eta, \zeta) \rangle = (1 + \langle \Gamma \rangle) I_i$$

となり，式 (19.9)，式 (19.10) と一致する。従って，鏡面反射に対する結果は，入射方向のランダムな平面波のランダムな散乱の結果と同一であることが分かる。

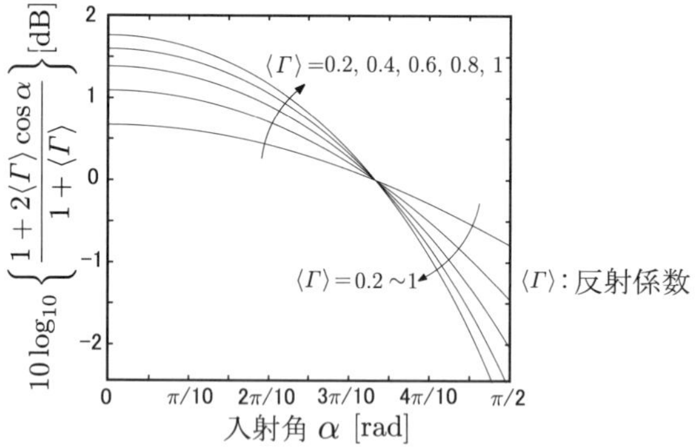

図 19.3 平面波の拡散反射及び鏡面反射による受音レベルの差

19.3　球面波の散乱[8]

次に完全乱反射面に球面波が入射した場合を考える。図 19.4 に示すように，反射面を XY 平面にとり，その上方 z なる位置に無指向性点音源があるものとする。音源の出力を W とすれば，受音点 (ξ, η, ζ) における直達音の強度は

$$I_d(\xi, \eta, \zeta) = \frac{W}{4\pi} \frac{1}{\xi^2 + \eta^2 + (\zeta - z)^2} \tag{19.13}$$

で与えられる。

一方散乱波による受音強度 $I_r(\xi, \eta, \zeta)$ は乱反射面上の面素 $dXdY$ からの再放射の和として

$$I_r(\xi, \eta, \zeta) = \int_{-\infty}^{\infty} \int_{-\infty}^{\infty} \underbrace{\overbrace{dXdY \cdot I_d(X, Y, 0) \cos\theta_i}^{\text{反射面への入射パワ素}} \cdot \overbrace{\Gamma(X, Y)}^{\text{反射係数}}}_{\text{再放射のパワ素}}$$

$$\times \underbrace{\frac{1}{2\pi}}_{} \cdot \underbrace{\overbrace{\frac{2\cos\theta_r}{(X-\xi)^2 + (Y-\eta)^2 + \zeta^2}}^{\text{乱反射の指向性}}}_{\text{伝達関数}} \tag{19.14}$$

と表される。ただし，θ_i, θ_r は入射角および散乱角であり，図 19.4 より

$$\cos\theta_i = \frac{z}{\sqrt{X^2 + Y^2 + z^2}} \tag{19.15}$$

$$\cos\theta_r = \frac{\zeta}{\sqrt{(X-\xi)^2 + (Y-\eta)^2 + \zeta^2}} \tag{19.16}$$

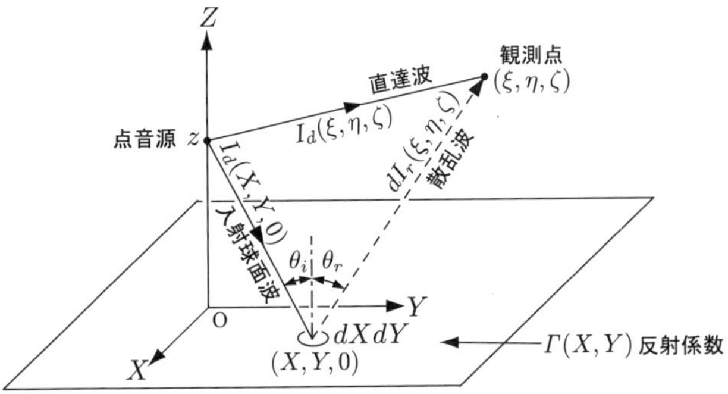

図 **19.4**　境界面による球面波の散乱

である．

反射面が確率統計的に一様，等方であるとすれば，式 (19.14) の期待値は式 (19.13)，式 (19.15)，式 (19.16) を考慮することにより

$$\begin{aligned}\langle I_r(\xi,\eta,\zeta)\rangle &= \frac{\langle\Gamma\rangle W}{(2\pi)^2}z\zeta\int_{-\infty}^{\infty}\int_{-\infty}^{\infty}\frac{dXdY}{(X^2+Y^2+z^2)^{3/2}\{(X-\xi)^2+(Y-\eta^2)+\zeta^2\}^{3/2}}\\ &= \frac{2\langle\Gamma\rangle W}{4\pi}\cdot\frac{z+\zeta}{\{\xi^2+\eta^2+(z+\zeta)^2\}^{3/2}}\end{aligned} \quad (19.17)$$

で与えられる$^{付録19.1)}$．ここに $\langle\Gamma\rangle$ は前節と同様，反射係数 $\Gamma(X,Y)$ の期待値を表すものとする．上式の結果は図 19.5 を参照することにより

$$\langle I_r(\xi,\eta,\zeta)\rangle = \frac{2\langle\Gamma\rangle W}{4\pi}\frac{\cos\varphi}{R^2} \quad (19.18)$$

と表すこともできる．ただし

$$R = \sqrt{\xi^2+\eta^2+(z+\zeta)^2}$$
$$\cos\varphi = (z+\zeta)/R$$

である．これは反射面 XY に関し，出力 W の無指向性の実音源と対称の位置に置かれた $\cos\varphi$ の指向性を有する出力 $\langle\Gamma\rangle W$ の鏡像音源による放射場と等価である．

一方，境界面が鏡面反射特性を有する場合の反射波による強度 $I_r^{(s)}(\xi,\eta,\zeta)$ の期待値は

$$\langle I_r^{(s)}(\xi,\eta,\zeta)\rangle = \frac{\langle\Gamma\rangle W}{4\pi}\cdot\frac{1}{R^2} \quad (19.19)$$

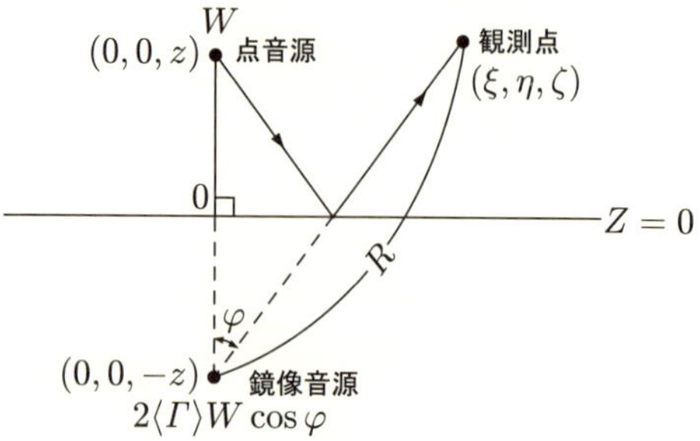

図 **19.5** 点音源と乱反射面に対する鏡像音源

と表され，上記鏡像点に置かれた音響出力 $\langle \Gamma \rangle W$ の無指向性音源による放射場と等価である．式 (19.18) と式 (19.19) を見比べれば，球面入射波の完全乱反射面による散乱強度は鏡像点から見て，反射面に鉛直な方向（実音源方向）では鏡面反射の場合より大きく（約 6dB），水平方向（XY 平面）に向かうにつれて小さくなることがわかる．そして，式 (19.18) をすべての受音点方向 φ にわたり平均化すれば式 (19.19) が得られる．なお直達波と散乱波（反射波）からなる受音強度は，完全乱反射面に対しては式 (19.13)，式 (19.17) より

$$\langle I(\xi,\eta,\zeta) \rangle = \frac{W}{4\pi}\left[\frac{1}{\xi^2+\eta^2+(\zeta-z)^2} + 2\langle\Gamma\rangle\frac{\zeta+z}{\{\xi^2+\eta^2+(\zeta+z)^2\}^{3/2}}\right] \tag{19.20}$$

鏡面反射面に対しては式 (19.13)，式 (19.19) より

$$\langle I^{(s)}(\xi,\eta,\zeta) \rangle = \frac{W}{4\pi}\left[\frac{1}{\xi^2+\eta^2+(\zeta-z)^2} + \langle\Gamma\rangle\frac{1}{\xi^2+\eta^2+(\zeta+z)^2}\right] \tag{19.21}$$

で与えられる．比較のため，両者の比をとれば

$$\frac{\langle I(\xi,\eta,\zeta)\rangle}{\langle I^{(s)}(\xi,\eta,\zeta)\rangle} = \left[1+2\langle\Gamma\rangle\frac{(\zeta+z)\{\xi^2+\eta^2+(\zeta-z)^2\}}{\{\xi^2+\eta^2+(\zeta+z)^2\}^{3/2}}\right] \bigg/ \left[1+\langle\Gamma\rangle\frac{\xi^2+\eta^2+(\zeta-z)^2}{\xi^2+\eta^2+(\zeta+z)^2}\right] \tag{19.22}$$

となる．とくに反射面上では $\zeta=0$ とおくことにより，上式は

$$\frac{\langle I(\xi,\eta,0)\rangle}{\langle I^{(s)}(\xi,\eta,0)\rangle} = \frac{1}{1+\langle\Gamma\rangle}\left(1+\frac{2\langle\Gamma\rangle}{\sqrt{1+\widehat{\rho}^2}}\right) \tag{19.23}$$

と表せる．ただし $\widehat{\rho}=\sqrt{\xi^2+\eta^2}/z$ とする．

図 19.6 には反射面上における上式の結果（dB 値）を音源からの水平距離 $\widehat{\rho}$ の関数としてプロットした．反射係数 $\langle \Gamma \rangle$ が 0 に近い吸音性の境界面での受音強度は，主として直達音により決定されるため，反射特性の如何によらずほぼ同一となり，0dB に近い結果が得られている．一方，$\langle \Gamma \rangle$ が 1 に近い反射性の境] 界面での受音強度は鏡面反射に比し乱反射に対しては，音源の近くでは約 2dB 高いが，遠方では約 3dB 低くなる．

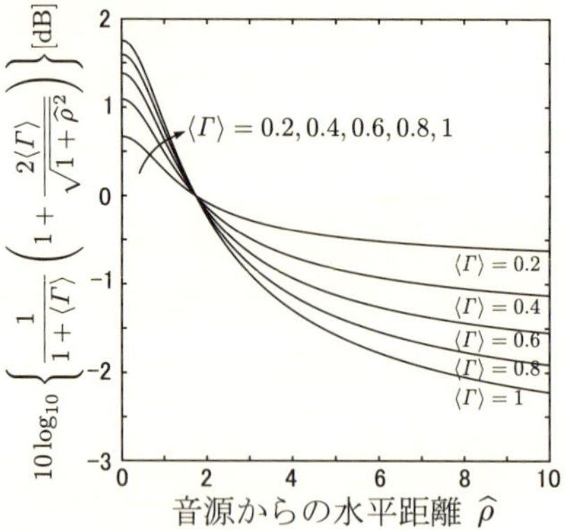

図 19.6 球面波の拡散反射及び鏡面反射による境界面上での受音レベル差

19.4 円筒波の散乱[8)]

反射係数 $\varGamma(X,Y)$ なる完全乱反射面の上方 z なる位置に X 軸と平行に無限に長い線音源があり円筒状の波を周囲に放射しているものとする（図 19.7）。

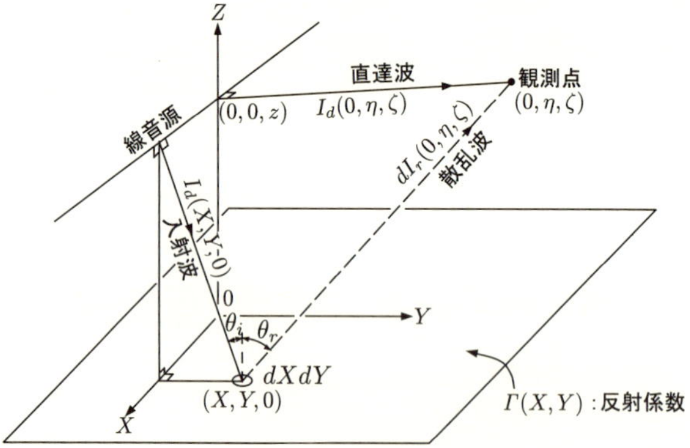

図 19.7 境界面による円筒波の散乱

線音源の単位長あたりの音響出力を W とすれば，受音点 $(0,\eta,\zeta)$ における直達音の強度は

$$I_d(0,\eta,\zeta) = \frac{W}{2\pi}\frac{1}{\sqrt{\eta^2+(\zeta-z)^2}} \qquad (19.24)$$

と表される．なお便宜上，ここでは受音点が YZ 平面内 ($\xi=0$) にあるものと

しているが，何ら結果の一般性を損うものではない。また，受音点における散乱波の強度は，乱反射面の各微小面素から再放射される音の強度の和として，次式で与えられる。

$$I_r(0,\eta,\zeta) = \int_{-\infty}^{\infty}\int_{-\infty}^{\infty} \overbrace{dXdY \cdot \underbrace{I_d(X,Y,0)\cos\theta_i}_{\text{反射面への入射パワ素}} \cdot \overbrace{\Gamma(X,Y)}^{\text{反射係数}}}^{\text{再放射のパワ素}}$$

$$\times \underbrace{\frac{1}{2\pi} \cdot \overbrace{\frac{2\cos\theta_r}{X^2+(Y-\eta)^2+\zeta^2}}^{\text{乱反射の指向性}}}_{\text{伝達関数}} \quad (19.25)$$

ただし

$$I_d(X,Y,0) = \frac{W}{2\pi} \cdot \frac{1}{\sqrt{Y^2+z^2}} \quad (19.26)$$

$$\cos\theta_i = \frac{z}{\sqrt{Y^2+z^2}} \quad (19.27)$$

$$\cos\theta_r = \frac{\zeta}{\sqrt{X^2+(Y-\eta)^2+\zeta^2}} \quad (19.28)$$

である。式 (19.26)〜式 (19.28) を式 (19.25) に代入し，散乱波に対する受音強度の期待値を求めれば

$$\begin{aligned}\langle I_r(0,\eta,\zeta)\rangle &= \frac{2\langle\Gamma\rangle W}{(2\pi)^2}z\zeta\int_{-\infty}^{\infty}\int_{-\infty}^{\infty}\frac{1}{Y^2+z^2}\frac{1}{\{X^2+(Y-\eta)^2+\zeta^2\}^{3/2}}dXdY \\ &= \frac{2\langle\Gamma\rangle W}{2\pi} \cdot \frac{\zeta+z}{\eta^2+(\zeta+z)^2}\end{aligned} \quad (19.29)$$

となる 付録 19.1)。

ここに $\langle\Gamma\rangle$ は反射係数の期待値である。上式はまた図 19.8 を参照し

$$R_0 = \sqrt{\eta^2+(\zeta+z)^2}$$
$$\cos\varphi_0 = (\zeta+z)/R_0$$

とおけば

$$\langle I_r(0,\eta,\zeta)\rangle = \frac{2\langle\Gamma\rangle W}{2\pi} \cdot \frac{\cos\varphi_0}{R_0} \quad (19.30)$$

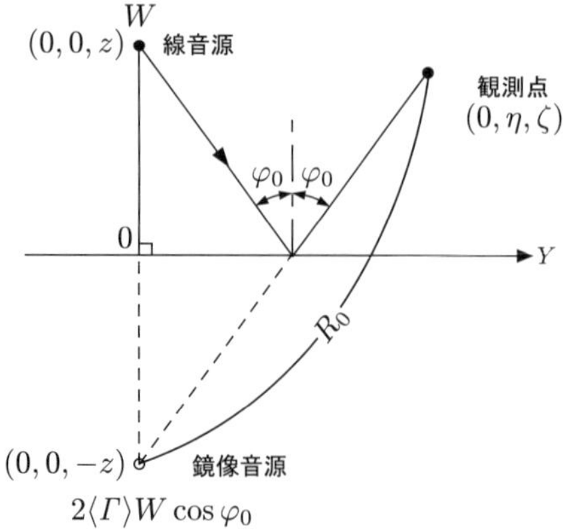

第 19 章 鏡面反射と乱反射

図 19.8 線音源と乱反射面に対する鏡像音源

と表される。

　これは乱反射面に対し線音源と鏡像の位置にある $\cos\varphi_0$ の指向特性を有するイメージ線音源による放射場の強度と等しい。

　なお上式は乱反射が上半空間の全ての方向へ一様に生ずるとし導かれた結果であるが，もし YZ 面内での 2 次元的な乱反射しか生じない場合には，同様な考察から散乱波による受音強度の期待値は

$$\langle I_r(0,\eta,\zeta)\rangle = \frac{(\pi/2)\langle \Gamma \rangle W}{2\pi} \cdot \frac{\cos\varphi_0}{R_0} \tag{19.31}$$

と与えられる。式 (19.30) と比較すれば，円筒波の 2 次元的な散乱による強度は 3 次元的な散乱の場合の $\pi/4(\simeq 0.8)$ 倍と見積られる。

　一方，円筒波の鏡面反射による受音強度の期待値は

$$\langle I_r^{(s)}(0,\eta,\zeta)\rangle = \frac{\langle \Gamma \rangle W}{2\pi} \frac{1}{\sqrt{\eta^2+(\zeta+z)^2}} = \frac{\langle \Gamma \rangle W}{2\pi R_0} \tag{19.32}$$

と表される。乱反射による散乱場の強度をこれと比較すると，2 次元的，3 次元的散乱のいずれの場合においても，鉛直上方（Z 軸方向）で大きく，水平方向（Y 軸方向）では小さいことが分かる。

　なお観測点 $(0,\eta,\zeta)$ における受音強度は，直達波及び散乱波による強度の和とし

て，境界面が 3 次元的な散乱特性を有する場合には，式 (19.24)，式 (19.29) より

$$\langle I(0,\eta,\zeta)\rangle = \frac{W}{2\pi}\left\{\frac{1}{\sqrt{\eta^2+(\zeta-z)^2}} + 2\langle\varGamma\rangle\frac{\zeta+z}{\eta^2+(\zeta+z)^2}\right\} \quad (19.33)$$

2 次元的な散乱特性を有する場合には，式 (19.24)，式 (19.31) より

$$\langle I(0,\eta,\zeta)\rangle = \frac{W}{2\pi}\left\{\frac{1}{\sqrt{\eta^2+(\zeta-z)^2}} + \frac{\pi}{2}\langle\varGamma\rangle\frac{\zeta+z}{\eta^2+(\zeta+z)^2}\right\} \quad (19.34)$$

また，鏡面反射特性を有する場合には，式 (19.24)，式 (19.32) より

$$\langle I^{(s)}(0,\eta,\zeta)\rangle = \frac{W}{2\pi}\left\{\frac{1}{\sqrt{\eta^2+(\zeta-z)^2}} + \langle\varGamma\rangle\frac{1}{\eta^2+(\zeta+z)^2}\right\} \quad (19.35)$$

で与えられる。いま，3 次元的な乱反射と鏡面反射を例にとり，境界面上における受音強度の比を求めれば，式 (19.33)，式 (19.35) より

$$\frac{\langle I(0,\eta,0)\rangle}{\langle I^{(s)}(0,\eta,0)\rangle} = \frac{1}{1+\langle\varGamma\rangle}\left(1 + \frac{2\langle\varGamma\rangle}{\sqrt{1+\widehat{\eta}^2}}\right) \quad (19.36)$$

となる。ただし $\widehat{\eta} = \eta/z$ とする。これは前節の球面入射波に対する結果（式 (19.23)）とまったく同じであることが分かる。なぜならば，式 (19.23) で $\xi=0$ とおけば $\widehat{\rho}=\widehat{\eta}$ となり，上式と一致する。

19.5　有限長線音源からの入射波の散乱[8]

最後に，互いに独立で強さの等しい無指向性点音源の集合からなる線音源について考える。音源は境界面（XY 平面）に平行で Z 軸上の点 $(0,0,z)$ を中心に X の正および負の方向にそれぞれ長さ l を有するものとする。単位長あたりの音響出力を W とすれば，受音点 (ξ,η,ζ) における直達波の強度は

$$\begin{aligned}
I_d(\xi,\eta,\zeta;l) &= \frac{1}{4\pi}\int_{-l}^{l}\frac{WdX}{(\xi-X)^2+\eta^2+(\zeta-z)^2} \\
&= \frac{W}{4\pi}\frac{1}{\sqrt{\eta^2+(\zeta-z)^2}}\left\{\tan^{-1}\left(\frac{l-\xi}{\sqrt{\eta^2+(\zeta-z)^2}}\right)\right. \\
&\quad \left. + \tan^{-1}\left(\frac{l+\xi}{\sqrt{\eta^2+(\zeta-z)^2}}\right)\right\}
\end{aligned} \quad (19.37)$$

で与えられる。一方，境界面が 3 次元的な乱反射特性を有する場合，散乱場の強度（期待値）は点音源に対する結果（式 (19.17)）を加算することにより

$$\langle I_r(\xi,\eta,\zeta;l)\rangle = \frac{2\langle\Gamma\rangle W}{4\pi}\int_{-l}^{l}\frac{(z+\zeta)dX}{\{(\xi-X)^2+\eta^2+(z+\zeta)^2\}^{3/2}}$$
$$= \frac{2\langle\Gamma\rangle W}{4\pi}\cdot\frac{z+\zeta}{\eta^2+(z+\zeta)^2}\cdot(\sin\alpha+\sin\beta) \quad (19.38)$$

と表される。ただし

$$\alpha = \tan^{-1}\frac{l-\xi}{\sqrt{\eta^2+(z+\zeta)^2}}$$
$$\beta = \tan^{-1}\frac{l+\xi}{\sqrt{\eta^2+(z+\zeta)^2}} \quad (19.39)$$

である。

特に無限長線音源に対しては直達波の強度は式 (19.37) より

$$I_d(\xi,\eta,\zeta;\infty) = \lim_{l\to\infty}I_d(\xi,\eta,\zeta;l)$$
$$= \frac{(\pi/2)W}{2\pi}\cdot\frac{1}{\sqrt{\eta^2+(\zeta-z)^2}} \quad (19.40)$$

また散乱波の強度は式 (19.38)，式 (19.39) より

$$\langle I_r(\xi,\eta,\zeta;\infty)\rangle = \lim_{l\to\infty}\langle I_r(\xi,\eta,\zeta;l)\rangle$$
$$= \frac{2\langle\Gamma\rangle W}{2\pi}\cdot\frac{\zeta+z}{\eta^2+(\zeta+z)^2} \quad (19.41)$$

で与えられる。これらを円筒波に対する前節の結果と比較すると，直達波については $\pi/2$ だけ大きいことが知られる。これは，線音源からの放射パターンが異なることに起因する。すなわち，前節では線音源の各エレメントから音響エネルギーがそれに垂直な方向に同心円的（円筒状）に放射されるとしているのに対し，本節では各エレメントから全ての方向に球面状に放射されるものとしている。後者において音源に垂直な方向のエネルギー流に注目すれば前者の結果と一致する。

一方，散乱波に関しては，境界面に垂直に入射する音響エネルギーは両者とも等しく，かつ同一の散乱を受けることから結果に差異は見られない。

付録 19.1

式 (19.17) の導出

$$\int_{-\infty}^{\infty}\int_{-\infty}^{\infty} \frac{1}{(X^2+Y^2+z^2)^{3/2}} \cdot \frac{1}{\{(\xi-X)^2+(\eta-Y)^2+\zeta^2\}^{3/2}} dXdY$$

が関数

$$f(\xi,\eta;z) = \frac{1}{(\xi^2+\eta^2+z^2)^{3/2}}$$

及び

$$f(\xi,\eta;\zeta) = \frac{1}{(\xi^2+\eta^2+\zeta^2)^{3/2}}$$

の 2 次元の合成積（たたみ込み積分）であることに留意し，フーリエ変換及び逆変換を適用することにより式 (19.17) の結果が導かれる．式 (19.29) の結果も同様な技法を用いることにより得られる．

文献

1) J.B.Lee, "Information Theory, Wavefront Reconstruction and the Concert Hall Problem", Acustica **30**(1974) pp.196–200
2) 日本音響材料協会編, 建築音響工学ハンドブック 第 2 編（技報堂出版, 1963）
3) 照明学会編, 照明のデータブック（オーム社, 1968）p.30
4) H.Cotton, *Principles of Illumination*(Chapman & Hall, 1960) p.102
5) A. シャック（高橋安人訳），応用伝熱（コロナ社, 1943）p.132
6) 杉山幸男, 長坂克巳, 断熱工学（槇書店, 1971）p.83
7) 小原俊平, 建築の熱設計（鹿島研究所出版会, 1974）p.98
8) 久野和宏, 池谷和夫, "境界平面における音の拡散反射", 日本音響学会誌 **35**,12 (1979) pp.696–703
9) 久我新一, "拡散音場の壁の円孔およびスリットが外部自由空間に対して示す音響指向性と透過損失について", 日本音響学会誌 **15**,4 (1959) pp.231–239
10) 田原靖彦, 久保田喜八郎, "拡散音場開口部の音響放射指向特性", 日本音響学会誌 **32**,10 (1976) pp.591–598
11) 宮川洋, 佐藤拓宋, 茅陽一, 不規則信号論と動特性推定（コロナ社, 1969）p.89
12) 森口繁一, 宇田川銈久, 一松信, 数学公式 III（岩波書店, 1960）p.227

第20章　障害物空間における残響（音の拡散と減衰）

　残響は何も屋内（閉空間）に限られた現象ではない。反射のある処，何処にでも発生する。本章では建物や木立等の障害物が散在する開空間における残響の問題を取り上げる。音はこの様な空間内では障害物との衝突による吸収と散乱を受けながら伝搬して行く。これにより音響エネルギーの拡散と減衰が起きる。以下では障害物の密度，寸法及び吸音率と音響エネルギーの拡散・減衰過程（残響）との関係をモデル化し，定式化する方法について述べる。そして建物が密集する市街地や樹木が群生する森林等における音の伝搬に係る諸性質を明らかにする。

　一方，いわゆる屋内の残響も天井，壁，床等の障害物との衝突による音の反射，吸収過程であり，理論的にはまったく同種の現象（図20.1）と考えられる。従って3章における閉空間の音場（室内音響）と同様，本章の議論及び定式化においても，音線（音響エネルギー粒子）の平均自由行程や衝突周波数などの概念が基本的な役割を演ずる。

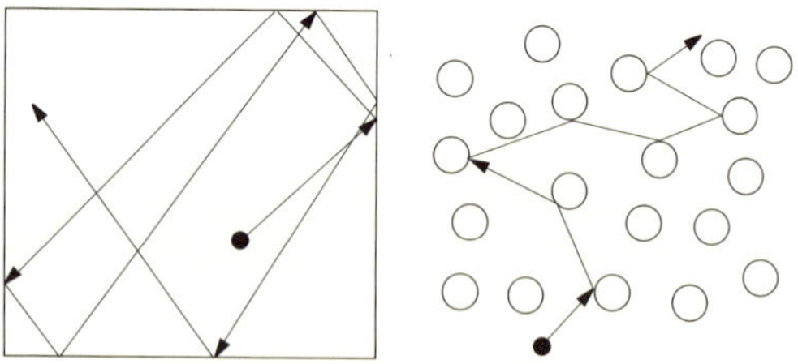

図 20.1　屋内外における音線の衝突過程

20.1 音響エネルギーの時間・空間分布

音線を音速 c で直進する音響エネルギー粒子と見なし，障害物空間における時間・空間的振舞い（軌跡）について考えることにしよう．エネルギー粒子は障害物との衝突の度にエネルギーの一部を失い，進行方向が変化する．障害物が無秩序に散在するものとすれば，音源から放射されたエネルギー粒子は不規則な軌跡を描き，その挙動はいわゆる random walk として記述され，ある時刻，ある場所における粒子の存在確率（音響エネルギー粒子の時間・空間分布）が与えられる．時刻 $t = 0$ に原点（点音源 0）から放射された粒子の時刻 t における分布は，障害物との衝突による損失（吸収）が無視される場合には，1 次元，2 次元及び 3 次元空間の各々に対し，

$$p_{10}(x,t) = \frac{1}{\sqrt{2\pi\sigma_{10}^2(t)}} \exp\left(-\frac{x^2}{2\sigma_{10}^2(t)}\right) \tag{20.1}$$

$$p_{20}(x,y,t) = \frac{1}{\left(\sqrt{2\pi\sigma_{20}^2(t)}\right)^2} \exp\left(-\frac{x^2+y^2}{2\sigma_{20}^2(t)}\right) \tag{20.2}$$

$$p_{30}(x,y,z,t) = \frac{1}{\left(\sqrt{2\pi\sigma_{30}^2(t)}\right)^3} \exp\left(-\frac{x^2+y^2+z^2}{2\sigma_{30}^2(t)}\right) \tag{20.3}$$

と表される [1]．ここに分散 $\sigma_{i0}^2(t)$ $(i = 1, 2, 3)$ は障害物空間におけるエネルギー粒子の時間的な拡散係数であり，障害物の密度，及び寸法に依存する．

しかし実際には，衝突により粒子の音響エネルギーの一部が吸収され，失われる．吸音によるエネルギーの損失は粒子の生存確率の減少と等価であり，障害物の吸音率を a とすれば，衝突のたびに生存確率は減少し，因子

$$\gamma = 1 - a \quad (\text{反射率}) \tag{20.4}$$

が乗ぜられる．時間 $0 \sim t$ の間の衝突回数を $N_i(t)$ とすれば，この間の減衰因子の期待値

$$\langle (1-a)^{N_i(t)} \rangle \quad (i = 1, 2, 3) \tag{20.5}$$

を式 (20.1)～式 (20.3) に乗ずることにより，障害物空間におけるエネルギー粒子

の生存率を考慮した時間・空間分布は

$$p_1(x,t|a) = p_{10}(x,t)\langle(1-a)^{N_1(t)}\rangle \tag{20.6}$$

$$p_2(x,y,t|a) = p_{20}(x,y,t)\langle(1-a)^{N_2(t)}\rangle \tag{20.7}$$

$$p_3(x,y,z,t|a) = p_{30}(x,y,z,t)\langle(1-a)^{N_3(t)}\rangle \tag{20.8}$$

で与えられる。

いま障害物が無秩序に散在し，衝突周波数（単位時間あたりの平均衝突回数）を ν_i とすれば

$$\langle(1-a)^{N_i(t)}\rangle = e^{-a\nu_i t} \quad (i=1,2,3) \tag{20.9}$$

が成立することから 付録20.1) 障害物空間 ($i=1,2,3$) における上記の分布はそれぞれ

$$p_1(x,t|a) = \frac{1}{\sqrt{2\pi\sigma_{10}^2(t)}} \exp\left(-\frac{x^2}{2\sigma_{10}^2(t)}\right) e^{-a\nu_1 t} \tag{20.10}$$

$$p_2(x,y,t|a) = \frac{1}{\left(\sqrt{2\pi\sigma_{20}^2(t)}\right)^2} \exp\left(-\frac{x^2+y^2}{2\sigma_{20}^2(t)}\right) e^{-a\nu_2 t} \tag{20.11}$$

$$p_3(x,y,z,t|a) = \frac{1}{\left(\sqrt{2\pi\sigma_{30}^2(t)}\right)^3} \exp\left(-\frac{x^2+y^2+z^2}{2\sigma_{30}^2(t)}\right) e^{-a\nu_3 t} \tag{20.12}$$

と表される。障害物空間における音線（エネルギー粒子）の拡散・減衰過程を議論する上での出発点となる上式を具体化するためには，衝突周波数 ν_i 及び拡散係数 $\sigma_{i0}^2(t)$ に関する情報が必要となる。

なお，上式は障害物空間 ($i=1,2,3$) における音響エネルギー流のインパルス応答と考えることもできる。

20.2 平均自由行程と衝突周波数

音速 c で直進するエネルギー粒子（音線）は時間 t の間に ct だけ進む。障害物が無秩序に散在するものとすれば，その間に障害物と衝突する回数 $N_i(t)$ は平均

値 $\nu_i t$ のポアソン分布で近似される。単位時間あたり障害物に遭遇する平均的な回数（衝突周波数）ν_i は平均自由行程を $\bar{l}_i$ とすれば

$$\nu_i = \frac{c}{\bar{l}_i} \tag{20.13}$$

と表される。従って ν_i は障害物空間の平均自由行程（衝突と衝突の間に粒子が進む平均的な距離）から求められる。

20.2.1 平均自由行程 $\bar{l}_i$

障害物がランダム（無秩序）に散在する 1 次元, 2 次元及び 3 次元空間を考える。

まず 3 次元空間に体積 V_0, 表面積 S_{30}（平均値）の障害物が密度 μ_3 で一様に散在しているものとし，点音源から放射された音線の平均自由行程 $\bar{l}_3$ を室内音響学の結果から類推することにしよう。室空間において点音源から放射された音線の平均自由行程は 3.1.1 で述べたように，室容積 V 及び室表面積 S を用いて

$$\bar{l}_3 = \frac{4V}{S} \tag{20.14}$$

と表される。上式において，V は障害物を除いた空間の容積 V^*，また S は障害物の総表面積 S^* と解釈（図 20.2 参照）され，点音源 O を中心とする体積 V の障害物空間に対しては

$$V^* = V(1-\beta_3) \tag{20.15}$$

$$S^* = \mu_3 V S_{30} \tag{20.16}$$

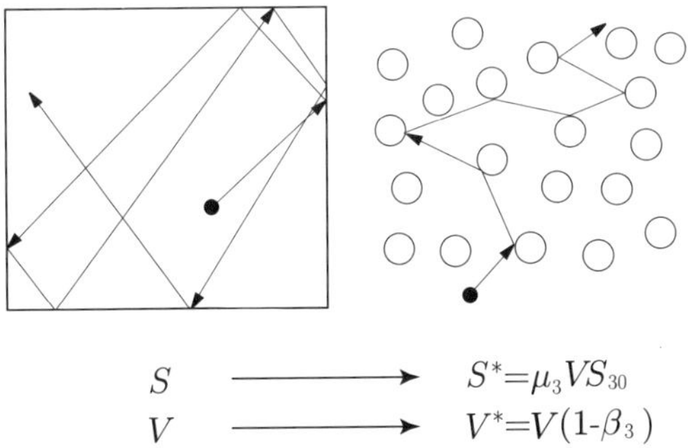

$S \longrightarrow S^* = \mu_3 V S_{30}$
$V \longrightarrow V^* = V(1-\beta_3)$

図 **20.2** 室空間と障害物空間の対応関係

と表される．従って 3 次元障害物空間における音線の平均自由行程は

$$\bar{l}_3 = \frac{4V^*}{S^*} = \frac{4(1-\beta_3)}{\mu_3 S_{30}} = \frac{4(1-\beta_3)}{3\beta_3} r_0 \tag{20.17}$$

で与えられる．ここに β_3 は障害物の占有率（体積率）

$$\beta_3 = \mu_3 V_0 \tag{20.18}$$

また r_0 は個々の障害物（体積 V_0，表面積 S_{30}）を球で置きかえたときの等価半径

$$V_0 = \frac{4}{3}\pi r_0^3 \tag{20.19}$$

$$S_{30} = 4\pi r_0^2 \tag{20.20}$$

である．

次に面積 S_{20}，周長 l_ϕ の障害物が密度 μ_2 で平面上に無秩序に散在する 2 次元障害物空間についても，3.1.2 を参照すれば平均自由行程は

$$\bar{l}_2 = \frac{\pi S(1-\beta_2)}{\mu_2 S l_\phi} = \frac{\pi(1-\beta_2)}{\mu_2 l_\phi} = \frac{\pi(1-\beta_2)}{2\beta_2} \rho_0 \tag{20.21}$$

で与えられる．ここに S は音源の周りの十分広い領域を，β_2 は障害物の占有率（面積率）

$$\beta_2 = \mu_2 S_{20} \tag{20.22}$$

を，また ρ_0 は障害物を円形と見なしたときの等価半径

$$S_{20} = \pi \rho_0^2 \tag{20.23}$$

$$l_\phi = 2\pi \rho_0 \tag{20.24}$$

である．

同様に長さ l_0，密度 μ_1 の障害物が x 軸に沿って無秩序に散在している場合の平均自由行程は

$$\bar{l}_1 = \frac{l(1-\beta_1)}{\mu_1 l} = \frac{1-\beta_1}{\mu_1} = \frac{1-\beta_1}{\beta_1} l_0 \tag{20.25}$$

で与えられる．ここに l は音源の周りの十分長い区間とし，また β_1 は障害物の占有率

$$\beta_1 = \mu_1 l_0 \tag{20.26}$$

である．

20.2.2 衝突周波数 ν_i

音線(エネルギー粒子)が1秒間に障害物と衝突する回数(平均値)を衝突周波数という。式 (20.13) で定義したように音速 c を平均自由行程 $\bar{l}_i$ で割ることにより得られる。従って障害物が無秩序に散在する1次元,2次元及び3次元空間における音線の衝突周波数 $\nu_i(i=1,2,3)$ は前項の結果を用いることにより,それぞれ次式で与えられる。

$$\nu_1 = \frac{\beta_1}{1-\beta_1}\frac{c}{l_0} \tag{20.27}$$

$$\nu_2 = \frac{2\beta_2}{\pi(1-\beta_2)}\frac{c}{\rho_0} \tag{20.28}$$

$$\nu_3 = \frac{3\beta_3}{4(1-\beta_3)}\frac{c}{r_0} \tag{20.29}$$

20.3 拡散係数 $\sigma_{i0}^2(t)$

時刻 $t=0$ で放出されたエネルギー粒子の時間・空間分布(密度分布)は障害物との衝突に伴う拡散係数 $\sigma_i^2(t)$ に依存する。障害物空間における粒子のランダムウォークの理論によれば, $\sigma_i^2(t)$ は時間 $0 \sim t$ の間の平均衝突回数 $\langle N_i(t) \rangle$ 及び衝突と衝突の間に直進する距離 ξ の2次モーメント $\langle \xi^2 \rangle$ の積で与えられる[1]。然るに衝突間の距離 ξ の分布は障害物が無秩序に散在(ポアソン分布)する空間では

$$f_i(\xi) = \frac{1}{\bar{l}_i}e^{-\xi/\bar{l}_i} \quad (\xi \geq 0) \tag{20.30}$$

なる指数分布に従うことが知られている。ここに $\bar{l}_i$ はエネルギー粒子(音線)の平均自由行程である。これより ξ の2次モーメントは

$$\langle \xi^2 \rangle = \int_0^\infty \xi^2 f_i(\xi)d\xi = 2\bar{l}_i^2 \tag{20.31}$$

であることから,エネルギー粒子の拡散係数 $\sigma_i^2(t)$ は

$$\sigma_i^2(t) = \langle N_i(t) \rangle \langle \xi^2 \rangle = 2\nu_i t \bar{l}_i^2 = 2\bar{l}_i ct \tag{20.32}$$

で与えられる。ただし

$$\langle N_i(t) \rangle = \nu_i t \tag{20.33}$$

及び式 (20.13) の関係を用いた。

なお，1次元空間に対しては

$$\xi^2 = \xi_x^2$$

2次元空間に対しては

$$\xi^2 = \xi_x^2 + \xi_y^2$$

3次元空間に対しては

$$\xi^2 = \xi_x^2 + \xi_y^2 + \xi_z^2$$

と置き，各成分ごとの期待値を求めれば

$$\langle \xi_x^2 \rangle = \langle \xi^2 \rangle \quad (1次元)$$
$$\langle \xi_x^2 \rangle = \langle \xi_y^2 \rangle = \frac{1}{2}\langle \xi^2 \rangle \quad (2次元)$$
$$\langle \xi_x^2 \rangle = \langle \xi_y^2 \rangle = \langle \xi_z^2 \rangle = \frac{1}{3}\langle \xi^2 \rangle \quad (3次元)$$

なる関係が得られる。従って i 次元の障害物空間における各成分の拡散係数 $\sigma_{i0}^2(t)$ は

$$\sigma_{i0}^2(t) = \frac{1}{i}\sigma_i^2(t) = \frac{2}{i}\bar{l}_i ct \quad (i = 1, 2, 3) \tag{20.34}$$

で与えられる。

20.4 定常場における音響エネルギー密度

前2節の結果（衝突周波数 ν_i 及び拡散係数 $\sigma_{i0}^2(t)$）を式 (20.10)，式 (20.11)，式 (20.12) に代入すれば，障害物空間 ($i = 1, 2, 3$) における音響エネルギーの拡

散・減衰過程はそれぞれ

$$p_1(x,t|a) = \frac{1}{\sqrt{4\pi \bar{l}_1 ct}} \exp\left(-\frac{x^2}{4\bar{l}_1 ct}\right) e^{-act/\bar{l}_1} \qquad (t \geq 0) \qquad (20.35)$$

$$p_2(x,y,t|a) = \frac{1}{2\pi \bar{l}_2 ct} \exp\left(-\frac{x^2+y^2}{2\bar{l}_2 ct}\right) e^{-act/\bar{l}_2} \qquad (t \geq 0) \qquad (20.36)$$

$$p_3(x,y,z,t|a) = \frac{1}{\left(\frac{4}{3}\pi \bar{l}_3 ct\right)^{3/2}} \exp\left\{-\frac{3\left(x^2+y^2+z^2\right)}{4\bar{l}_3 ct}\right\} e^{-act/\bar{l}_3}$$
$$(t \geq 0) \qquad (20.37)$$

のごとく具体化される。

この音響エネルギーの時間，空間分布は障害物空間 $(i=1,2,3)$ におけるインパルス応答と等価であることに留意すれば，定常状態における音響エネルギー密度は，それぞれ上式を時間 t に関し，0 から ∞ まで積分することにより

$$\begin{aligned} p_1(x|a) &= \int_0^\infty p_1(x,t|a)dt \\ &= \frac{1}{2c\sqrt{a}} e^{-\sqrt{a}|x/\bar{l}_1|} \\ &= \frac{1}{2c\sqrt{a}} \exp\left(-\sqrt{a}\frac{\beta_1}{1-\beta_1}\left|\frac{x}{l_0}\right|\right) \end{aligned} \qquad (20.38)$$

$$\begin{aligned} p_2(x,y|a) &= \int_0^\infty p_2(x,y,t|a)dt \\ &= \frac{1}{2\pi \bar{l}_2 c} \cdot 2K_0\left(\sqrt{2a}\rho/\bar{l}_2\right) \\ &= \frac{2}{\pi} \frac{\rho_0}{cS_{20}} \frac{\beta_2}{1-\beta_2} K_0\left(\frac{2\sqrt{2a}}{\pi} \frac{\beta_2}{1-\beta_2} \frac{\rho}{\rho_0}\right) \end{aligned} \qquad (20.39)$$

$$\begin{aligned} p_3(x,y,z|a) &= \int_0^\infty p_3(x,y,z,t|a)dt \\ &= \frac{3}{4\pi c \bar{l}_3} \frac{1}{r} e^{-\sqrt{3a}r/\bar{l}_3} \\ &= \left(\frac{3}{4}\right)^2 \frac{4\beta_3}{cS_{30}(1-\beta_3)} \frac{r_0}{r} \exp\left(\frac{-3\sqrt{3a}}{4} \frac{\beta_3}{1-\beta_3} \frac{r}{r_0}\right) \end{aligned} (20.40)$$

と表される。ここに $\rho = \sqrt{x^2+y^2}, r = \sqrt{x^2+y^2+z^2}$ であり、$K_0()$ は変形ベッセル関数である。従って定常場における受音強度

$$I_i = cp_i \qquad (i=1,2,3) \tag{20.41}$$

は平均自由行程 $\bar{l}_i$ での値を基準にとれば、式 (20.38)、式 (20.39)、式 (20.40) より

$$\frac{I_1(x|a)}{I_1(\bar{l}_1|a)} = e^{-\sqrt{a}(|x/\bar{l}_1|-1)} \tag{20.42}$$

$$\frac{I_2(\rho|a)}{I_2(\bar{l}_2|a)} = \frac{K_0\left(\sqrt{2a}\rho/\bar{l}_2\right)}{K_0\left(\sqrt{2a}\right)} \tag{20.43}$$

$$\frac{I_3(r|a)}{I_3(\bar{l}_3|a)} = \left(\frac{r}{\bar{l}_3}\right)^{-1} e^{-\sqrt{3a}(r/\bar{l}_3-1)} \tag{20.44}$$

と表される。これより距離減衰に対する以下のレベル表示が得られる。

$$L_1(x/\bar{l}_1|a) = -4.34\sqrt{a}\left(|x/\bar{l}_1|-1\right) \qquad [\text{dB}] \tag{20.45}$$

$$L_2(\rho/\bar{l}_2|a) = 10\log_{10}\frac{K_0\left(\sqrt{2a}\rho/\bar{l}_2\right)}{K_0\left(\sqrt{2a}\right)} \qquad [\text{dB}] \tag{20.46}$$

$$L_3(r/\bar{l}_3|a) = -4.34\sqrt{3a}\left(r/\bar{l}_3-1\right) - 10\log_{10}\left(r/\bar{l}_3\right) \qquad [\text{dB}] \tag{20.47}$$

図 20.3 に各々の距離減衰特性を示す。当然のことながら障害物の吸音率が高いほど、また空間の次元が増すにつれ距離減衰はより顕著になることが知られる。

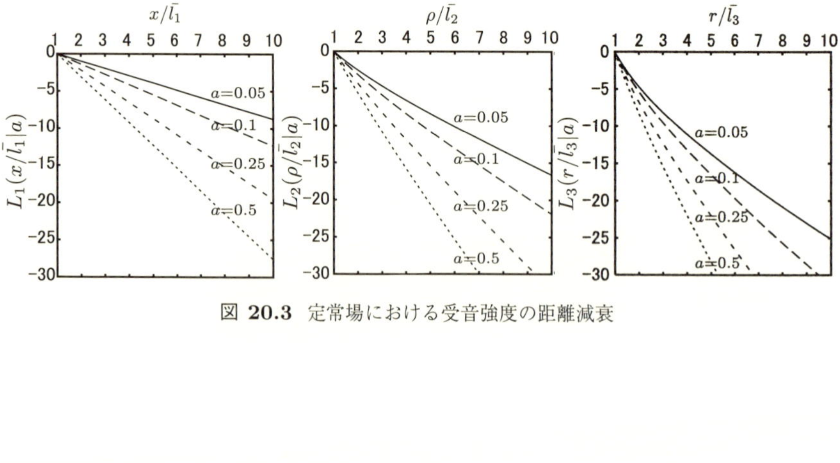

図 20.3 定常場における受音強度の距離減衰

20.5 非干渉性線音源の場合

市街地における道路交通騒音を念頭に置き2次元障害物空間の線音源からの音の伝搬について考える。即ち，直線道路（y軸）上の交通流を点音源からなる非干渉性の線音源と見なし，地表（xy面）に沿って放射された音響エネルギーの分布について考える。(図 20.4)

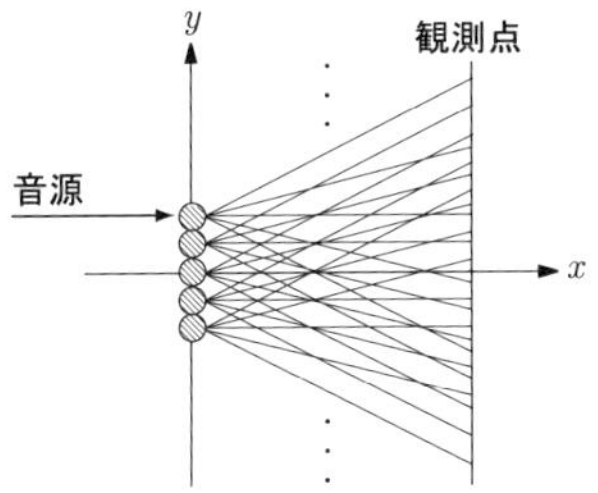

図 **20.4** 非干渉性線音源からの放射

道路からの距離 x の点における時刻 t での分布は式 (20.11) あるいは式 (20.36) の $p_2(x,y,t|a)$ を y 軸に沿って積分することにより

$$p_2(x,t|a) = \int_{-\infty}^{\infty} p_2(x,y,t|a)dy$$
$$= \frac{1}{\sqrt{2\pi\sigma_{20}^2(t)}} \exp\left(-\frac{x^2}{2\sigma_{20}^2(t)}\right) e^{-a\nu_2 t}$$
$$= \frac{1}{\sqrt{2\pi\bar{l}_2 ct}} \exp\left(-\frac{x^2}{2\bar{l}_2 ct}\right) e^{-act/\bar{l}_2} \quad (t \geq 0) \quad (20.48)$$

と表される。さらに上式を時間 t に関し積分することにより定常状態における分布

$$p_2(x|a) = \int_0^{\infty} p_2(x,t|a)dt$$
$$= \frac{1}{c\sqrt{2a}} \exp\left\{-\sqrt{2a}\frac{2\beta_2}{\pi(1-\beta_2)}\left|\frac{x}{\rho_0}\right|\right\} \quad (20.49)$$

が得られる。

上述の議論では線音源からの音線（エネルギー粒子）はすべて2次元 xy 平面内に放射されるものとしている。実際には上半空間に一様等方的に放射される音

線のうち xy 平面内に限定し，適用すべきである．その結果，上式は

$$p_2(x|a) = \frac{1}{c|x|} \exp\left\{-\sqrt{2a}\frac{2\beta_2}{\pi(1-\beta_2)}\left|\frac{x}{\rho_0}\right|\right\} \tag{20.50}$$

のごとく修正される．

さて，線音源の単位長あたりの音響出力 w_1 は音源密度（単位長あたりの音源数）を μ，各音源の出力を w_0 とすれば

$$w_1 = \mu w_0 \tag{20.51}$$

である．また，x 軸の正負双方向にそれぞれ 1/2 ずつ放射されること，さらに分布 $p_2(x|a)$ は単位長あたりの出力 1W の線音源に対する点 x における音響エネルギー密度であることに留意すれば，受音強度 $I(x|a)$ は

$$\begin{aligned} I(x|a) &= c\cdot\frac{w_1}{2}p_2(x|a)\\ &= \frac{\mu w_0}{2|x|}\exp\left\{-\sqrt{2a}\frac{2\beta_2}{\pi(1-\beta_2)}\left|\frac{x}{\rho_0}\right|\right\} \end{aligned} \tag{20.52}$$

で与えられる．これより障害物による騒音の過剰減衰（挿入損失）は

$$\begin{aligned} TL(x|a) &= 10\log_{10}\frac{I(x|0)}{I(x|a)}\\ &= 4.34\times\frac{2\sqrt{2a}\beta_2}{\pi(1-\beta_2)}\left|\frac{x}{\rho_0}\right| \quad [\text{dB}] \end{aligned} \tag{20.53}$$

と表され，距離に比例し障害物の寸法 ρ_0，面積率 β_2 及び吸音率 a から容易に算定される．一例として図 20.5 には障害物表面の吸音率 a をパラメータとし，面積率 40%（$\beta_2 = 0.4$）の場合における過剰減衰の様子を示す．

20.6　直達音の影響

本章のこれまでの議論は障害物が密集していて音源が見通せない，即ち直達音が無視できるものとしている．市街地においては建物が密集していても，道路を見通せることがある．その様な場合には直達音も到達し，反射音（残響音）の寄与と合成する必要がある．

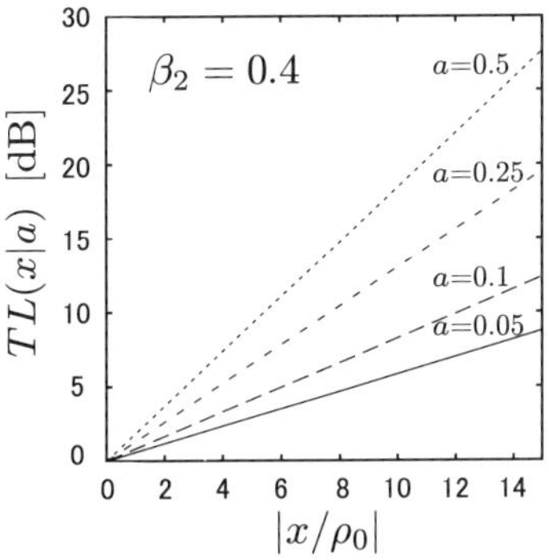

図 **20.5** 建物（障害物）の吸音処理による騒音の過剰減衰

前節と同様，建物が無秩序に散在しているものとすれば道路から放射された音線が途中衝突することなく距離 x の点に到達する確率は

$$P(x) \cong \exp\left\{-\frac{2\beta_2}{\pi(1-\beta_2)}\left|\frac{x}{\rho_0}\right|\right\} \tag{20.54}$$

で与えられる[2]。直達音の強度はこの $P(x)$ に障害物の無い半自由空間における強度

$$I(x|0) = \frac{\mu w_0}{2|x|} \tag{20.55}$$

を乗ずることにより

$$I_D(x|a) = P(x)I(x|0) \cong \frac{\mu w_0}{2|x|}\exp\left\{-\frac{2\beta_2}{\pi(1-\beta_2)}\left|\frac{x}{\rho_0}\right|\right\} \tag{20.56}$$

と表される。
　一方，受音点に到達する以前に障害物（建物）と衝突する音線の割合は

$$Q(x) = 1 - P(x) \tag{20.57}$$

であり，反射音の寄与はこの $Q(x)$ に前節で求めた受音強度を乗ずることにより

$$\begin{aligned}I_R(x|a) &= \frac{Q(x)\mu w_0}{2|x|}\exp\left\{-\frac{2\sqrt{2a}\beta_2}{\pi(1-\beta_2)}\left|\frac{x}{\rho_0}\right|\right\}\\&= I(x|0)Q(x)P(x)^{\sqrt{2a}}\end{aligned} \tag{20.58}$$

と表される。従って所望の受音強度は上記直達音及び反射音の寄与を加算することにより

$$I(x|a) = I_D(x|a) + I_R(x|a)$$
$$= I(x|0)P(x) + I(x|0)Q(x)P(x)^{\sqrt{2a}} \qquad (20.59)$$

で与えられる。これより市街地における直線道路（障害物空間における非干渉性線音源）からの音の距離減衰（過剰減衰）は次式で算定される。

$$TL(x|a) = 10\log_{10}\frac{I(x|0)}{I(x|a)}$$
$$= -10\log_{10}\left\{P(x) + Q(x)P(x)^{\sqrt{2a}}\right\} \qquad [\text{dB}] \qquad (20.60)$$

ここに $P(x)$ は直達音の，また $Q(x)$ は反射音の割合であり，それぞれ式 (20.54) 及び式 (20.57) で表される。道路からの距離 x が遠くなるにつれ，また建物の面積率 β_2 が高くなるにつれ，直達音の影響が小さくなることが知られる（図 20.6）。

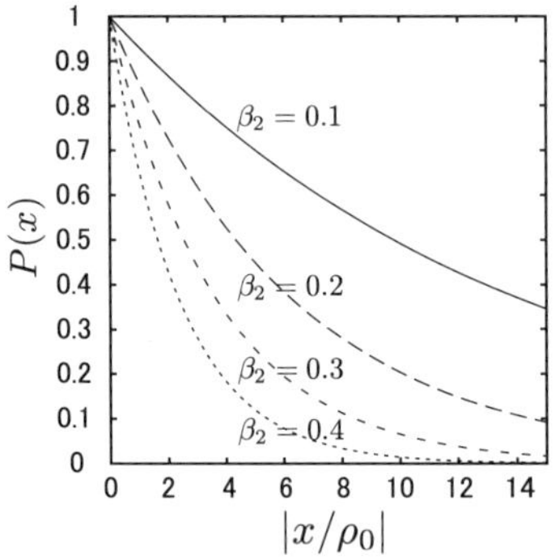

図 20.6 道路からの距離と直達音の到達確率

20.7 室内の残響場への適用

室内音場はイメージ法を適用し，鏡像空間を導入すれば開空間での音場として取り扱うことができる。時刻 $t = 0$ において点音源 0 から放射された音響エネル

ギー（音線）は鏡像空間を音速 c で直進し，t 秒後には半径 ct の球面状に達するが，途中鏡像空間を構成する天井や床，壁と衝突を繰り返し，その都度音響エネルギーの一部が吸収され失われる。即ち，点 0 から放射されたエネルギーは衝突により減衰を受けながら同心球面状に拡散していく。この間の音線の衝突回数を $N(t)$，室表面の平均吸音率を a とすれば，t 秒後の室内の音響エネルギー（鏡像空間において点 0 を中心とする半径 ct の球面上に分布したした音響エネルギーの総和）は

$$\mathcal{E}(t) = \mathcal{E}(0)(1-a)^{N(t)} \tag{20.61}$$

と表される。ここに $E(0)$ は時刻 $t = 0$ に音源から放射された音響エネルギーである。従って時刻 t における室内の音響エネルギー密度 $\varepsilon(t)$ 及び音の強度 $I(t)$ はそれぞれ次式で与えられる。

$$\varepsilon(t) = \frac{\mathcal{E}(t)}{V} = \frac{\mathcal{E}(0)}{V}(1-a)^{N(t)} = \varepsilon(0)(1-a)^{N(t)} \tag{20.62}$$

$$I(t) = c\varepsilon(t) = c\varepsilon(0)(1-a)^{N(t)} = I(0)(1-a)^{N(t)} \tag{20.63}$$

ただし

$$\varepsilon(0) = \frac{\mathcal{E}(0)}{V}$$
$$I(0) = c\varepsilon(0) \tag{20.64}$$

とする。

　これらは何れも室内における巨視的な音の減衰過程を表す残響式である。音線と室表面との衝突回数の時間経過 $N(t)$ に伴い，さまざまな特性を示すことが予想される。

　さて，拡散音場において仮定されるように，室内の音線が全くランダム（無秩序）に振舞うものとすれば，室表面との衝突はポアソン過程で近似され，平均自由行程 $\bar{l}$ 及び衝突周波数 ν はそれぞれ

$$\bar{l} = \frac{4V}{S} \tag{20.65}$$

$$\nu = \frac{c}{\bar{l}} = \frac{cS}{4V} \tag{20.66}$$

と表され，衝突回数 $N(t)$ は平均値 νt のポアソン分布

$$p_n \equiv \mathrm{P_r}\{N(t) = n\}$$
$$= e^{-\nu t}\frac{(\nu t)^n}{n!} \qquad (n = 0, 1, 2, \cdots) \qquad (20.67)$$

に従う．以下では音線の室表面との衝突がこのポアソン過程に従うものとして，室内の残響特性を求めて見よう．

20.8 Sabineの残響式:log mean

部屋の残響特性を実測により，求める場合，個々の観測点により $I(t)$ の波形が異なり複雑に変化するため，通常，次の2つの平滑化の方法が用いられる．

(1) log mean:複数の点において $I(t)$ を同時に求め，加算平均した後の時間波形（平均波形）をレベル表示する．
(2) mean log:複数の点において $I(t)$ のレベル波形

$$L_I(t) = 10\log_{10}\frac{I(t)}{I(0)} \qquad (20.68)$$

を同時観測し，加算平均してえられる時間波形を表示する．

前者(1)は $L_I(t)$ のいわゆるパワー平均レベルであり，後者(2)は算術平均レベルである．

まず前者(1)の方法について考えると，これは

$$I(t) = I(0)(1-a)^{N(t)}$$

の集合平均

$$\langle I(t)\rangle = I(0)\langle(1-a)^{N(t)}\rangle \qquad (20.69)$$

のレベル表示と等価であり

$$\begin{aligned}
\langle (1-a)^{N(t)} \rangle &= \sum_{n=0}^{\infty} p_n (1-a)^n \\
&= \sum_{n=0}^{\infty} e^{-\nu t} \frac{(\nu t)^n}{n!} (1-a)^n \\
&= e^{-\nu t} e^{\nu t(1-a)} \\
&= e^{-a\nu t}
\end{aligned} \qquad (20.70)$$

であることから

$$\langle I(t) \rangle = I(0) e^{-a\nu t} \qquad (20.71)$$

となり，このレベル表示

$$\begin{aligned}
L_{\langle I(t) \rangle} &= 10 \log_{10} \frac{\langle I(t) \rangle}{I(0)} \\
&= -4.34 a\nu t \\
&= -4.34 \frac{cSa}{4V} t \quad [\mathrm{dB}]
\end{aligned} \qquad (20.72)$$

は良く知られた Sabine の残響式を与える [3]。

20.9　Eyring の残響式:mean log

一方，(2) の方法は

$$\begin{aligned}
L_{I(t)} &= 10 \log_{10} (1-a)^{N(t)} \\
&= 4.34 N(t) \ln (1-a)
\end{aligned} \qquad (20.73)$$

の集合平均

$$\begin{aligned}
\langle L_{I(t)} \rangle &= 4.34 \langle N(t) \rangle \ln (1-a) \\
&= 4.34 \nu t \ln (1-a) \\
&= 4.34 \frac{cS \ln (1-a)}{4V} t
\end{aligned} \qquad (20.74)$$

に対応し,いわゆる Eyring の残響式が得られることが分る[3]。

なお一般に正数値の集合 $\{I(t)\}$ に対し,相加平均が相乗平均を上回ることから

$$\log\ \mathrm{mean}\{\mathrm{I(t)}\} \geq \mathrm{mean}\ \log\{\mathrm{I(t)}\}$$

なる関係が成り立ち

$$L_{\langle I(t)\rangle} \geq \langle L_{I(t)}\rangle$$

即ち,Sabine の残響式の方が減衰がゆるやか(減衰の傾きがゆるやか)であることが知られる。

文献

1) S.Chandrasekhar, "Stochastic Problems in Physics and Astronomy", Rev. of Mod. Phys. **15** (1943) pp.1–89
2) 久野和宏,野呂雄一編著,道路交通騒音予測 —モデル化の方法と実際— (技報堂出版,2004)
3) H.Kuttruff, *Room Acoustics, Second Edition* (Applied Science Publishers, 1979)

第21章 統計音響学のススメ
— 道路交通騒音から室内音響まで —

同様な事柄が複数の領域で個々別々に取扱われていることがよくある。物理的，数学的には同一ないしは同種のものが，具体的，実用的な観点からはそれぞれ異なって見えるからであろう。例えば音響学においても道路交通騒音は通常，環境騒音や室内音響とは区別して取扱われ，相互の関連については議論されることはない。しかしながら道路や住居周辺及び室内の音場は適切にモデル化すれば，相互に密接な関係を有することとなる。以下ではまずそのモデル化の方法について述べ，相互の関連について概説する。また，S.O.Rice の雑音理論との係わりや最近接音源法に基づく統一的な解析手法を示し，確率・統計的観点からの各種音場のモデル化と解析の有用性について述べる。

21.1 道路交通騒音のモデル

道路交通騒音の予測モデルには様々なものがあるが，物理的なモデルでは騒音源である道路上の交通流を直線上の点音源群と見なし，各音源の音響出力と騒音の伝達特性とから受音点における騒音レベルを算定している。この場合，モデルの骨格を形成するのは

- 直線上の音源配置
- 各音源の音響出力（PWL）
- 各音源からの騒音の伝搬特性

の3つである。このうち音源配置としては直線上の等間隔配置またはランダム配置を想定することが多い。後者は道路上の自由走行車群に相当しポアソン交通流（ある一定時間内の通過車両台数がポアソン分布に従う）と呼ばれるが，車頭間隔の分布が指数分布することから，この様な配置を道路交通騒音予測では指数分布モデルと言っている[1]。また前者は等間隔モデルとしてよく知られており[2]，従来我が国では実用的な観点から広く用いられてきた。

次に音源の音響出力であるが，通常，車種別にパワーレベル PWL を設定している。車種分類としては2車種（大型車類と小型車類）又は3車種（大型車類，小型貨物車類及び乗用車類）分類等が用いられる。また各車種の PWL としては平均値で代表させる場合の他，正規分布を想定することもある。なおこれらの PWL は主として車速との回帰式の形で与えられる。さらにモデルを簡素化し取扱いを簡便にするために，各車種の混入率を考慮し，PWL の適切な平均化を行い代表値を求め，全ての車両の PWL をこの代表値で置き換えることがしばしば行われる。即ち各点音源がこの代表値に等しい同じ PWL を有すると考えるのである[2]。

騒音の伝搬特性 $h(\boldsymbol{r}|\boldsymbol{r}_s)$ については波面の拡大に伴ういわゆる逆自乗則

$$h(\boldsymbol{r}|\boldsymbol{r}_s) = \frac{1}{2\pi}\frac{1}{r^2}$$

を想定することが多い。ここに r は音源 $\boldsymbol{r}_s$ と受音点 $\boldsymbol{r}$ の間の距離

$$r = |\boldsymbol{r} - \boldsymbol{r}_s|$$

である。また上記の逆自乗則に地表面の影響等による指数関数的な過剰減衰因子を考慮し

$$h(\boldsymbol{r}|\boldsymbol{r}_s) = \frac{1}{2\pi}\frac{e^{-\mu_1 r}}{r^2}$$

と置くこともある。さらに模型実験や現場での実測により $h(\boldsymbol{r}|\boldsymbol{r}_s)$ が得られている場合にはその結果を伝達関数（ユニットパターンということもある）として用いればよい。

なお，道路交通騒音予測においては交通量，大型車混入率，平均車速及び道路構造等を条件として与えることにより上記のモデルの各要素を設定し，時間率騒音レベル L_α（騒音レベルの上位 $\alpha\%$ 値，即ち L_α を超える騒音レベルは観測時間長の $\alpha\%$）や等価騒音レベル L_{Aeq}（騒音エネルギーの時間平均レベル）を評価量として算定している[1-3]。

21.2 環境騒音のモデル

都市環境騒音の主要な源は言うまでもなく走行車両である。巨視的にながめると，これらは平面上に分布した騒音源と見なされる。従って環境騒音の実態を物理的に把握するためには

- 平面上の音源分布
- 各音源の音響出力
- 騒音の伝搬特性

を適切にモデル化し，表現することが必要である。

なお環境騒音といった場合，行政的には個々の地点の騒音よりも，ある地域の，ある時間帯における大局的な騒音の状態に注意が向けられる。従って適当な空間的，時間的スケール（広がり）を念頭に置いた予測計算モデルの構築が望まれる。例えば都市域を 1km 四方のブロックに区切り，各ブロックにおける環境騒音を 1 時間単位で考えることなどである。このような巨視的なスケールでは，受音点をブロック内の任意の位置に選ぶ（at random に設定する）ことにすれば平面上の音源分布は概略，無秩序で一様であると見なされよう。E.A.G.Shaw らはかくして，平面を等面積の正六角形のセルに分割し，各セルに 1 個ずつ音源を配置した。即ち平面を音源 1 個あたりの平均占有面積に等しいセルに分割し，音源はセル内部の任意の点に存在し得るものとしている[4]。なお，受音点から平面上に下した垂線の足を座標の原点に取り，セルの中心と一致するように選んでいる。これは平面上にポアソン分布した音源群の配置を近似したものと考えられる。平面上に全く無秩序に散在する音源群は次の性質を持っている。

(1) ある面積内に存在する音源数はその面積に比例した平均値を持つポアソン分布に従う。
(2) 原点（受音点から平面上に下した垂線の足）を中心とした同心円の面積を変数にとれば，隣接する音源間の距離（面積距離）は指数分布に従う。

即ち，長さ（線分）の代わりに面積を対応させれば，道路上の無秩序な音源配置の場合と全く同様に取扱うことができる。

次に音源の出力であるが，車を騒音源と考えれば，前節と同じく，パワーレベル PWL は車速 V[km/h] の回帰式で与えられる。車種別の回帰式と混入率を基

に合成したパワーレベルを用いるのが簡便である。

モデルのもう一つの重要な性質である騒音の伝搬特性については建物等による回折効果（遮へい効果）や地表面の影響等を個々に細かく配慮するよりも，それぞれの地域における騒音の伝搬特性をマクロに表現することが望ましい。そのため音の強さの伝搬特性 $h(\bm{r}|\bm{r}_s)$ は波面の拡大に伴う通常の距離減衰（逆自乗則）に地域の特性を考慮した過剰減衰因子を乗じ，

$$h(\bm{r}|\bm{r}_s) = \frac{1}{2\pi r^2} e^{-\mu_2 r}$$

と表されることが多い。ここに r（$= |\bm{r} - \bm{r}_s|$）は音源・受音点間距離であり，過剰減衰因子 $e^{-\mu_2 r}$ に含まれる係数 μ_2 が対象地域の騒音伝搬特性を代表するパラメータである。

なお，環境騒音の評価量としても，道路交通騒音の場合と同様，時間率騒音レベル L_α や等価騒音レベル L_{Aeq} が用いられる。

21.3　室内音場のモデル

室内をはじめ Enclosure（閉空間）内の音場はきわめて複雑であり，さまざまな解析方法がとられているが，大別すれば

- 波動論に基づく方法（wave theory）
- 音線理論に基づく方法（ray theory）
- エネルギーバランスに基づく方法（Sabine の方法）

などとなる[5]。このうち前二者は音場の微細な構造に焦点を合わせたミクロな解析方法であるのに対し，Sabine の音場理論は室空間内のエネルギーバランスに基づくマクロな解析法である。ミクロな方法は音場の一般的，形式的な取り扱いに優れているが，個々の具体的な音場の解析は必ずしも容易ではない。数値的，解析的な解が得られる場合にも情報量が余りにも多いため，かえって見通しが悪く，そのままでは音場の概要（骨格）を把握するのが困難である。音場の骨格を抽出するためには得られた解に対し適切な平滑化（統計的処理）が必要となる。

一方，マクロな方法は，室内音場の粗い全体像（骨格）が容易に得られることでは優れているが，個々の音源・受音点配置における特性を知ることはできない。

21.3. 室内音場のモデル

　このように両方法にはそれぞれ一長一短があり，ミクロな結果をマクロな結果に結びつけるには適切な平滑化（統計処理）が必要となる。次に両方法の橋渡しをする室内音場の確率統計モデルの一つについて述べる。そのため鏡像法を採用し，反射音は実音源のまわりのイメージ音源群から放射されるものとする。室内の音源・受音点配置を与えれば，受音強度がその都度一つ定まり，両者の配置を種々変化させれば受音強度の集合が得られる。部屋の音響特性としてまず関心の持たれるのは，個々の配置に対する結果よりも様々な配置に対する観測値の集合としての分布特性やそこから得られる代表値（評価値）である。即ち，室内に音源及び受音点を無作為に設置した場合における観測値の統計的性質に部屋のマクロな音響特性が反映されると考えることができる。この場合，受音点の周りに実音源及びその鏡像（イメージ音源）が室容積あたり1個の割合で3次元的に無秩序に散在することとなる。受音点に最も近い音源（最近接音源）が実音源であり，遠方の音源（イメージ音源）ほど高次の反射音に対応することから，音響出力は徐々に減少する。その減少割合は概ね距離のべき乗に比例することから，受音点から r（$=|\boldsymbol{r}|$）の距離にある音源の出力 $w(\boldsymbol{r})$ は

$$w(\boldsymbol{r}) = w_0 e^{-\mu_3 r}$$

と表される。ここに w_0 は実音源の出力であり，μ_3 は室表面における反射吸音特性に依存する定数である。点音源からの音の伝搬に対し逆自乗則を適用すれば，この音源による受音強度は

$$w(\boldsymbol{r}) \frac{1}{4\pi r^2} = \frac{w_0}{4\pi} \frac{e^{-\mu_3 r}}{r^2} = w_0 h(\boldsymbol{r})$$

で与えられる。なお上式は音響出力 w_0 の点音源が

$$h(\boldsymbol{r}) = \frac{e^{-\mu_3 r}}{4\pi r^2}$$

なる伝搬特性を有する場合と等価である。

　さて，以上の議論を要約すれば室内音場の確率統計モデルの骨組みが

- 音響出力 w_0 で
- 音の強度の伝搬特性 $h(\boldsymbol{r})$ が逆自乗則と過剰減衰因子で与えられ
- 3次元空間内に無秩序に散在する音源群

により記述されることとなる。

このモデルは前述の道路交通騒音や都市環境騒音に関するモデルと殆ど同一である。相違点は前二者では音源群が直線上（道路上）及び平面上（地表面上）に散在するのに対し，ここでは空間的に散在する点である。即ち，道路交通騒音，環境騒音及び室内音場ではそれぞれ 1 次元，2 次元及び 3 次元的にポアソン分布した音源群の放射場を考察することとなる。なおこれらのモデルは数学的には n 次元空間内にポアソン分布する source（音源群）の寄与を論ずる問題として容易に一般化されよう。

21.4　音場の解析法

無秩序に配置された音源群による受音強度について考えることにしよう。このような問題に対するアプローチの方法は個々の音源の寄与の仕方により異なる。音源群の寄与としては通常

(1) 個々に微小で同程度の場合
(2) 特定の一つの音源の寄与が顕著な場合
(3) 寄与の大きな音源群とその他の音源群よりなる場合

に分けられる。このことは当然，観測時間長や処理方法によっても大きく影響される。

さて，この種の問題の解決法として最も著名なものは通信工学における S.O.Rice の雑音理論であろう[6]。これは陰極からの無秩序な熱電子放射に伴う陽極電流の統計的性質を論じたものである。陰極から陽極に向かうランダムな電子の流れは自由走行車群と同じくポアソン過程で記述される。陽極電流は陰極から放射された個々の熱電子による微小な寄与の和である。例えば陽極電流の平均値が 1mA の場合，それに預かる電子の数（陽極を毎秒通過する電子数）は約 10^{16} 個/s，また $1\mu A$ の場合でも 10^{13} 個/s と莫大な数に昇る。この様に微小で同程度の影響力を持つ莫大な数の粒子による寄与の和は確率論におけるいわゆる中心局限定理（誤差の理論）によりガウス分布（正規分布）に従うことが知られている。この様子は Rice により Random Noise の理論として見事に定式化され，その統計的性質が詳細に論じられている。

一方，ある現象を引き起こす粒子（電子，点音源など）の密度が極めて疎である場合には観測値は一番近くにある粒子の振舞いによってほぼ決定される。従ってこの場合には観測値は一番近くにある粒子（最近接粒子）の寄与のみで近似することができる[7]。

　さて観測点の周りの粒子の密度がさほど密でも疎でもない一般の場合にはどのような解析法が考えられるであろうか。観測値の主要な変動は近くにある粒子の振舞いにより決定され，遠方の粒子群はそれに background として影響を及ぼすこととなる。background としての寄与は個々の粒子の詳細な配置や動作が分からなくてもその平均的な情報から算定することができる。しかしながら近くの粒子に関してはできるだけ詳細な情報を得る必要がある。どの範囲を近くの粒子として取扱うかにより近似度が異なるが，最も簡単な方法としては，最近接粒子（観測点に一番近い粒子）以外は全てバックグラウンドとして処理しその平均的な寄与を算定することであろう[8]。

　上述の3つの方法のうちでは，道路交通騒音，都市環境騒音及び室内音場などの統計的性質を解析する上では最後の方法が最も適していよう。因みに自動車の交通流は幹線道路においてすら時間あたりせいぜい10000台以下である。従って1秒間あたりの通過車両数は2～3台以下となり，この少数の車両により沿道における騒音レベルの刻々の変動は主として決定されている。都市環境騒音にしても音源数（自動車）は平均的には $100m^2$ あたり1個以下であり，また室内音場のモデルでは室容積あたり1個である。このように受音点（観測点）近くの音源数は比較的少数であり，かつ音源の影響（伝達関数）は距離とともにかなりの減衰を示す。従って最近接音源の位置や動作はできるだけ詳細に取込む必要があるが，他の音源については平均的，巨視的な情報を用いても概ね大丈夫であろう。かくして次節に述べるごとく，等価騒音レベル L_{Aeq} のみでなく時間率騒音レベル L_α に対しても簡便な表示式を得ることができるのである。

21.5　道路交通騒音の解析 [8]

　道路上の自由走行車群（ポアソン交通流）のモデルとして直線上（x 軸上）に無秩序に配置された点音源群を考える（図 21.1）。平均車頭間隔を $s[m]$ とすると，

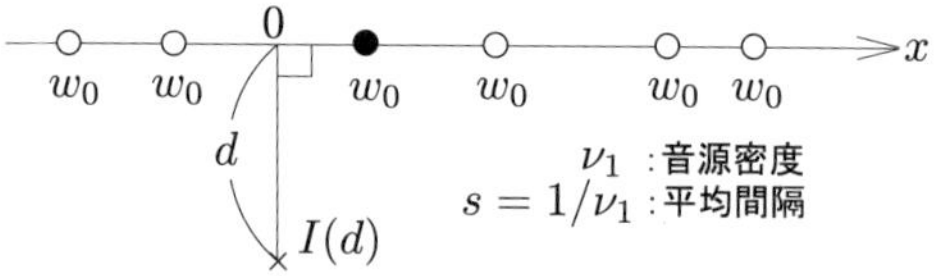

図 **21.1** 直線上のランダムな音源分布

音源間隔 ξ は平均値 s の指数分布

$$p(\xi) = \nu_1 e^{-\nu_1 \xi} \qquad (\xi \geq 0) \tag{21.1}$$

に従う。ここに

$$\nu_1 = 1/s$$

は単位長さあたりの平均音源数とする。

　受音点から直線（道路）上に下した垂線の足を原点 O に選ぶとともに，解析の骨子と要点を明確にするため次の仮定を置く。

- 点音源の出力 w_0 は全て同一である。
- 音の強さの伝達関数 $h(d|x)$ は x の偶関数である。ここに x は道路上の音源位置，d は受音点から道路までの垂直距離である。

即ち議論を平易にするため，車両の音響出力は車種混入率で重み付けした平均値を用いることとした。また伝達関数 $h(d|x)$ は一台の車の走行に伴う受音点波形に対応することからユニットパターンと呼ばれる。ユニットパターン $h(d|x)$ が上記のごとく原点 O に関し左右対称である場合には負軸上の音源を鏡像の位置（$x=0$ に関し対象な＋軸上の位置）に移しても受音強度は全く変化しない。従って音源群は全て $x \geq 0$ なる半直線上に存在するものとしても差し支えない。この場合，音源群は半直線上に散在（ポアソン分布）するが，密度が2倍となることから音源間隔 ξ は平均 $s/2$ の指数分布

$$p_+(\xi) = 2\nu_1 e^{-2\nu_1 \xi} = \frac{2}{s} e^{-2\xi/s} \qquad (\xi \geq 0) \tag{21.2}$$

に従う（図 21.2 参照）。なお指数分布の基本的性質から上記の分布はまた原点 O に一番近い音源（最近接音源）の位置の分布をも表すことに留意すべきである。

　さてここで問題を整理すれば次のようになる。

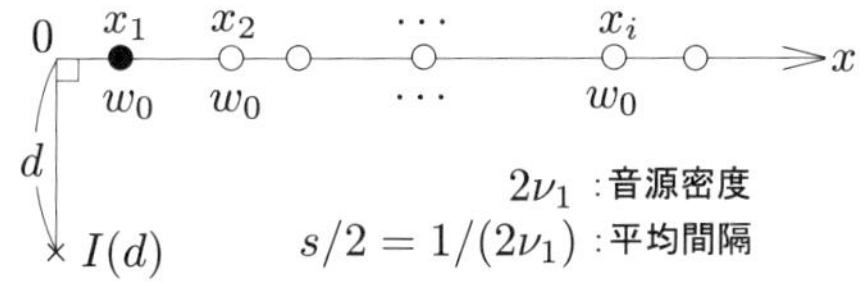

21.5. 道路交通騒音の解析

図 **21.2** 図 21.1 と等価な半直線上のランダムな音源分布

- 半直線 ($x \geq 0$) 上に音響出力 w_0 の点音源が平均間隔 $s/2$ の指数分布にしたがって散在しており
- 音源から放射される音の強度の伝達関数（ユニットパターン）が $h(d|x)$ で与えられるとき

受音点における騒音レベルの統計的性質について解析し，時間率騒音レベル L_α（観測値の $\alpha\%$ がこのレベルを超える）や等価騒音レベル（騒音エネルギーの時間平均レベル）を推定するための計算式を導出すること！

図 21.2 において原点に近い順に半直線上の音源位置を $x_1, x_2, x_3, \cdots$ とすれば受音強度 $I(d)$ は

$$I(d) = w_0 h(d|x_1) + \sum_{i=2}^{\infty} w_0 h(d|x_i) \tag{21.3}$$

と表される。ここに右辺第 1 項は最近接音源の寄与を，第 2 項が background としての他の音源群の寄与を示す。ユニットパターン $h(d|x)$ は通常 x の単調減少関数であり，受音点における騒音レベル変動は主に最近接音源に依存するため，前節の第 3 番目の解析法を適用し L_α を導出することにしよう。

まず L_α に対応する最近接音源の位置 $x_{1,\alpha}$ を求める。上述のようにユニットパターン $h(d|x)$ が x の（単調）減少関数であり，x_1 が式 (21.2) の指数分布に従うことを考慮すれば

$$\int_0^{x_{1,\alpha}} p_+(\xi) d\xi = \alpha/100 \tag{21.4}$$

が成り立つ。これより

$$1 - e^{-2x_{1,\alpha}/s} = \alpha/100$$

ゆえに

$$x_{1,\alpha} = \frac{s}{2} \ln \frac{100}{100-\alpha} = \frac{s}{2} k_\alpha \tag{21.5}$$

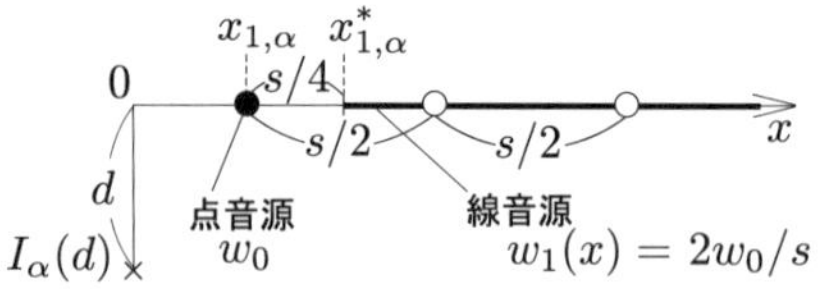

図 21.3 I_α 算定のための最近接音源（点音源）とバックグラウンド（線音源）の配置

が得られる。ここに

$$k_\alpha = \ln \frac{100}{100 - \alpha} \tag{21.6}$$

である。

一方，background の影響は 2 番目以降の音源が $x_{1,\alpha}$ を起点として平均的な音源間隔 $s/2$ で並んでいるものとしてほぼ算定できよう（図 21.3 参照）。さらに図 21.3 に示すごとくこの $s/2$ 間隔で等間隔に並んだ点音源群を線音源で近似する。ただしこの線音源の左端（起点）は

$$x^*_{1,\alpha} = x_{1,\alpha} + s/4 \tag{21.7}$$

単位長さあたりの音響出力は

$$2w_0/s \quad [\text{W/m}]$$

である。かくして L_α に対応する受音強度の α% 値 I_α は

- 半直線（$x \geq 0$）上の位置 $x_{1,\alpha}$ にある音響出力 w_0 の最近接音源と
- $x^*_{1,\alpha}$ を起点とする線音源（単位長さあたりの音響出力 $2w_0/s$）の寄与

の和として次式で与えられる。

$$\begin{aligned}
I_\alpha(d) &= w_0 h(d|x_{1,\alpha}) + \frac{2}{s} w_0 \int_{x^*_{1,\alpha}}^{\infty} h(d|x) dx \\
&= w_0 h(d|x_{1,\alpha}) + \frac{2}{s} w_0 \{H(d|\infty) - H(d|x^*_{1,\alpha})\} \\
&= I_{\text{eq}}(d) \left\{ \frac{s}{2} \frac{h(d|x_{1,\alpha})}{H(d|\infty)} + 1 - \frac{H(d|x^*_{1,\alpha})}{H(d|\infty)} \right\}
\end{aligned} \tag{21.8}$$

ここに

$$H(d|x) = \int_0^\infty h(d|x)dx$$
$$I_{eq}(d) = \frac{2}{s}w_0 \int_0^\infty h(d|x)dx = \frac{2}{s}w_0 H(d|\infty) = 2\nu_1 w_0 H(d|\infty) \quad (21.9)$$

である。$I_{eq}(d)$ は最近接音源をも含め音源群全体を平滑化し，線音源化した場合の受音強度であり，等価騒音レベル L_{Aeq} に対応する強度（等価受音強度と呼ぶことにする）である$^{付録21.1)}$。

両辺の対数をとり式 (21.8) をレベル表示すれば

$$L_\alpha(d) = L_{Aeq}(d) + 10\log_{10}\left\{\frac{s}{2}\frac{h(d|x_{1,\alpha})}{H(d|\infty)} + 1 - \frac{H(d|x_{1,\alpha}^*)}{H(d|\infty)}\right\} \quad (21.10)$$

が得られる。ここに

$$L_\alpha(d) = 10\log_{10}\frac{I_\alpha(d)}{10^{-12}}$$
$$L_{Aeq}(d) = 10\log_{10}\frac{I_{eq}(d)}{10^{-12}} \quad (21.11)$$

であり，時間率騒音レベル L_α は等価騒音レベル L_{Aeq} をベースとするごく簡単な式で表される。即ち L_α を求めるには L_{Aeq} に簡単な補正項を付加すればよく，これらの量はいずれもユニットパターン $h(d|x)$ 及びその積分値 $H(d|x)$ から容易に算出される。

そこで具体例として，逆自乗則に指数関数的な過剰減衰を考慮したユニットパターン

$$h(d|x) = \frac{1}{2\pi}\frac{e^{-\mu_1\sqrt{d^2+x^2}}}{d^2+x^2} \quad (21.12)$$

を採用することにすれば

$$H(d|x) = \frac{1}{2\pi}\int_0^x \frac{e^{-\mu_1\sqrt{d^2+x^2}}}{d^2+x^2}dx \simeq \frac{e^{-\mu_1 d}}{\sqrt{2\pi\mu_1 d}d}\Phi(\sqrt{\mu_1 d}\theta_x) \quad (21.13)$$

となる。ここに

$$\theta_x = \tan^{-1}(x/d)$$
$$\Phi(z) = \frac{1}{\sqrt{2\pi}}\int_0^z e^{-t^2/2}dt \quad (21.14)$$

であり，$\Phi(z)$ はよく知られた標準正規密度関数の積分値であり，いわゆる誤差関数 $\mathrm{Erf}(z)$ により

$$\Phi(z) = \frac{1}{\sqrt{\pi}} \mathrm{Erf}(z/\sqrt{2}) \tag{21.15}$$

と表される。従って L_α 及び L_{Aeq} の算出に必要な諸量は次式で与えられる。

$$H(d|\infty) = \frac{e^{-\mu_1 d}}{\sqrt{2\pi\mu_1 d d}}\Phi(\sqrt{\mu_1 d \pi}/2)$$

$$H(d|x^*_{1,\alpha}) = \frac{e^{-\mu_1 d}}{\sqrt{2\pi\mu_1 d d}}\Phi(\sqrt{\mu_1 d}\,\theta^*_\alpha) \tag{21.16}$$

ただし

$$\theta^*_\alpha = \tan^{-1}\left(\frac{x_{1,\alpha}}{d} + \frac{s}{4d}\right) \tag{21.17}$$

である。

なお，ユニットパターンのレベル波形から求められる最近接音源に対する時間率騒音レベル

$$\widetilde{L}_\alpha(d) = 10\log_{10}\frac{w_0 h(d|x_{1,\alpha})}{10^{-12}} \tag{21.18}$$

を用いれば式 (21.10) は

$$L_\alpha(d) = L_{\mathrm{Aeq}}(d) + 10\log_{10}\left[10^{\{\widetilde{L}_\alpha(d) - L_{\mathrm{Aeq}}(d)\}/10} + 1 - \frac{H(d|x^*_{1,\alpha})}{H(d|\infty)}\right] \tag{21.19}$$

と表示することもできる。

これらの結果を基に L_α や L_{Aeq} 及び両者の関連等についてさまざまな議論が展開できる [8]。

21.6 環境騒音の解析 [9]

都市環境騒音の予測計算モデルとして平面上に無秩序に散在する（ポアソン分布する）点音源群を考える。受音点高さを $z[\mathrm{m}]$ とし，点音源群の散在する平面

上におろした垂線の足 O を原点に選ぶ（図 21.4）。各音源の出力は等しく $w_0[\mathrm{W}]$ 一定とし，最近接音源（原点 O に最も近い音源）と他の音源群（バックグラウンド）の寄与に分けて受音強度を求めることにする。その際，バックグラウンドの影響は点音源群の配置を平滑化（面音源化）して算出する。従って，受音強度の $\alpha\%$ 値 I_α を求めるためには，対応する最近接音源の位置及び面音源の起点（原点 O からの距離 $\rho_{1,\alpha}$ 及び $\rho_{1,\alpha}^*$）をまず決定する必要がある。

そこで原点 O を中心とする同心円状の面積 $A\ (=\pi\rho^2)$ を変数に取り A 上に点音源群をプロットしよう。このときの A 上の音源間の距離（面積）及び最近接音源の位置は

$$p(A) = \nu_2 e^{-\nu_2 A} \qquad (A \geq 0) \tag{21.20}$$

なる指数分布で与えられる。ただし ν_2 は単位面積当りの平均音源数（音源密度）である。

これは半直線 $(x \geq 0)$ 上の無秩序な音源配置に対し音源間及び原点 O から最近接音源までの距離 x が指数分布することと呼応している。平面上の音源配置の場合には，原点 O からの距離 x の代わりに，原点 O のまわりの面積 A を考えればよい。従って面積 A 上のランダムな音源配置では音源間の間隔が面積 A に関して平均値

$$\overline{A} = 1/\nu_2$$

の指数分布で与えられることになる（図 21.5）。即ち A 上の分布としてながめれば 1 次元（半直線上）の無秩序な音源配置と全く同一であり，最近接音源や他の音源群（バックグラウンド）に対し前節で導出した各種の結果をそのまま援用する

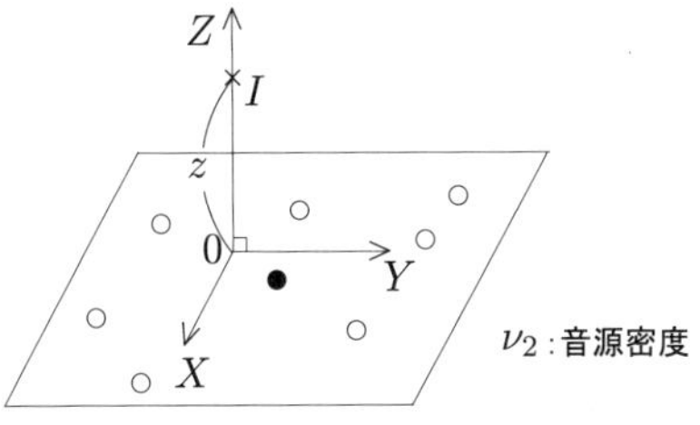

図 **21.4** 平面上のランダムな音源分布

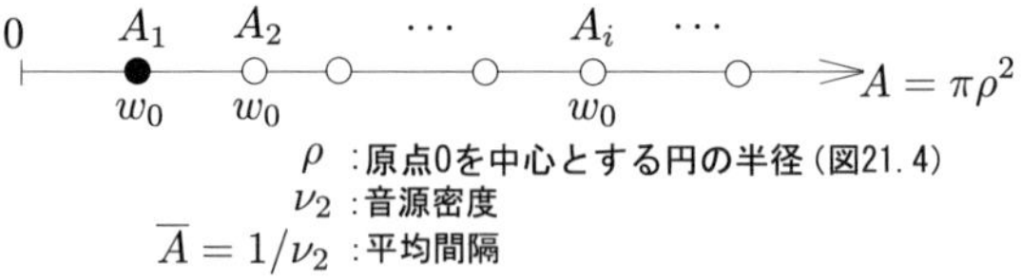

図 21.5 図 21.4 と等価な面積軸上のランダムな音源分布

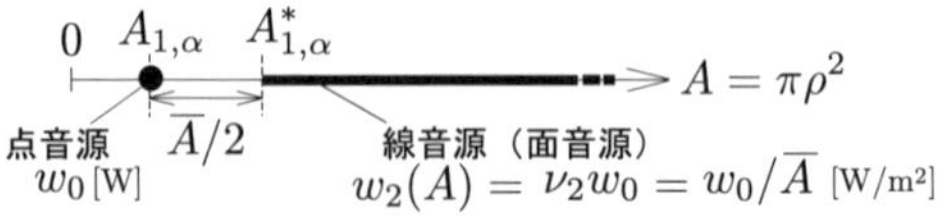

図 21.6 I_α 算定のための最近接音源（点音源）とバックグラウンド（面音源）の配置

ことができる。従って受音強度の α%値 I_α を算定するための音源配置は図 21.6 で近似される。ただし図 21.6 において

$$A_{1,\alpha} = k_\alpha \overline{A}$$
$$A_{1,\alpha}^* = \left(k_\alpha + \frac{1}{2}\right)\overline{A}$$
$$k_\alpha = \ln\frac{100}{100-\alpha} \tag{21.21}$$

である。ここに $A_{1,\alpha}$ は最近接音源までの面積を，$A_{1,\alpha}^*$ は他の音源群に対し平滑化をスタートさせる面積を表す。

さて，円の半径を ρ とし，

$$A = \pi\rho^2 \tag{21.22}$$

であることに留意すれば $A_{1,\alpha}$，$A_{1,\alpha}^*$ に対応する円の半径 $\rho_{1,\alpha}$，$\rho_{1,\alpha}^*$ はそれぞれ次式で与えられる。

$$\rho_{1,\alpha} = \sqrt{k_\alpha}\,\overline{\rho}$$
$$\rho_{1,\alpha}^* = \sqrt{k_\alpha + \frac{1}{2}}\,\overline{\rho} \tag{21.23}$$

ただし，$\overline{\rho}$ は音源 1 個あたりの占める面積 $\overline{A}$ の等価半径

$$\overline{\rho} = \sqrt{\overline{A}/\pi} \tag{21.24}$$

である。

かくして I_α を求めるためには

- 原点 O から $\rho_{1,\alpha}$ の距離にある出力 w_0 の点音源（最近接音源）と
- $\rho \geq \rho_{1,\alpha}^*$ に広がる単位面積当りの出力 $\nu_2 w_0 = w_0/\overline{A}[\mathrm{W/m^2}]$ の面音源（バックグラウンド）

の寄与を加えることにより

$$I_\alpha = w_0 h(r_{1,\alpha}) + \nu_2 w_0 \int_{\rho_{1,\alpha}^*}^{\infty} h(r) 2\pi \rho d\rho \tag{21.25}$$

で与えられる。ここに $h(r)$ は音の強さの伝達関数であり $r_{1,\alpha}$ 及び r は音源・受音点距離

$$r_{1,\alpha} = \sqrt{\rho_{1,\alpha}^2 + z^2}$$
$$r = \sqrt{\rho^2 + z^2} \tag{21.26}$$

である。

いま逆自乗則と指数減衰因子を考慮し伝達関数を

$$h(r) = \frac{1}{2\pi} \frac{e^{-\mu_2 r}}{r^2} = \frac{1}{2\pi} \frac{e^{-\mu_2 \sqrt{\rho^2 + z^2}}}{\rho^2 + z^2} \tag{21.27}$$

とおけば

$$I_\alpha = \frac{w_0}{2\pi} \frac{e^{-\mu_2 r_{1,\alpha}}}{r_{1,\alpha}^2} - \nu_2 w_0 \,\mathrm{Ei}(-\mu_2 r_{1,\alpha}^*) \tag{21.28}$$

と表される。ここに

$$-\mathrm{Ei}(-\mu_2 r_{1,\alpha}^*) = \int_{\mu_2 r_{1,\alpha}^*}^{\infty} \frac{e^{-\xi}}{\xi} d\xi \tag{21.29}$$

はいわゆる積分指数関数としてよく知られているものである。ただし

$$r_{1,\alpha}^* = \sqrt{\rho_{1,\alpha}^{*2} + z^2} \tag{21.30}$$

である。

一方,等価騒音レベル L_{Aeq} に対応する] 等価受音強度 I_{eq} は最近接音源をも含め全ての音源を平面上で平滑化することにより次式で与えられる 付録 21.1)。

$$I_{\mathrm{eq}} = \nu_2 w_0 \int_0^\infty \frac{1}{2\pi} \frac{e^{-\mu_2\sqrt{\rho^2+z^2}}}{\rho^2+z^2} 2\pi\rho d\rho = -\nu_2 w_0 \,\mathrm{Ei}(-\mu_2 z) \quad (21.31)$$

従って等価騒音レベル L_{Aeq} は

$$L_{\mathrm{Aeq}} = 10\log_{10}\frac{I_{\mathrm{eq}}}{10^{-12}} = L_w + 10\log_{10}\nu_2 + 10\log_{10}|\mathrm{Ei}(-\mu_2 z)| \quad (21.32)$$

と表される。同様に L_α は式 (21.28) より

$$L_\alpha = 10\log_{10}\frac{I_\alpha}{10^{-12}} = L_w + 10\log_{10}\left\{\frac{e^{-\mu_2 r_{1,\alpha}}}{2\pi r_{1,\alpha}^2} + \nu_2|\mathrm{Ei}(-\mu_2 r_{1,\alpha}^*)|\right\}$$

$$= L_{\mathrm{Aeq}} + 10\log_{10}\left\{10^{(\widetilde{L}_\alpha - L_{\mathrm{Aeq}})/10} + \frac{\mathrm{Ei}(-\mu_2 r_\alpha^*)}{\mathrm{Ei}(-\mu_2 z)}\right\} \quad (21.33)$$

と表され,この場合にも L_{Aeq} との間に単純な関係が見いだされる。ただし

$$L_w = 10\log_{10}\frac{w_0}{10^{-12}}$$
$$\widetilde{L}_\alpha = W_0 - 8 - 20\log_{10} r_{1,\alpha} - 4.34\mu_2 r_{1,\alpha} \quad (21.34)$$

はそれぞれ音源の PWL 及び最近接音源による受音レベルである。

21.7 室内音場の解析 [10]

室内音場の確率統計的モデルとして室内に音源及び受音点を無作為に配置するものとしよう。鏡像法を採用すれば,受音点のまわりに点音源（実音源及びイメージ音源）が室容積 $\overline{V}$ あたり 1 個の割合で無秩序に散在することになり,音源群の配置は 3 次元空間におけるポアソン分布で近似される（図 21.7）。21.3 節において述べたように受音点に最も近い音源（最近接音源）が実音源であり,イメージ音源群はそのバックグラウンドを形成していることが容易に知られる。ここでも受音強度の $\alpha\%$ 値 I_α を最近接音源（実音源）とバックグラウンド（イメージ音源群）の寄与に分けて求めることにしよう。

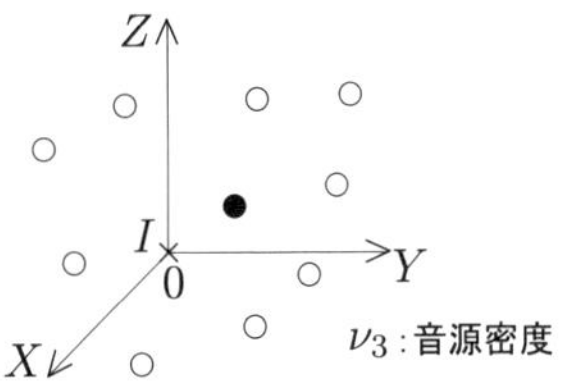

21.7. 室内音場の解析

図 21.7 3次元空間内のランダムな音源分布

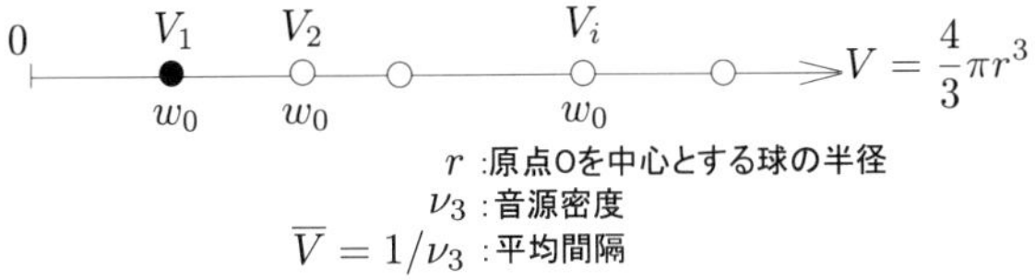

図 21.8 図 21.7 と等価な体積軸上のランダムな音源分布

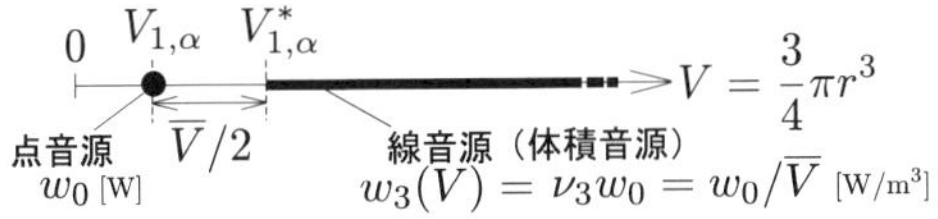

図 21.9 I_α 算定のための最近接音源（点音源）とバックグラウンド（体積音源）の配置

さて受音点 O を中心とする体積 V の同心球を考える。V を変数にとり半直線で表示すれば V 上における音源間隔及び最近接音源までの距離（体積）は

$$p(V) = \nu_3 e^{-\nu_3 V} = \frac{1}{\overline{V}} e^{-V/\overline{V}} \qquad (V \geq 0) \tag{21.35}$$

なる指数分布に従う（図 21.8）。ここに

$$\nu_3 = 1/\overline{V} \tag{21.36}$$

は音源密度（$1\mathrm{m}^3$ あたりの平均音源数）である。I_α に対応する V 上の最近接音源（実音源）の位置を $V_{1,\alpha}$ とすればバックグラウンドの寄与はこれより $\overline{V}$ 間隔で配置された点音源群によりほぼ算定され，後者はさらに音源配置を平滑化することにより

$$V_{1,\alpha}^* = V_{1,\alpha} + \frac{1}{2}\overline{V} \tag{21.37}$$

を起点とする連続分布で近似される（図 21.9）。ここに $V_{1,\alpha}$ は前節の議論と同様

にして

$$V_{1,\alpha} = k_\alpha \overline{V} \tag{21.38}$$

で与えられる。また原点（受音点）O を中心とする同心球の半径を r とすれば

$$V = \frac{4}{3}\pi r^3 \tag{21.39}$$

であることから $\overline{V}$, $V_{1,\alpha}$, $V_{1,\alpha}^*$ に対応する半径 $\overline{r}$, $r_{1,\alpha}$, $r_{1,\alpha}^*$ はそれぞれ

$$\overline{r} = \left(\frac{3\overline{V}}{4\pi}\right)^{1/3}$$
$$r_{1,\alpha} = k_\alpha^{1/3}\overline{r} = \left(\frac{3k_\alpha \overline{V}}{4\pi}\right)^{1/3}$$
$$r_{1,\alpha}^* = \left(k_\alpha + \frac{1}{2}\right)^{1/3}\overline{r} = \left\{\frac{3(k_\alpha + \frac{1}{2})\overline{V}}{4\pi}\right\}^{1/3} \tag{21.40}$$

と表される。ここに $\overline{r}$ は室容積 $\overline{V}$ と等しい容積を有する球の半径（室の等価半径）である。

以上のことから I_α は原点（受音点）からの距離

- $r_{1,\alpha}$ にある出力 w_0 の点音源（実音源）と
- $r \geq r_{1,\alpha}^*$ の空間に単位体積あたりの出力 $\nu_3 w_0 = (w_0/\overline{V})[\mathrm{W/m^2}]$ で連続分布するバックグラウンド（イメージ音源）

の寄与を加算することにより

$$I_\alpha = w_0 h(r_{1,\alpha}) + \nu_3 w_0 \int_{r_{1,\alpha}^*}^{\infty} h(r) 4\pi r^2 dr \tag{21.41}$$

と表される。いま伝達関数 $h(r)$ として室表面における反射吸音特性を考慮し

$$h(r) = \frac{1}{4\pi}\frac{e^{-\mu_3 r}}{r^2} \tag{21.42}$$

と置けば次の簡潔な表示を得る。

$$I_\alpha = \frac{w_0}{4\pi}\frac{e^{-\mu_3 r_{1,\alpha}}}{r_{1,\alpha}^2} + \frac{\nu_3 w_0}{\mu_3}e^{-\mu_3 r_{1,\alpha}^*} = I_{\mathrm{eq}}\left\{\frac{\mu_3 \overline{V}}{4\pi r_{1,\alpha}^2}e^{-\mu_3 r_{1,\alpha}} + e^{-\mu_3 r_{1,\alpha}^*}\right\} \tag{21.43}$$

ここに

$$I_{\text{eq}} = \nu_3 w_0 \int_0^\infty h(r) 4\pi r^2 dr = \nu_3 w_0 / \mu_3 = \frac{w_0}{\mu_3 \overline{V}} \quad (21.44)$$

は実音源をも含め，全ての音源群を平滑化した場合の受音強度であり，室空間内のマクロなエネルギーバランスの式を与え，等価受音強度とも呼ぶべき量である。特に室内においてランダムな音線が平均自由行程あたり $\overline{a}$ の割合で吸収されるものとし

$$\mu_3 = -\frac{\overline{S}}{4\overline{V}} \ln(1 - \overline{a}) \quad (21.45)$$

とおけば I_{eq} は

$$I_{\text{eq}} = \frac{4w_0}{\overline{S} \ln(1 - \overline{a})} \simeq \frac{4w_0}{\overline{S}\overline{a}} \quad (\overline{a} \ll 1) \quad (21.46)$$

となり，拡散音場内の受音強度と一致する[5]。
ただし

$\overline{S}$: 室表面積

$\overline{a}$: 室表面の平均吸音率

である。
さて式 (21.43) をレベル表示すれば室空間内の音圧レベルの $\alpha\%$ 値 L_α として

$$L_\alpha = L_{\text{eq}} + 10 \log_{10} \left\{ \frac{\mu_3 \overline{V}}{4\pi r_{1,\alpha}^2} e^{-\mu_3 r_{1,\alpha}} + e^{-\mu_3 r_{1,\alpha}^*} \right\} \quad (21.47)$$

が得られる。ここに

$$L_{\text{eq}} = 10 \log_{10} \frac{I_{\text{eq}}}{10^{-12}} = L_w - 10 \log_{10}(\mu_3 \overline{V}) \quad (21.48)$$

は室空間内の等価音圧レベル（拡散音圧レベル）である[付録 21.1]。
なお L_{eq} や L_α は音源の PWL，部屋の容積及び吸音力から算定されることが分かる。

21.8 まとめ

道路交通騒音や都市環境騒音，室内音場などは相互に独立な問題として通常個々別々に論じられている．本章では一見無関係に思われるこれらの問題は，その本質においては多数の音源群からの音響放射とその統計処理（音場評価）という同一のテーマを扱っていることを述べた．そして道路交通騒音，環境騒音及び室内音場はそれぞれ直線上，平面上及び3次元空間内に無秩序に散在する（ポアソン分布する）音源群のまわりの放射場としてモデル化することにより統一的に論じうることを示した．また，最近接音源（受音点に最も近い音源）と他の音源群（バックグラウンド）の寄与に分けてこれらの音場を解析することにより，L_{Aeq} や L_α など音場評価に関する簡便な表式を導いた．

なお，本章で展開した議論は一般の n 次元空間における source（点音源群）のランダムな分布とその影響を取扱う場合にも容易に拡張されよう．

付録 21.1：受音強度の集合平均と時間平均
−エルゴード性と等価騒音レベル−

等価騒音レベルとは受音点における騒音エネルギーの時間平均値をレベル表示したものである．本文中で定義した等価受音強度 I_{eq} とこの騒音エネルギーの時間平均値との関係について述べる．

受音点における時々刻々の音の強度を $I(t)$，観測時間長を T とすれば，その時間平均値は

$$\overline{I}(T) = \frac{1}{T}\int_0^T I(t)dt \qquad (21.49)$$

と表される．この $\overline{I}(T)$ は一般には時間長 T に依存する確率変数である．

いま時間 t とともに不規則に変化する $I(t)$ が確率過程として定常でエルゴード性を有するものとすれば長時間にわたる平均値 $\overline{I}$ は集合平均 $\langle I(t)\rangle$ に等しくなる．

$$\overline{I} = \lim_{T\to\infty}\overline{I}(T) = \lim_{T\to\infty}\frac{1}{T}\int_0^T I(t)dt = \langle I(t)\rangle \qquad (21.50)$$

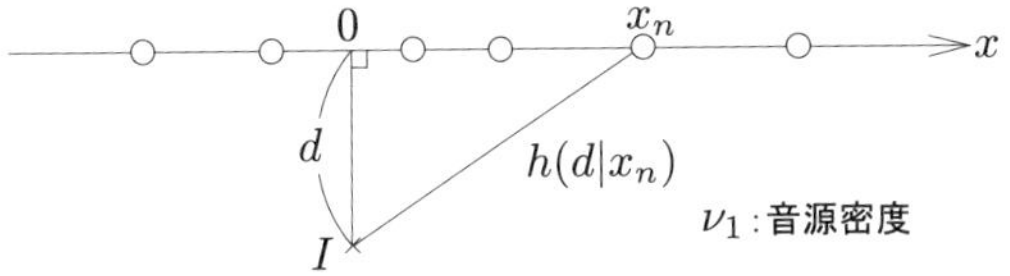

図 **21.10** 直線上のランダムな音源分布（ポアソン交通流）による受音強度

例えばポアソン交通流（図 21.10）から発生する道路交通騒音にこの定理を適用すれば

$$\begin{aligned}
\bar{I} &= \lim_{T\to\infty} \frac{1}{T}\int_0^T I(t)dt = \left\langle \sum_n w_0 h(d|x_n) \right\rangle \\
&= w_0 \left\langle \sum_n h(d|x_n) \right\rangle = w_0 \lim_{L\to\infty} \left\{ \frac{1}{2L}\int_{-L}^L h(d|\xi)d\xi \cdot 2\nu_1 L \right\} \\
&= \nu_1 w_0 \int_{-\infty}^{\infty} h(d|\xi)d\xi = 2\nu_1 w_0 \int_0^{\infty} h(d|\xi)d\xi \\
&= 2\nu_1 w_0 H(d|\infty) = I_{\text{eq}}
\end{aligned} \qquad (21.51)$$

となり，等価受音強度 I_{eq}（式 (21.9)）と一致することが知られる．即ち x 軸上の無秩序な音源分布は平均的には単位長さあたり ν_1 個の一様な音源配置（線音源）と等価であり，これはまた x 軸上を等速度で移動する点音源（道路を定常走行する車両）が軸上の全ての点を一様に通過（時間的に占有）することにより実現される．従って本文中の I_{eq}（式 (21.9)）はポアソン交通流による受音強度の長時間平均値と同一であり，式 (21.11) は対応する等価騒音レベル L_{Aeq} となっている．

同様に環境騒音に対する等価受音強度 I_{eq} 及び L_{eq} は 2 次元平面内のポアソン交通流による受音強度の長時間平均値及び対応する等価騒音レベルを表している．また室内音場に対する等価受音強度 I_{eq} 及び L_{Aeq} は 3 次元空間内の無秩序な点音源群（室内を万遍なく一様に経巡り埋めつくす点音源）による受音強度の長時間平均値及び対応する等価音圧レベルと一致することが容易に推測されよう．

文献

1) 高木興一, 藤木修, 平松幸三, 山本剛夫, "指数分布モデルにおける L_α", 日本音響学会誌 **38**,8 (1982) pp.468–476

2) 石井聖光, "道路交通騒音予測計算方法に関する研究（その1）―実用的な計算式について―", 日本音響学会誌 **31**,8 (1975) pp.507–517

3) 橘秀樹, 佐々木實, "予測計算法の概要", 日本音響学会誌 **50**,3 (1994) pp.229–232

4) E.A.G.Shaw and N.Olson, "Theory of Steady-State Urban Noise for an Ideal Homogeneous City", J. Acoust. Soc. Am. **51** (1972) pp.1781–1793

5) H.Kuttruff, *Room Acoustics, Third Edition* (Elsevier Applied Science, 1991)

6) S.O.Rice, "Mathematical Analysis of Random Noise", Bell Syst. Tech. J. **123** (1944) pp.1–162

7) S.Chandrasekhar, "Stochastic Problems in Physics and Astronomy", Rev. of Mod. Phys. **15** (1943) pp.1–89

8) 久野和宏, 野呂雄一編著, 道路交通騒音予測 ―モデル化の方法と実際― (技報堂出版, 2004) pp.106–147

9) 久野和宏, 奥村陽三, 大宮正昭, "道路交通騒音予測のこと [VII] ― 指数分布モデルについて（四）―", 日本音響学会 騒音・振動研究会資料 **N-95-33** (1995)

10) 久野和宏, 野呂雄一, "残響室内の音のレベル分布について", 日本音響学会 研究発表会講演論文集 (1995.3) pp.767–768

索引

【A–Z】

ASA　*1*

background　*257, 259, 263, 266*
BEM　*194*
Brownian motion　*3*

canyon effect　*167*

Eyringの残響式　*26, 250*
Eyringの式　*24, 34*

FEM　*194*
Fresnel–Kirchhoffの回折　*18*

L_α（時間率騒音レベル）　*252, 254, 259*
L_{Aeq}（等価騒音レベル）　*202, 252, 254, 261, 266*
Lambertの拡散放射　*9, 16, 18, 121, 125*
Lambertの余弦則　*122*
log mean　*248*

mean log　*248*
Mode theory　*62, 88*

random walk　*70, 74, 235*
Ray　*62*
Ray theory　*62*
Rice,S.O.　*251, 256*

Sabineの音場理論　*254*
Sabineの拡散音場　*6, 19, 29*
Sabineの残響式　*26, 249*
Sabineの式　*24, 34*

【あ】

Eyringの残響式　*26, 250*
Eyringの式　*24, 34*
圧迫感　*206*
アメリカ音響学会（ASA）　*1*

【い, う】

1次反射音　*27*
1自由度　*194, 202, 206, 217*
イメージ音源　*27, 29, 109–112, 140, 141, 255, 266*
イメージ拡散法　*30, 32, 109, 140, 142, 148, 181*
イメージ空間　*3*
イメージシェル　*143*
イメージ法　*27, 109, 119, 140, 141, 178*
インパルス　*2, 208*
インパルス2乗積分法　*51, 59*
インパルス応答　*53, 60, 236, 241*
インパルス駆動　*59*
インパルスレスポンス　*197*
運動エネルギー　*195, 203, 204, 214*
運動方程式　*195, 207, 210*

【え】

エネルギーインパルス　*148, 149*
エネルギースペクトル　*88, 210–212, 214*
エネルギー等分配則　*3, 88, 89*
エネルギーバランス　*254, 269*
エネルギー分担率　*82*
エネルギーベクトル　*74*
エネルギー密度　*7*

エネルギー流　*121*
エネルギー粒子　*3*, *19*, *109*, *239*
FEM　*194*
L_α(時間率騒音レベル)　*252*, *254*, *259*
L_{Aeq}(等価騒音レベル)　*202*, *252*, *254*, *261*, *266*
エルゴード性　*270*
エンジン系音　*194*
沿道騒音　*169*
沿道建物群　*167*
円筒波　*228*
沿道背後地　*183*
エントロピー　*4*, *6*, *82*
エントロピー増大の法則　*89*
円板　*91*, *95*

【お】

大型車混入率　*252*
大型車類　*252*
オクターブバンドノイズ　*114*
音圧の空間相関　*71*
音圧暴露量　*217*
音響インピーダンス　*93*
音響エネルギー　*87*, *129*, *195*, *203*, *247*
——の拡散　*234*
——の時間，空間分布　*241*
音響エネルギー密度　*51*, *184*, *241*, *247*
音響エネルギー流　*3*, *6*, *74*
音響エネルギー粒子　*234*, *235*
音響出力　*201*, *251*, *253*, *258*
音響放射　*194*, *195*, *198*, *202*, *206*, *214*
音響放射エネルギー　*198*
音響放射出力　*198*
音響放射特性　*203*
音源の平滑化　*109*
音源配置　*251*
音源分布　*253*
音源密度　*263*, *267*
音場の成長過程　*12*
音線　*62*, *234*, *235*, *239*, *247*
音線法　*19*
音線粒子　*75*
音線理論　*51*, *62*, *254*
音波の散乱　*91*

【か】

開口　*121*
——からの放射場　*6*
開口率　*122*, *136*, *160*
回折因子　*17*
回折放射　*123*
回折補正量　*123*
開放度　*134*
開放率　*176*
ガウス分布　*75*
加加速度　*210*, *218*
拡散音圧レベル　*269*
拡散音場　*1*, *6*, *81*, *91*, *269*
拡散係数　*236*, *239*
拡散体　*69*, *91*
拡散度　*4*, *81*
拡散場　*6*, *163*
拡散反射　*168*, *220*, *222*
確率の保測変換　*78*
重ね合わせの定理　*208*
過剰減衰　*183*, *246*
加振力　*194–196*, *202*, *204*, *206–210*, *218*
仮想壁面　*22*
加速度　*210*
可聴音　*194*
可聴周波数域　*206*
環境騒音　*69*, *251*, *253*
間隙率　*168*, *185*
完全乱反射体　*220*

【き】

機械インピーダンス　*209*
機械損失　*198*, *203*, *208*
機械抵抗　*196*, *206*, *217*
幾何音響　*101*
幾何音響学　*19*, *64*, *109*, *127*
気体分子の熱運動　*3*
基本振動数　*210*, *214*, *218*
基本モード　*206*, *212*
基本振動モード　*217*
逆位相　*214*
逆自乗則　*35*, *199*, *265*
canyon effect　*167*
吸音材　*188*
吸音特性　*91*

索引　275

吸音率　　136, 158, 183, 244
吸音力　　161
吸音ルーバー　　156
球面波　　2, 69, 77, 225
鏡像　　230, 255
鏡像音源　　3, 38, 109, 178, 226
鏡像空間　　20, 143, 168, 247
鏡像点　　27
鏡像法　　27, 119, 140, 266
共鳴角周波数　　53
共鳴周波数　　3, 58
共鳴の鋭さ　　53
鏡面反射　　19, 178, 220, 227, 230, 231
鏡面反射体　　221
橋梁　　206
局所振動領域　　198
局所的質量　　199
曲率　　195, 196, 198, 203, 204, 208–210
距離減衰　　246
距離減衰特性　　114

【く，け】

空間平均　　54

経験式　　194
減音効果　　183
減衰　　234
減衰過程　　217, 247
減衰係数　　53
減衰振動　　195, 198, 202, 206, 218
建築音響　　1

【こ】

剛円板　　92
高架橋　　206
高架構造物音　　194, 198, 199, 202, 203
高架道路　　194, 206
高架裏面　　168, 199
交通量　　252
勾配　　217
小型車類　　252
固有振動数　　87, 206, 210, 218
固有振動数密度　　88

固有振動モード　　3, 51, 61, 87

【さ】

最近接音源　　259, 263, 266
最近接粒子　　257
雑音理論　　251, 256
Sabineの音場理論　　254
Sabineの拡散音場　　6, 19, 29
Sabineの残響式　　26, 249
Sabineの式　　24, 34
残響　　234
残響音　　244
残響曲線　　61
残響現象　　194
残響時間　　81
残響式　　247
残響室　　69, 91
残響室法吸音率　　158
残響特性　　153, 198, 217, 218
　　――の湾曲　　64
残響場　　1, 51
　　――の成長　　25
　　――の成長・減衰過程　　6
残響波形　　51, 55
残響理論　　2
残響レベル波形　　51, 64
算術平均レベル　　248
散乱強度　　223
散乱体　　91
散乱波　　222

【し】

市街地道路　　167
時間減衰　　217
時間減衰特性　　198
時間交通量　　201
時間波形　　216, 217
時間窓　　209, 211
時間率騒音レベル (L_α)　　252, 254, 259
指向性　　214
指向性パターン　　125
自己相関関数　　56, 60
自乗音圧　　217
自乗音圧期待値　　91
指数減衰　　217
指数減衰因子　　265

指数分布　　71, 253, 258, 267
指数分布モデル　　252
実音源　　3, 226, 255, 266
室開口　　128
実空間　　20
実効反射率　　169
実効面積　　198, 215
室内音響　　251
室内音場　　246, 254, 266
室内外のレベル差　　129
自動車音　　194
遮音特性　　91
車種混入率　　258
車種分類　　252
車頭間隔　　252
斜入射吸音率　　191
自由音場　　1
自由空間　　1
集合平均　　54, 201
自由走行車群　　252, 256, 257
12面体スピーカ　　114
周波数特性　　218
重力場　　4, 77
受音強度　　129, 158, 168, 199, 200
受音点音圧　　215
受音点波形　　218
縮尺模型実験　　188
ジョイント段差　　212
ジョイント部　　206, 208, 211
障害物　　237
障害物空間　　234, 235
衝撃音　　148
衝撃加振　　214, 216
衝突回数　　235
衝突減衰過程　　19
衝突周波数　　19, 63, 85, 234, 236, 239, 247
床版　　198, 202, 206, 211
振動エネルギー　　195, 203, 216, 217
振動加加速度　　215
振動加速度　　218
振動速度　　210
振動系　　196, 206, 217
　──のモデル　　202
振動速度　　197, 215
振動領域　　198
侵入騒音　　129

【す】
垂直入射　　130
数値解析　　194
スティフネス　　206, 208, 217
スムージング　　61
スリット　　123

【せ】
生存確率　　235
接合部　　208
接触面　　195, 196, 198, 203, 206, 207, 209, 210, 212, 215, 218
線音源　　188, 228

【そ】
騒音の過剰減衰　　244
騒音暴露量　　199
騒音評価量　　199
双極子　　214
双極子音源　　218
双極子ベクトル　　214
相互比較　　212
相対音圧レベル　　217
挿入損失　　160, 244
相反性　　17, 163
速度スペクトル　　212
速度ポテンシャル　　51, 93, 94
損失係数　　210

【た】
対策減音量　　190
帯状板　　101, 103
体積加速度　　56
体積速度　　56, 215
タイヤ　　196
タイヤ系音　　194
ダクト　　162, 168
多自由度　　206
多自由度振動系　　203
多重反射音　　82
建具　　206
縦振動　　196
縦波　　206
建物　　183
建物配置　　188

索　引　**277**

建物表面　　168, 183
たわみ振動　　203, 206–212, 214, 215, 217
単一平面波　　92
段差　　206, 207, 210
単発騒音暴露量　　199, 201, 203
断面平均吸音率　　170

【ち】

直線道路　　246
直達音　　1, 27, 168, 244
直達波　　1
直達パス　　20

【て】

定在波　　3, 62, 117
低周波数域　　214
低周波音　　194, 206, 215, 218
ディラックのデルタ関数　　52
点音源　　19, 27, 77, 237
天体力学　　4, 77
伝搬特性　　251, 253

【と】

等価音圧レベル　　269, 271
等価点音源　　201
等価回路　　207
透過係数　　158
等価受音強度　　201, 261, 266, 269, 271
等価騒音レベル (L_{Aeq})　　202, 252, 254, 261, 266
透過損失　　134, 136, 158, 160
等価半径　　112, 183, 264, 268
等間隔モデル　　252
道路交通騒音　　251
道路背後地　　183
特性インピーダンス　　198, 202
都市環境騒音　　262
トレッド　　196
トンネル坑口音　　126
トンネル坑内　　27, 34

【に，ね】

2次反射音　　27
日本音響学会　　1
入射波　　222

熱統計力学　　75, 81
熱平衡状態　　75

【は】

暴露レベル　　217
波数ベクトル　　3, 74, 93
波数ベクトル空間　　62
background　　257, 259, 263, 266
波動方程式　　51
波動論　　3, 51, 69, 91, 254
バネ定数　　196
パワースペクトル　　88, 210
パワー平均レベル　　248
パワーレベル PWL　　252
反射音　　1, 167, 244
反射係数　　222
反射パス　　20
反射率　　235
半地下道路　　126, 156
バンドノイズ　　55

【ひ】

BEM　　194
ピークレベル　　217
非干渉性　　220
非干渉性線音源　　171, 243, 246
引き違い窓　　134
ピストン振動板　　215, 218

【ふ】

フーリエスペクトル　　211
フーリエ変換　　58, 209, 211
不快感　　206
複素振幅　　93
不整形残響室　　99
Fresnel–Kirchhoff の回折　　18
Brownian motion　　3
分子運動論　　3, 75

【へ】

平均吸音率　27
平行壁面間　40
平均行路長　19
平均車速　252
平均車頭間隔　257
平均斜入射吸音率　188
平均自由行程　13, 19, 21, 31, 110, 234, 237, 247
平均衝突時間間隔　83
平均反射回数　19
閉空間　254
平行壁面間　22, 27, 36, 48
平面進行波　62
平面道路端　194
平面波　2, 6, 69, 222
部屋の残響特性　248
変動率　202
扁平回転楕円体　91, 92

【ほ】

ポアソン過程　247, 256
ポアソン交通流　252, 257, 271
ポアソン分布　6, 239, 252, 253, 256, 258, 262, 266
防音性能　127, 136
放射　195, 218
放射インピーダンス　203
放射音　194
放射音圧　214, 215
放射指向特性　122
放射パターン　125
放射パワー　91, 200
掘割道路　156
ホルツマーク分布　4, 77
ホワイトノイズ　2, 51, 56
ホワイトノイズ駆動　60

【ま】

マクロ　254
マックスウェル分布　75
窓　121
窓関数　61
窓占有率　131, 136
窓の開閉　127, 134

【み】

mean log　248
ミクロ　254
見込み角　173
密集度　183

【む】

無限剛壁　102
無指向性　199
無指向性音源　17
無指向性マイクロホン　8, 129

【め，も】

面音源　22, 265
面積距離　253
面積率　183, 244
Mode theory　62, 88
模型実験　188, 194

【ゆ，よ】

有限長線音源　231
ユニットパターン　199, 203, 217, 218, 252, 258
余弦則　121, 125
横波　206

【ら】

Rice, S.O.　251, 256
ラプラス変換　65
random walk　70, 74, 235
ランダム加振　214, 215
ランダム雑音　55
ランダム入射　129, 158, 221
ランダム入射波　91
ランダムネス　4
ランダム反射　221
Lambertの拡散放射　9, 16, 18, 121, 125
Lambertの余弦則　122
乱反射　220, 221, 227, 230, 231

索　引　**279**

【り，る】

裏面吸音処理　*177*
裏面反射音　*167*

ルーバー　*126*

【れ，ろ】

Ray　*62*
Ray theory　*62*
レーレー分布　*71*
連成振動　*203*
連続反射過程　*85*

log mean　*248*

著者紹介

[編著者]

久野和宏(くのかずひろ)[三重大学 名誉教授，愛知工業大学 教授：1〜7章，10〜13章，15〜21章]
残響理論，音場解析，データ解析，騒音の予測・評価，音と文化などの研究に従事。

野呂雄一(のろゆういち)[三重大学 助教授：9〜13章]
デジタル信号処理，室内音響，音響計測制御システム，生体情報処理などの研究に従事。

[著　者]

成瀬治興(なるせはるおき)[愛知工業大学 教授：17，18章]
建築音響，環境振動などの研究に従事。

吉久光一(よしひさこういち)[名城大学 教授：12，13，15章]
建築環境工学，道路交通騒音予測，騒音伝搬などの研究に従事。

大石弥幸(おおいしやさき)[大同工業大学 教授：8章]
室内音響，心理音響，データ解析などの研究に従事。

今井兼範(いまいかねのり)[小田原市民大学 教授：7章]
室内音響，ニューラルネットワークなどの研究に従事。

龍田建次(たつだけんじ)[愛知学泉大学 助教授：12，13章]
音響工学，沿道の音環境，都市環境情報に関する研究に従事。

岡田恭明(おかだやすあき)[名城大学 講師：15章]
建築環境工学，環境影響評価，道路交通騒音予測などの研究に従事。

木村和則(きむらかずのり)[(財) 小林理学研究所 室長：16章]
吸音材の性能評価，騒音対策手法などの研究に従事。

松本敏雄(まつもととしお)[(財) 小林理学研究所 主任：14章]
道路交通騒音の予測，対策（吸音ルーバー，新型遮音壁）などの研究に従事。

佐野泰之(さのやすゆき)[アクト音響振動調査事務所 係長：17，18章]
各種騒音，振動に関する調査，研究に従事。

建 築 音 響
―反射音の世界―
2005年6月3日　1版1刷　発行

定価はカバーに表示してあります．
ISBN 4-7655-3409-X C3052

編著者	久野和宏・野呂雄一
発行者	長　　祥　　隆
発行所	技報堂出版株式会社

〒102-0075　東京都千代田区三番町8-7
（第25興和ビル）

日本書籍出版協会会員
自然科学書協会会員
工学書協会会員
土木・建築書協会会員

電　話　営業　(03) (5215) 3165
　　　　編集　(03) (5215) 3161
F A X　　　　(03) (5215) 3233
振　替　口　座　　00140-4-10
http://www.gihodoshuppan.co.jp/

Printed in Japan
Ⓒ Kazuhiro Kuno, Yuichi Noro et al., 2005

装幀　冨澤　崇　　印刷・製本　三美印刷

落丁・乱丁はお取替えいたします．
本書の無断複写は，著作権法上での例外を除き，禁じられています．

● 小社刊行図書のご案内 ●

騒音制御工学ハンドブック
日本騒音制御工学会編　　　　　　　　　　　　　　　　　　　　B5・1308 頁

　騒音・振動にかかわる広範な領域の研究・技術者が結集した学会に長年蓄積された研究成果・応用技術に最新知見を加え、集大成した書。それぞれ好評を博した『騒音対策ハンドブック（1966年）』『騒音・振動対策ハンドブック（1982年）』の後継書であり、これらの基本路線は踏襲したうえで、より広範な領域をカバーするとともに、いっそうの内容の充実を図っている。第1分冊には、基礎理論を平易に解説した「基礎編」と、主として音源別の対策技術を解説した「応用編」をおさめ、第2分冊には、「資料編」として各種データや関連規格・法令などをおさめる［二分冊（函入，分売不可）］。

騒音規制の手引き ―騒音規制法逐条解説/関連法令・資料集―
日本騒音制御工学会編/騒音法令研究会著　　　　　　　　　　　　A5・598 頁

　騒音に関する苦情は，公害苦情件数のなかでつねに上位を占め，その状況はさらに深刻化しつつある。一方で，「騒音規制法」は，指定地域制がとられていること，特定施設，特定建設作業について届出制となっており，年間10万件近い届出があること，自動車騒音について常時監視が規定されていること，改正が繰り返されていることなどから，法文解釈上，疑義が生じることも多い。本書は，その適切な運用が図れるよう，「騒音規制法」を条文ごとに詳細に解説するとともに，通知・通達など，最新の関連行政資料を網羅的におさめる。

振動規制の手引き ―振動規制法逐条解説/関連法令・資料集―
日本騒音制御工学会編/振動法令研究会著　　　　　　　　　　　　A5・356 頁

　公害のなかでも騒音とともに苦情陳情の多い問題である振動の規制を目的に、1976年に制定された「振動規制法」は、振動問題に関する国レベルの規定としては世界初のものである。しかし、制定時からすでに25年以上が経過し、最近では、国と地方自治体をめぐる状況も大きく変化し改正が繰り返されるようになり、また国際動向の変化とも相まって、同法の詳しい解説書を望む声は次第に高まりつつあった。本書は、そのような声に応えるべくまとめられた書で、適切な運用が図れるよう、「振動規制法」を条文ごとに詳細に解説し、必要に応じて補足説明を行うとともに、関連法令、審議会答申などの行政資料を網羅的におさめている。

騒音と日常生活 ―社会調査データの管理・解析・活用法―
久野和宏編著　　　　　　　　　　　　　　　　　　　　　　　　B5・332 頁

　自治体による騒音の測定・調査データなどは、単純な集計が行われ、型通りの報告書がつくられた後は、死蔵、散逸するケースがほとんどである。本書は、著者らが長年かかわってきた騒音に関する社会調査データの収集・管理・解析・活用法について解説する書。まず、音や耳の性質、音の定量的表し方などの基礎知識にふれた後、騒音に関する具体的なフィールド調査の概要と結果を示しながら、騒音調査の方法と、各種解析によるデータに内在する声（データの集合としての合唱効果=法則性）の抽出、活用の一端を紹介し、さらに、データ管理・蓄積システムの実際とデータ解析方法について論じている。

道路交通騒音予測 ―モデル化の方法と実際―
久野和宏・野呂雄一編著　　　　　　　　　　　　　　　　　　　A5・156 頁

　道路交通騒音予測モデルを考え、定式化するプロセスに主眼を置き、予測の現状と動向を概説。【主要目次】時間率騒音レベルと等価騒音レベル/環境基準と要請限度/騒音予測の骨組と基本的考え方/車の音響出力/騒音の伝搬特性/等間隔モデル/指数分布モデル/一般の分布モデル/沿道の騒音レベルに対する予測計算式の適用/交通条件と変化と騒音評価量/等価騒音レベルの簡易予測計算法/トンネル坑口，半地下道路，市街地道路周辺の騒音予測/幾何音響学と回折理論/前川チャート，ほか。

技報堂出版　　TEL 編集 03(5215)3161　営業 03(5215)3165
　　　　　　　FAX 03(5215)3233